中国稻渔综合种养产业发展报告

ZHONGGUO DAOYU ZONGHE ZHONGYANG
CHANYE FAZHAN BAOGAO

全国水产技术推广总站　编

中国农业出版社
北 京

本书编写人员

主　编：于秀娟　郝向举　党子乔　杨霖坤

编　者（按姓氏笔画排序）：

丁雪燕　于秀娟　万继武　马文君　马志洲

王　俊　王云峰　王雪光　贝亦江　冯　浪

冯天娇　刘　朋　刘　巍　刘文珍　刘学光

刘俊杰　刘燕飞　汤亚斌　李　斌　李　衡

李小勇　李海建　杨　雪　杨　曼　杨其琴

杨霖坤　肖玲娜　何东波　张　玲　张　黎

张　曦　张远华　张朝阳　张澜澜　欧阳月

罗　璇　金　晶　赵一杰　郝　俊　郝向举

胡荣炊　钟文慧　姜巨峰　祖　露　秦国兵

袁　帆　莫　茜　党子乔　殷广平　奚业文

郭财增　郭晓奇　浮　云　常　悦　盖建军

景福涛　满庆利　蔡云川　蔡汉华　翟旭亮

熊　伟　薛　洋

前言
FOREWORD

　　稻渔综合种养是为适应新时期现代农业农村发展要求，在继承原有稻田养殖的经验和技术的基础上，创新发展的一种高效生态循环农业模式，具有稳粮促渔、提质增效、质量安全、生态环保等特点。党的十八大以来，稻渔综合种养蓬勃发展，种养规模持续扩大，发展质量效益稳步提升，对稳定水稻生产、保障粮食安全，拓展渔业发展空间、保障水产品稳定供给、带动农民增收致富、促进农业增效和绿色发展，培育乡村特色产业、推进乡村振兴等，发挥了重要作用，成效显著。2022 年，全国稻渔综合种养面积4 295.56万亩，比 2012 年增长 120％，水产品产量 387.22 万吨，比 2012 年增长 190％。

　　自 2016 年以来，在农业农村部渔业渔政管理局指导下，全国水产技术推广总站、中国水产学会（以下简称"总站学会"）每年组织编制发布《中国稻渔综合种养产业发展报告》《中国小龙虾产业发展报告》，全面梳理稻渔综合种养和小龙虾产业发展现状，总结成效、分析问题、提出对策，为政府部门进行决策、业界开展生产经营等提供了重要参考，为推进稻渔产业持续稳定发展提供了有力支撑。在总站学会组织和指导下，各有关省（自治区、直辖市）水产技术推广机构开展本地区稻渔综合种养和小龙虾产业发展研究，形成了一批产业发展报告。2021 年，总站学会又组织各级水产技术推广机构开展全国稻渔综合种养综合效益调查及水稻测产，全面摸清了全国稻渔综合种养生产应用及主要模式、水稻和水产品单产、肥料和农药使用、饲料和水产养殖用兽药使用、生产成本、产出收益等情况。

　　为全面、系统反映当前我国稻渔产业发展状况，为广大从业者工作和学习以及其他行业人士了解稻渔产业提供参考帮助，我们组织编写了本书，分全国

1

篇和地方篇两部分。其中，全国篇收录了 3 篇公开发布的稻渔综合种养和小龙虾产业发展报告，地方篇收录了 24 个省（自治区、直辖市）的稻渔综合种养产业发展报告。由于编者水平有限，疏漏之处在所难免，恳请广大读者批评指正。

编　者

2023 年 9 月

目 录
CONTENTS

前言

全 国 篇

地 方 篇

全国篇

中国稻渔综合种养产业
发展报告（2023）

党的十八大以来，在政府推动、技术进步和消费需求旺盛等多重因素带动下，我国稻渔综合种养产业快速发展，种养面积逐年扩大，标准化生产和规模化程度不断提高，品牌化营销深入人心，多种功能充分挖掘，新业态新模式不断涌现，发展质量效益和竞争力持续提升，在稳定水稻种植、保障粮食安全，拓展水产养殖空间、构建多元化水产品供给体系，带动农民增收致富、促进农业增效和绿色发展，培育乡村特色产业、推进乡村振兴等方面作用凸显、成效显著。

2022 年，农业农村部印发《关于推进稻渔综合种养产业高质量发展的指导意见》，稻渔综合种养产业由数量增长型向质量效益型转变，进入高质量发展新阶段。为全面准确反映 2022 年我国稻渔综合种养产业发展状况，总结发展成效，分析存在问题，研判发展趋势，提出发展建议，为推动稻渔产业高质量发展提供参考，在农业农村部渔业渔政管理局指导下，全国水产技术推广总站、中国水产学会组织编制本报告。

一、产业规模

2022 年，我国稻渔综合种养面积 4 295.56 万亩[①]，生产稻谷约 2 150 万吨、水产品 387.22 万吨（未包括港澳台地区数据，全书同）。

（一）种养面积

2022 年，我国有稻渔综合种养面积统计的省（自治区、直辖市）27 个，北京、甘肃、西藏、青海 4 个省（自治区、直辖市）未见统计。全国稻渔综合种养面积 4 295.56 万亩，同比增加 329.44 万亩，增长 8.31%（图 1-1、图 1-2）。

2022 年面积超 100 万亩的省 11 个，比 2021 年增加 1 个，云南跻身百万亩省份。按面积大小排序，依次为湖北、安徽、湖南、四川、江苏、贵州、江西、辽宁、云南、河南、黑龙江，11 省面积之和占全国的 89.85%。其中，湖北、安徽、湖南 3 省均超过 500 万亩，四川接近 500 万亩，4 省面积之和占全国的 58.90%。

在 27 个省（自治区、直辖市）中，19 个省（自治区、直辖市）稻渔综合种养面积增加，增幅不一，共增加 345.14 万亩。其中，安徽增加 100 万亩以上，湖北、云南分别增

---

① 亩为非法定计量单位。1 亩＝1/15 公顷。

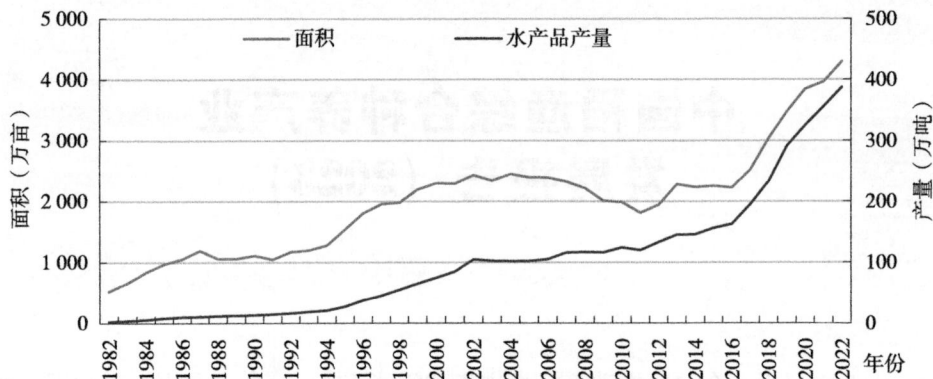

图 1-1 1982—2022 年我国稻田养殖/稻渔综合种养面积和水产品产量

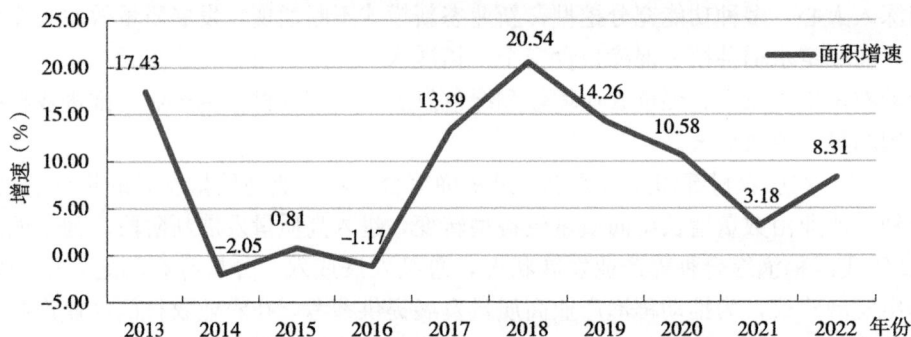

图 1-2 2013—2022 年我国稻田养殖/稻渔综合种养面积增速

加 40 万亩以上，江西、辽宁、湖南、陕西、四川分别增加 10 万亩以上。8 个省（自治区、直辖市）稻渔综合种养面积有不同程度减少，共减少 15.70 万亩（表 1-1）。

表 1-1 2022 年各省（自治区、直辖市）稻渔综合种养面积及变动情况

省份	2022 年面积（亩）	2021 年面积（亩）	面积增减（亩）	增幅（%）	排名	排名变动
湖北	8 020 605	7 590 870	429 735	5.66	1	
安徽	6 996 285	5 942 355	1 053 930	17.74	2	
湖南	5 340 240	5 069 445	270 795	5.34	3	
四川	4 944 210	4 815 135	129 075	2.68	4	
江苏	3 330 045	3 407 505	−77 460	−2.27	5	
贵州	2 770 935	2 712 075	58 860	2.17	6	
江西	2 263 470	1 938 930	324 540	16.74	7	
辽宁	1 389 885	1 104 270	285 615	25.86	8	上升 1 位
云南	1 374 780	963 750	411 030	42.65	9	上升 2 位
河南	1 134 810	1 166 295	−31 485	−2.70	10	下降 2 位
黑龙江	1 029 405	1 038 900	−9 495	−0.91	11	下降 1 位

（续）

省份	2022年面积（亩）	2021年面积（亩）	面积增减（亩）	增幅（%）	排名	排名变动
浙江	875 880	799 575	76 305	9.54	12	
广西	845 985	773 415	72 570	9.38	13	
吉林	784 725	711 600	73 125	10.28	14	
天津	545 805	547 440	−1 635	−0.30	15	
重庆	398 970	361 155	37 815	10.47	16	
福建	253 845	250 290	3 555	1.42	17	
陕西	222 930	75 375	147 555	195.76	18	上升2位
内蒙古	161 535	122 550	38 985	31.81	19	下降1位
山东	83 655	78 240	5 415	6.92	20	下降1位
河北	70 890	48 240	22 650	46.95	21	上升2位
广东	67 545	70 005	−2 460	−3.51	22	下降1位
宁夏	31 785	65 640	−33 855	−51.58	23	下降1位
新疆	15 000	5 370	9 630	179.33	24	
上海	1 635	1 740	−105	−6.03	25	
山西	495	990	−495	−50.00	26	
海南	240		240	—	27	

（二）水产品产量

2022年，我国有稻渔综合种养水产品产量统计的省（自治区、直辖市）28个，北京、西藏、青海3个省（自治区、直辖市）未见统计。全国稻渔综合种养水产品产量387.22万吨，同比增加31.53万吨，增长8.86%；占全国淡水养殖水产品产量的11.77%，同比提高0.60个百分点。我国渔业统计将淡水养殖按水域分为池塘、湖泊、水库、河沟、其他和稻田，稻渔综合种养水产品产量在各水域养殖水产品产量中位居第2，仅次于池塘养殖产量。近10年来，稻渔综合种养水产品产量占淡水养殖水产品产量的比重由5.47%提高到11.77%（图1-3、图1-4）。

水产品产量超10万吨的省7个，依次为湖北、安徽、湖南、四川、江苏、江西、浙江，7省水产品产量之和占全国的90.45%。其中，湖北近百万吨，安徽、湖南超50万吨，四川近50万吨，江苏近40万吨，5省水产品产量之和占全国的79.37%。

28个省（自治区、直辖市）中24个省（自治区、直辖市）稻渔综合种养水产品产量增加，增幅不一，共增加32.02万吨。其中，安徽增加10万吨以上，湖北增加近7万吨，江西、湖南均增加3万吨以上。4个省（自治区、直辖市）稻渔综合种养水产品产量有不同程度减少，共减少0.49万吨（表1-2）。

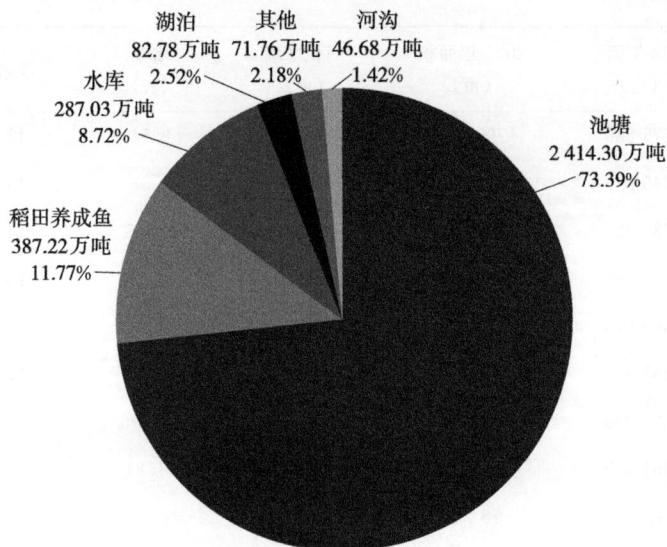

图 1-3 2022 年我国淡水养殖不同水域养殖水产品产量及占比

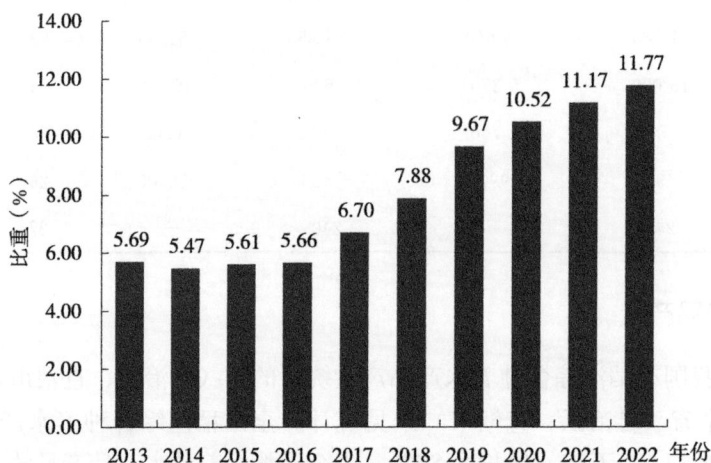

图 1-4 2013—2022 年稻渔综合种养水产品产量占淡水养殖水产品产量的比重

表 1-2 2022 年各省（自治区、直辖市）稻渔综合种养水产品产量及变动情况

省份	2022 年产量（吨）	2021 年产量（吨）	产量增减（吨）	增幅（%）	排名
湖北	997 630	929 198	68 432	7.36	1
安徽	656 514	556 333	100 181	18.01	2
湖南	533 803	496 427	37 376	7.53	3
四川	492 800	465 642	27 158	5.83	4
江苏	392 567	380 379	12 188	3.20	5
江西	267 389	228 128	39 261	17.21	6
浙江	161 633	156 558	5 075	3.24	7

（续）

省份	2022年产量（吨）	2021年产量（吨）	产量增减（吨）	增幅（%）	排名
贵州	74 241	74 951	−710	−0.95	8
辽宁	57 750	53 891	3 859	7.16	9
河南	57 374	55 099	2 275	4.13	10
广西	45 928	39 725	6 203	15.61	11
云南	44 577	37 606	6 971	18.54	12
福建	19 319	18 725	594	3.17	13
重庆	19 178	16 168	3 010	18.62	14
黑龙江	13 827	16 518	−2 691	−16.29	15
吉林	10 816	9 373	1 443	15.40	16
山东	10 362	10 229	133	1.30	17
天津	4 940	4 239	701	16.54	18
陕西	3 675	286	3 389	1 184.97	19
河北	2 629	1 790	839	46.87	20
广东	2 510	2 194	316	14.40	21
宁夏	1 248	2 667	−1 419	−53.21	22
新疆	571	208	363	174.52	23
内蒙古	526	238	288	121.01	24
上海	184	247	−63	−25.51	25
海南	147	—	147	—	26
山西	16	7	9	128.57	27
甘肃	1	—	1	—	28

二、模式创新与推广应用

我国稻作区分布广泛，理论上水资源丰富、光热条件适宜的稻作区均可发展稻渔综合种养。近年来，因综合效益突出，稻渔综合种养受到广泛欢迎，各地积极开展实践探索，因地制宜将各类养殖对象引入稻田，结合原有耕作制度，发展了种类多样、各具特色的稻渔综合种养技术模式。按养殖对象划分，主要包括稻虾、稻鱼、稻蟹、稻鳖、稻鳅、稻蛙、稻螺等七大类技术模式，养殖对象多达30多种。其中，以稻虾、稻鱼、稻蟹3种模式为主，种养面积合计4 110万亩，占全国稻渔综合种养面积的95.68%，已形成长江中下游平原地区稻虾种养优势区、南方丘陵山区稻鱼种养优势区、三北地区稻蟹种养优势区。

为追求更佳综合效益，稻渔综合种养技术模式始终在创新发展，尤其是近年来，在科技有力支撑、市场需求变化的驱动下，技术模式创新步伐加快。稻虾、稻鱼、稻蟹等"大模式"不断推陈出新，创造新模式，赋予产业发展新内涵；一些"小模式"不断涌现，快速发展，成为新亮点，赋予产业发展新动力。

（一）稻虾模式

稻虾模式是我国稻渔综合种养第一大模式。稻虾模式养殖对象包括小龙虾（克氏原螯虾）、日本沼虾、罗氏沼虾、红螯螯虾、中华小长臂虾、南美白对虾（凡纳滨对虾）、刀额新对虾等，以小龙虾为主。2022年，全国稻虾种养（特指稻田养殖小龙虾，下同）面积2 350万亩，占全国稻渔综合种养面积的54.71%，主要分布于湖北、安徽、湖南、江苏、江西、四川、河南等省，7省面积共计2 280万亩，占全国稻虾种养面积的97.02%；其余主要分布于浙江、重庆、广西、陕西、山东等省（自治区、直辖市）。

传统稻虾模式为稻虾连作，种植一季水稻，水稻收割后，翌年种植前养殖一季小龙虾。在稻虾连作基础上，发展形成"稻虾连作＋共作"模式，在水稻插秧、秧苗返青后，再养殖一季小龙虾。近年来，在稻虾连作和共作基础上，稻虾模式呈现3种新变化：一是由自繁自育模式向繁养分离模式转变。传统的稻虾连作和共作属于自繁自育模式，为提高经济效益，近年来，各地积极探索发展繁养分离模式，将苗种繁育和商品虾养殖分开，改"一年放苗、多年养殖"的粗放式种养为"繁养分离、精准放养"的高效种养，提质增效效果明显。二是由宽沟模式向不挖沟少挖沟模式转变。近年来，一些地方以不挖沟少挖沟为目标，积极创新稻虾模式，推动了宽沟模式向不挖沟少挖沟模式转变，取得显著成效，新发展稻虾种养基本为不挖沟模式，如安徽省原生态稻虾模式、江西省无环沟稻虾模式。三是由稻虾模式向稻虾＋N模式转变。在稻虾模式基础上，引入河蟹（中华绒螯蟹）、中华鳖、罗氏沼虾、鳜鱼等名优水产养殖品种，通过不同生物的生态位差异充分利用稻田资源和空间。湖南省稻虾连作＋稻蟹共作的稻虾蟹模式应用广泛；江苏省多品种共作稻田3.98万亩，以稻虾蟹、稻虾鳖为主；安徽省滁州市在稻虾连作基础上，在水稻种植期间养殖罗氏沼虾，发展6 000亩，比传统稻虾连作模式亩均新增利润1 000元。

（二）稻鱼模式

稻鱼模式是我国稻渔综合种养第二大模式。2022年，全国稻鱼种养面积1 500万亩，占全国稻渔综合种养面积的34.92%。稻鱼模式分布广泛，主要分布在我国南方丘陵山区。其中，四川、贵州、湖南、云南、广西5省（自治区）面积共计1 200万亩，占全国稻鱼模式应用面积的80%；其余主要分布于黑龙江、吉林、浙江、福建、江西等省。

稻鱼模式养殖对象众多，以鲤鱼、鲫鱼为主，模式主要为共作。稻鱼模式主要分布于我国历史上有稻田养鱼传统的地区，农户多采用"人放天养"的粗放式种养，水产品产量较低，经济效益不佳。近年来，为提高经济效益，一些经营主体将稻鱼模式和休闲农业、乡村旅游结合，效益大幅提高。一些地区则通过实施田间工程，融合现代水稻种植和水产养殖技术，推动传统稻鱼模式向高产模式转变。广西在"一季稻＋鱼"模式基础上，创新发展形成"一季稻＋再生稻＋鱼"模式，通过一季稻收获后培植再生稻、稻田中全程放养鱼类的方式，稻谷亩均产量比传统稻鱼模式增加300千克，鱼亩均产量增加20千克。

（三）稻蟹模式

稻蟹模式是我国稻渔综合种养第三大模式。2022年，全国稻蟹种养面积260万亩，占全国稻渔综合种养面积的6.05%，主要分布于三北地区，辽宁、天津、黑龙江、吉林4省（直辖市）面积共计225万亩，占全国稻蟹模式应用面积的86.54%；其余主要分布于长江中下游地区湖南、江苏等省，该地区稻虾蟹混养模式有一定规模，与三北地区基本均是稻蟹模式形成鲜明对比。

稻蟹模式养殖对象为河蟹（中华绒螯蟹），以辽河水系和长江水系河蟹种群为主，模式为共作，分为稻田养殖成蟹和稻田培育扣蟹。近年来，一些地区探索形成了稻田扣蟹和成蟹套养模式，以其较高的经济效益受到广大农户欢迎。2022年，辽宁稻渔综合种养面积新增近30万亩，主要是稻田扣蟹和成蟹套养模式大面积推广应用。目前，辽宁该模式已发展64万亩，占本省稻蟹模式应用面积的3/4。苗种供应能力不足是制约稻蟹模式推广应用的主要问题。近年来，为解决苗种供应及质量问题，吉林积极探索，改"一年一养"为"两年一养"，第一年培育扣蟹，第二年养殖成蟹，在一定范围内实现了扣蟹自给自足。

（四）其他模式

除稻虾、稻鱼、稻蟹模式外，稻鳖、稻鳅、稻蛙、稻螺等共作模式亦有一定规模。2022年，4种模式应用面积共计120万亩，占全国稻渔综合种养面积的2.79%。

稻鳖模式养殖对象为中华鳖，主要分布于湖北、安徽、广西等省（自治区）。由于稻鳖模式养殖的鳖品质和风味与野生鳖相似，受到广大消费者的喜爱，经济效益突出，为缩短养殖周期、提高产量，一些经营主体借鉴"大棚＋池塘"模式，创新形成了"大棚＋稻田"接力模式，即利用大棚温室培育大规格鳖种，放养到稻田，可大幅缩短养殖周期。

稻鳅模式养殖对象主要为泥鳅、大鳞副泥鳅（台湾泥鳅）、黑龙江花鳅等。稻鳅模式是我国稻渔综合种养传统模式之一，在全国大部分地区广泛分布，但由于经济效益相对其他模式较低，近年来发展缓慢。

稻蛙模式养殖对象主要为虎纹蛙、黑斑蛙、牛蛙、美国青蛙等，主要分布于江西、湖南等省。由于稻蛙模式经济效益突出，近年来许多地区开展了积极探索和尝试。

稻螺模式养殖对象主要为中华圆田螺、环棱螺等，主要分布于广西、江西等省（自治区）。其中，广西的稻螺种养面积较大，占全国稻螺种养面积的八成以上。

除上述创新模式外，近年来，为充分利用稻田资源，提高资源利用效率和生产效率，一些地区探索开展了"设施水产养殖＋稻田"模式。例如，宁夏探索的"流水槽＋稻田""玻璃缸＋稻田""砼制圆形池＋稻田"，四川探索的"高位池＋稻田""流水槽＋稻田"等模式。

三、产业融合发展

近年来，在巩固提升种养生产基础上，各地积极推进稻渔综合种养一二三产业融合发展，通过做大做强农产品加工业，推动稻渔产业前后端延伸、上下游拓展，通过做精做优休闲农业和乡村旅游业，拓展稻渔综合种养多种功能，促进产品增值、产业增效，取得明显成效。

（一）集群发展

近年来，一些县（市、区）集中投入扶持稻渔产业，以各类产业园区建设为抓手，完善县乡村产业空间布局，立足整个县域统筹规划发展，科学布局生产、加工、销售、消费等环节，培育壮大县域富民产业。一些省（自治区、直辖市）通过政策和规划引导推动，在更大范围内统筹布局产业链功能板块，打造了一批区域优势特色产业带。湖北、安徽、江苏、江西等省以优势特色产业集群建设项目为抓手，打造"健康养殖-现代加工-高效流通-连锁餐饮-文化旅游"全链条的小龙虾产业集群。四川、湖南、广西等省（自治区）根据区域资源禀赋、区位条件，结合经济社会发展条件，打造了各具特色的稻渔产业带。四川形成了以成都、德阳为核心的平原稻渔产业带，以内江、宜宾、泸州为核心的川南稻渔产业带和以达州、广元、南充为核心的川东北稻渔产业带。湖南形成了以"南县、华容、安乡"为中心的环洞庭湖区稻虾特色产业带、以"郴州高山禾花鱼""辰溪稻花鱼"为代表的湘南和湘西稻鱼特色产业带。广西依托桂北山区稻田养鱼历史传统，打造了桂北山区禾花鲤特色产业带；依托桂中地区小平原特色、气候和水资源条件，打造了桂中小龙虾反季节养殖特色产业带；依托柳州螺蛳粉产业，打造了柳州、玉林、梧州等地螺蛳粉原料供应基地产业带。

（二）农产品加工

各地将加工业作为做强产业链、优化供应链、提升价值链的关键环节，围绕稻渔水产品和渔米，大力推动农产品加工，引导农产品加工企业向产地下沉，扶持新型经营主体开展自加工，并与品牌打造联动，大幅提高了产品价值和经济效益。江苏淮安发挥加工业在稻虾产业发展中的支撑和牵引作用，在开展熟制速冻龙虾和龙虾香米加工基础上，向上下游配套产业链延伸拓展，发展小龙虾饲料生产企业14家，年产饲料20余万吨，可供200余万亩稻田使用；发展小龙虾调料生产企业近50家，年产调料1.46万吨，有力支撑了"十三香""蒜泥"等小龙虾餐饮市场需求。安徽滁州规模较大的主打"虾田米"的稻米加工企业6家，稻米加工量24.5万吨；一些合作社、家庭农场开办自我服务的小型稻米加工厂，一些经营主体委托加工厂代加工，产品由自己销售，实现了从卖原产品到卖制成品的转变。

（三）品牌打造

农业品牌是农业高质量发展的重要标志。近年来，各地深入实施品牌强农战略，积极打造稻渔综合种养区域公用品牌、企业和产品品牌，加大营销推广和产销衔接，品牌市场号召力、竞争力和影响力不断提升，在引领产业提质增效、促进农民持续增收、推动消费提质扩容中的作用愈加突出。浙江积极培育稻渔产品品牌，截至2022年底创建渔米品牌133个、稻渔水产品品牌86个；通过各类博览会、展销会等大力宣传推介，5个渔米产品和 1 个稻渔水产品获"2022 年浙江网上农博会优质产品推选活动金奖"。广西深挖地域生态和文化价值，打造有地域特点、为广大消费者所认可、有竞争优势的区域公用品牌，全州禾花鱼、桂平黄沙鳖、三江稻田鲤鱼、融水田鲤、柳州螺蛳等均成为农产品地理标志登记产品。辽宁盘锦积极打造"盘锦河蟹""盘锦大米"两大品牌，制定地方标准，促进品种优质化、生产标准化、种养生态化、产业规模化和营销品牌化，授权 48 家企业使用"盘锦河蟹"地理标志证明商标、138 家企业使用"盘锦大米"地理标志证明商标，稻蟹产业发展后劲持续增强。中国稻渔综合种养产业协同创新平台举办 2022 年全国稻渔综合种养技术模式创新大赛和优质渔米评比推介活动，14 家经营主体获技术模式创新大赛一二三等奖，36 家经营主体的 38 个渔米产品获渔米评比推介活动金银奖和生态优质奖。

（四）休闲农业和乡村旅游

一些地区将稻渔综合种养和优美的自然风光、独特的民俗风情有机结合，推动稻渔综合种养与旅游康养、农耕体验、科普研学等新兴业态深度融合，稻渔综合种养的经济、社会、文化、生态、科技等方面价值不断显现。2022 年 7 月 17—19 日，全球重要农业文化遗产大会在浙江青田召开，青田稻鱼共生系统受到世人瞩目。近年来，青田依托农业文化遗产——稻鱼共生系统，在保护好核心要素的基础上，挖掘多种功能、释放多元价值，大力推进"农遗＋多元业态"创新实践，千年农业遗产在新时代焕发新的生机活力。湖南郴州结合罗霄山脉、五岭山脉的生态资源优势，以"捉鱼体验、现场吃鱼、带鱼回家"为卖点，打造了高山禾花鱼渔旅融合样板。广东韶关各县区通过举办"禾花鱼文化节"推动禾花鱼养殖和文旅产业融合，乳源"大桥石鲤"禾花鱼美食文化旅游节入选 2022 年全国100 个丰收节庆特色活动。广西在打造桂北山区禾花鲤特色产业带时，将百万亩禾花鲤特色产业与山区旅游业结合，结合少数民族风情，打造了一批新禾节、金秋烧鱼季等传统民俗旅游节庆品牌。四川隆昌依托稻渔综合种养，推进"产村融合、文旅融合"，打造了普润镇印坝村、圣灯镇三台村、响石镇青龙村、古湖街道古宇村等一批省级农业主题公园。

四、政策扶持

近年来，一些地方将稻渔综合种养作为重要的乡村特色产业和富民产业，通过制定政策，加大基础设施、科技、经营主体和人才、品牌、金融信贷等方面的支持，直接或间接对产业进行宏观调控，推动了稻渔产业快速发展。

（一）政策引导

在发展实践中，各级政府和部门尤为重视政策和规划的指导作用，出台指导意见、制定发展规划，提出明确的发展目标、重点任务和支持措施，建立行之有效的工作机制，汇聚资源，凝聚力量，持之以恒加以推进。2022 年 10 月，农业农村部出台《关于推进稻渔综合种养产业高质量发展的指导意见》（以下简称《意见》），明确了当前和今后一段时期稻渔产业发展的指导思想，提出坚持稳粮兴渔、有序发展、绿色生态、富民增收的基本原则，从科学规划布局、规范发展生产、加强科技支撑、推动集群发展、强化支撑保障等方面作出部署安排。《意见》的出台，回应了稻渔产业能不能发展、怎么发展的现实问题，为稻渔产业高质量发展指明了方向和实现路径。安徽、四川、重庆等省（直辖市）委1号文件明确要求发展稻渔综合种养。安徽省委1号文件明确提出"新增稻渔综合种养88万亩，累计达610万亩，力争保持全国第2位"的目标，实际当年新增面积超百万亩。四川积极推进以粮为主、粮经统筹、种养循环、"五良"融合的"鱼米之乡"建设，2021年第一批10个项目县建设22.35万亩，2022年20个项目县规划建设40万亩。重庆结合高标准农田建设项目支持建设稻渔综合种养生产基地，带动稻渔综合种养快速发展。四川和重庆将稻渔综合种养融入成渝现代高效特色农业带建设，四川隆昌与重庆荣昌共建40万亩"双昌"稻渔综合种养产业带，四川合江、泸县与重庆江津、永川共建100万亩"巴蜀鱼米之乡"。

（二）示范引领

各级政府和部门将示范创建作为引领产业发展的有效抓手，开展示范基地、示范区、示范县等创建，加大政策和项目支持，强化指导服务和监测评估，打造了一批特色鲜明、方向路径清晰、辐射带动能力强的示范样板和典型案例。农业农村部、财政部持续推进国家现代农业产业园、优势特色产业集群建设。四川达州开江稻渔现代农业园区入选2022年国家现代农业产业园创建名单，江苏盱眙现代农业产业园被认定第四批国家现代农业产业园，江苏小龙虾产业集群入选2022年优势特色产业集群建设名单。截至2022年底，已创建和认定国家现代农业产业园5个、建设优势特色产业集群4个（表1-3、表1-4）。农业农村部继续开展国家级水产健康养殖和生态养殖示范区创建，14家稻渔综合种养经营主体入选，占入选的水产养殖生产经营单位的17%。江苏建成千亩连片以上示范基地247个、百亩连片以上示范基地675个；浙江持续推进稻渔综合种养百万工程，2022年新创建42家省级示范基地、2个示范县；安徽建成万亩示范区37个、千亩示范基地379个；湖北建设万亩示范区12个、千亩示范基地200多个；广西支持50多个县区各建设1个以上示范基地，支持19个县建设自治区级示范园区。

表1-3　国家现代农业产业园创建和认定名单

序号	名称	认定和创建批次
1	湖北省潜江市现代农业产业园	首批认定
2	辽宁省盘锦市大洼区现代农业产业园	第二批认定
3	江西省彭泽县现代农业产业园	第三批认定
4	江苏盱眙现代农业产业园	第四批认定
5	四川达州开江稻渔现代农业园区	2022年创建名单

表1-4　优势特色产业集群建设名单

序号	名称	创建批次
1	湖北小龙虾产业集群	2020年建设名单
2	江西鄱阳湖小龙虾产业集群	2020年建设名单

（续）

序号	名称	创建批次
3	安徽江淮小龙虾产业集群	2021年建设名单
4	江苏小龙虾产业集群	2022年创建名单

（三）资金支持

各地持续加大对稻渔产业发展的财政资金支持力度，拿出真金白银投入，同时发挥财政资金引导和杠杆作用，吸引社会各类投资主体进入，推动建立多元化可持续的稻渔产业发展投入机制。稻渔产业投资增势向好，打通了产业发展面临的资金瓶颈，随投资而来的人才、理念、技术等，也提高了产业整体经营水平。辽宁筹措财政资金3 000万元，按照100元/亩的标准对新增稻渔综合种养予以补贴，促使稻渔综合种养面积快速增长。湖北以小龙虾产业链奖补资金为引导，统筹优势特色产业集群、农村电商示范、渔业高质量发展、财政贴息等项目资金，集中支持小龙虾全产业链发展，抓二产强链补链，助一产联农带农，促三产提档升级。除财政支持外，金融、保险等支持手段应用更加广泛。陕西出台加快推进稻渔产业发展的实施意见，每年投入2 000万元支持发展，汉中开展"稻渔险"试点，将稻渔综合种养纳入政策性保险范围，填补了全省渔业保险的空白，为稻渔产业发展提供了有力资金保障，2022年全省稻渔综合种养面积新增近15万亩，同比增长195.76%。

（四）科技支撑

近年来，各级政府和部门着力加强科技创新应用，聚焦优良品种选育、技术和模式创新，加大关键核心技术攻关，强化科技成果转化应用，为稻渔产业快速发展提供了有力支撑。一是深入实施种业振兴行动，加大适宜稻渔综合种养的新品种（品系）研发和推广应用。针对稻虾种养缺少小龙虾新品种、小龙虾种质资源退化等问题，各地纷纷发力小龙虾种质创新和苗种繁育科研攻关。2021年，江苏组织实施种业振兴揭榜挂帅项目"克氏原螯虾快长抗逆新品系选育及规模化繁育"；湖南组织实施种业创新项目，将小龙虾列为水产种质创新的重要内容；2022年，湖北将"小龙虾（克氏原螯虾）优质抗逆新品种（系）培育与产业化"列入湖北省种业揭榜挂帅项目。稻鱼种养方面，各地加大对长期适宜本地稻田养殖的鲤鱼的选育，提纯复壮，提高生产性能。广东加大禾花鲤"乳源1号"水产新品种的扩繁和推广，为稻鱼共作提供适宜优良品种，有力促进了当地禾花鱼产业发展。稻蟹种养方面，辽宁组织实施揭榜挂帅科技计划，组建产学研联盟，持续开展河蟹新品种选育；天津、吉林等地将优质蟹苗作为推进稻蟹共作规模化生产和稻蟹产业发展的重要抓手，积极建设苗种繁育基地，加大繁育技术研发和示范推广。二是加大技术集成与试验示范，加快科技成果转化应用。全国水产技术推广总站发布14项重点推广水产养殖技术，其中稻渔综合种养技术3项（无环沟稻虾综合种养技术、稻虾繁养分离技术、"小龙虾＋水稻＋罗氏沼虾"轮作与共生技术）。浙江实施新一轮水产产业技术团队项目60项，其中稻渔综合种养项目15项，并和设施水产养殖、机械化智能化提升等项目结合，成为产业发展新亮点。广西因地制宜总结推广十大模式，推动形成各具特色的稻渔产业发展格局。云南大力推广冬闲田养鱼技术，开发利用冬闲田，成为稻渔综合种养面积和产量新的增长点。吉林和山东积极探索推广盐碱地稻渔综合种养技术，有力促进了盐碱地改良和综合利用。三是强化标准引领支撑，加快构建技术标准体系。《稻渔综合种养通用技术要求》制定列入 2022 年第一批推荐性国家标准计划。该标准在 2017 年发布的《稻渔综合种养技术规范 通则》行业标准基础上，吸收 5 年来科研最新成果和生产实践先进经验，进一步丰富完善了稻渔综合种养关键技术指标和要求，并根据政策要求对部分技术指标和要求进行了修订和细化，将对稻渔综合种养规范发展提供更加有力支撑。《稻渔综合种养技术规范 第 7 部分：稻鲤（山丘型）》行业标准公告发布，稻渔综合种养技术规范系列行业标准已发布 7 项，覆盖了稻虾、稻鱼、稻蟹等主要技术模式。各地聚焦本地区主要技术模式和水稻种植、水产养殖、田间工程等关键技术环节，积极开展地标和企标制修订，全要素、多层次的标准供给和协同应用不断推进。随着科技创新步伐的加快，稻渔综合种养科技成果不断涌现。据初步统计，稻渔综合种养相关科技成果获 2019—2021 年度全国农牧渔业丰收奖农业技术推广成果奖一二三等奖 9 项，获第六届中国水产学会范蠡科学技术奖科技推广类一二等奖 5 项，获四川等省科学技术奖各类奖项若干项。

五、前景展望与发展建议

党的二十大擘画了全面建设社会主义现代化国家、以中国式现代化全面推进中华民族伟大复兴的宏伟蓝图，党中央着眼全面建成社会主义现代化强国，作出全面推进乡村振兴、加快建设农业强国的战略部署。作为保障粮食和重要农产品稳定供给、促进农业高质高效、乡村宜居宜业和农民富裕富足的重要抓手，预计当前和今后一段时期，稻渔综合种养仍将受到各地政府和广大农民广泛欢迎。根据"十四五"以来各地出台的规划，稻渔综合种养面积预计保持稳步增长态势，适宜稻田资源将进一步得到科学合理利用。同时，稻渔产业将加快由数量增长型向质量效益型转变，生产的标准化和适度规模经营水平将进一步提升，通过推进加工和综合利用、搭建体系化物流网络、开展品牌化市场营销、培育农文旅融合新产业新业态，稻渔产业增值增效空间进一步拓展，全产业链发展水平不断提高。

同时，机遇和挑战并存，稻渔产业还面临着一些制约高质量发展的瓶颈和问题。一是科技对产业的支撑能力有待进一步加强。稻渔系统对稻田土壤、水体环境、温室气体排放长期影响等基础研究不足；主要技术模式与当前对保护耕地质量和生态功能、促进水稻稳产增产、节约集约用水等的更高要求还有差距；适宜稻渔系统的专用水稻和水产优良品种比较少，不能满足产业发展需要。二是产业链条有待升级。一产向后延伸不充分，以供应原料、卖初级产品为主，从产地到餐桌的链条不健全；二产连两头不紧密，加工和综合利用率低；三产发育不足，产业融合层次不高。三是规模化经营水平有待提升。我国稻渔综合种养以千家万户的小农生产为主，生产的集约化、标准化程度低，先进技术和设施装备推广应用难，一定程度上也制约了品牌建设、产品加工和综合利用、拓展多种功能和乡村休闲旅游业发展，产业增值收益不高。

当前，推动稻渔产业高质量发展，要立足新发展阶段，贯彻新发展理念，构建新发展格局，贯彻落实《意见》要求，坚持稳粮兴渔、有序发展、绿色生态、富民增收的基本原则，在保障粮食和重要农产品稳定安全供给的前提下，做优做强种养业，积极拓展稻渔综合种养的多种功能，挖掘多元价值，融合农文旅，贯通产加销，推动产业融合发展和全链条升级。一是加大政策支持和引导。抓住当前发展的有利契机，做好政策创设和项目资金统筹使用，聚集资源要素，围绕主体培育、基础设施建设、科技支撑、产业构建，加强业务指导、项目扶持、示范带动等，形成高效的指导和促进体系。同时，加强宣传引导，增进社会公众对稻渔综合种养的科学认识，营造良好氛围。二是强化科技支撑。加强稻渔系统生产力和生态效应等基础理论研究，以及水稻绿色高质高效栽培、水产绿色健康养殖、设施构建、控肥减药、环境调控、绿色防控、精准管控等关键核心技术研发，以保护耕地质量和生态功能、促进水稻稳产增产、水资源节约利用、减肥减药等为目标集成创新种养模式和配套技术。加强种业科技创新，加快适宜水稻和水产品种筛选、种质创新和新品种选育，支持规模化繁育，提升良种供应能力。加强农机装备与稻渔综合种养技术模式、稻渔设施建设的融合，提升机械化水平。强化标准支撑引领，加快制修订有关急需的国标、行标、地标等，积极构建全产业链标准体系，提升标准的系统性和整体性。三是推动产业链条延补壮强。重点发挥三次产业融合的乘数效应，接二连三，着力强龙头、补链条、兴业态、树品牌。纵向上，向后端延伸，向下游拓展，发挥农产品加工业在贯通产加销的中心点作用，引导加工重心下沉，推动生产与加工、产品与市场、企业与农户协同发展，推动由卖初级农产品更多向卖加工品、品牌产品转变，实现产品多元化开发、多层次利用、多环节增值；横向上，与休闲、旅游、研学、康养、生态、文化等产业深度融合，发挥休闲农业和乡村旅游在横向融合农文旅中的连接点作用，发展新产业新业态，推动由卖初级农产品向卖体验、卖风景转变，拓展产业增效空间。

全国水产技术推广总站　中国水产学会

于秀娟　郝向举　党子乔　杨霖坤

"十三五"中国稻渔综合种养产业发展报告

"十三五"以来，我国稻渔综合种养产业蓬勃发展，产业规模持续扩大，产业发展质量和效益同步提升，新业态新模式不断涌现，规模化和组织化程度不断提高，规范化和标准化生产水平得到提升，多功能拓展和新要素价值日益凸显，品牌化、产业化和区域化发展步伐加快。2020年，全国稻渔综合种养面积突破3 800万亩、水产品产量达325万吨。我国稻渔综合种养走出了一条产出高效、产品安全、资源节约、环境友好的现代农业发展道路，在稳定水稻生产、保障粮食安全、拓展渔业发展空间、促进乡村产业振兴和打赢脱贫攻坚战中发挥了重要作用。

为促进稻渔综合种养产业绿色高质量发展，在农业农村部渔业渔政管理局指导下，全国水产技术推广总站、中国水产学会组织编写了《"十三五"中国稻渔综合种养产业发展报告》，旨在反映"十三五"期间我国稻渔综合种养产业发展情况，总结发展成效和经验，分析产业发展前景、存在的问题和面临的风险，并提出发展建议。

一、产业现状

（一）生产规模

1. 种养面积和水产品产量连创新高。自1982年有相关统计数据以来，我国稻田养殖出现过两次明显波动：第一次出现在1987年至1993年，前后约6年的低潮期；第二次出现在2004年，至2011年到达谷底。2012年以后，重启升势，进入新一波成长期。1982年至2015年间，我国稻渔综合种养面积和水产品产量最高纪录分别出现在2004年、2015年，分别为2 445.45万亩、155.82万吨。"十三五"期间，受政府支持、技术进步和旺盛市场需求等多重因素推动，稻渔综合种养呈现快速发展态势，生产规模逐年扩大。2016年水产品产量达163.23万吨、2017年种养面积达2 921.26万亩，均创历史新高，此后面积和产量逐年攀升，见图1-1。至2020年，全国稻渔综合种养面积达到3 843.85万亩，比"十二五"末增加1 591.40万亩，增幅70.65%；生产各类水产品325.39万吨，比"十二五"末增加169.57万吨，增幅高达108.83%（图2-1）。

2. 水产品产量在淡水养殖中的比重大幅提升。"十二五"末，稻渔综合种养水产品产量占全国淡水养殖产量的5.09%，按照渔业统计对淡水养殖水域类型的划分，排第4位（前3位分别为池塘、水库、湖泊）；"十三五"末，比重翻一番，提升至10.53%（图2-2）。

■面积（万亩）　　　　　　　　　　　　■水产品产量（万吨）

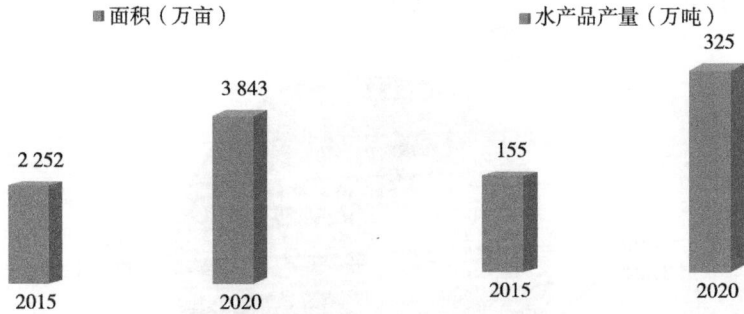

图2-1　"十二五"末和"十三五"末稻渔综合种养面积和水产品产量对比

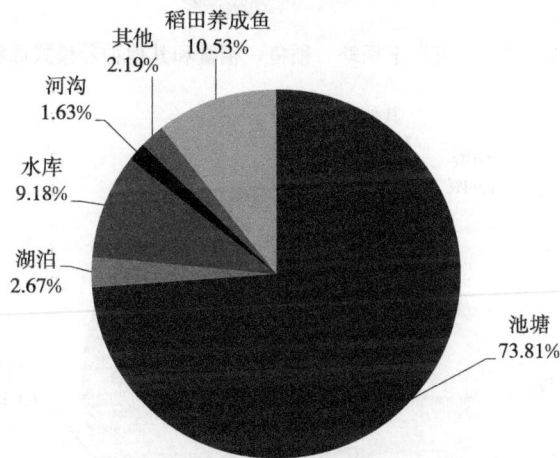

图2-2　"十三五"末淡水养殖不同水域类型水产品产量占比

3. 稻虾和稻鱼种养牢牢占据主导地位。 按品种和模式分，"十二五"末，生产规模排前3位的依次为稻鱼种养、稻虾种养和稻蟹种养。至"十三五"末，稻虾种养一跃成为第1位，面积和水产品产量分别为1 892万亩、206.23万吨，分别占全国稻渔综合种养面积和水产品产量的49.22%、63.38%。稻鱼种养退居第2位，面积1 500万亩、水产品产量80万吨，分别占全国稻渔综合种养面积和水产品产量的39.02%、24.59%。稻蟹种养继续位居第3位，面积190万亩、水产品产量6.32万吨，分别占全国稻渔综合种养面积和水产品产量的4.94%、1.94%。稻鳅、稻鳖、稻蛙、稻螺等其他种养模式总面积和水产品总产量分别为262万亩、32.84万吨（图2-3、图2-4）。

全国稻渔综合种养生产规模迅速扩大主要得益于稻虾种养的快速发展。据测算，"十二五"末，稻虾种养面积约为570万亩，此后得益于稻虾共作模式的推广应用，至"十三五"末，稻虾种养面积达1 892万亩，增加了约1 322万亩，而同期稻渔综合种养总面积增加了1 591.40万亩。稻虾种养对稻渔综合种养面积的增长贡献率高达83.07%。

17

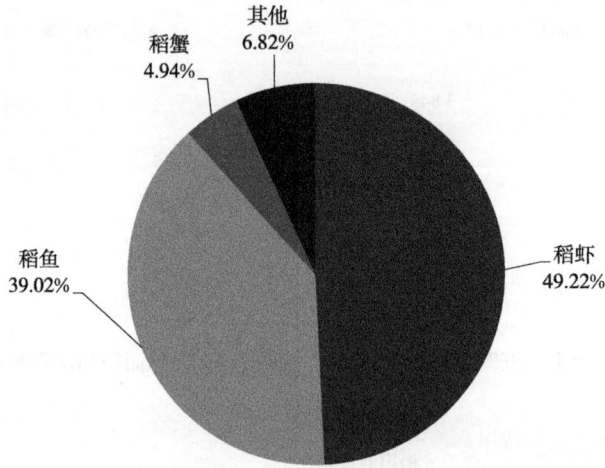

图 2-3 "十三五"末稻虾、稻鱼、稻蟹和其他种养模式面积占比

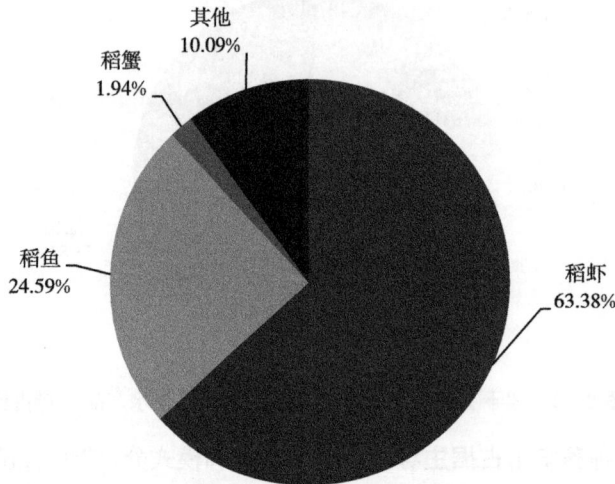

图 2-4 "十三五"末稻虾、稻鱼、稻蟹和其他种养模式水产品产量占比

（二）区域布局

1. 主产区域分布特点

（1）产区进一步集中 "十二五"末，我国已有 27 个省（自治区、直辖市）有稻渔综合种养统计，仅北京、甘肃、青海、西藏 4 地未有报告。至"十三五"末，该数字未发生变化。但 5 年来，稻渔综合种养的产区进一步集中。湖北、湖南、安徽、江西、江苏等长江中下游 5 省稻渔综合种养面积和水产品产量占全国稻渔综合种养总面积和水产品总产量的比重由"十二五"末的 40.02%、44.09%，提升到"十三五"末的 59.43%、71.06%（图 2-5）。其主要原因是小龙虾旺盛的市场需求带动了稻虾种养的快速发展。

（2）部分非传统种养地区发展迅速 除长江中下游 5 省外，"十三五"期间，四川、贵州、云南、辽宁等传统稻渔综合种养省保持较大规模且相对稳定，而河南、黑龙江等省

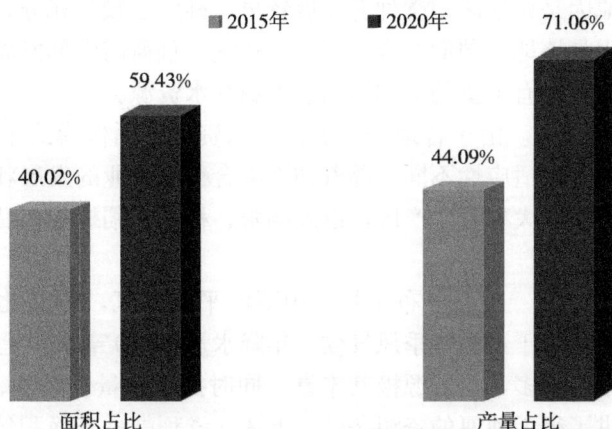

图 2-5 "十二五"末和"十三五"末长江中下游 5 省稻渔综合种养面积和水产品产量全国占比

稻渔综合种养面积迅速扩大（图 2-6、图 2-7）。四川、贵州、云南等省面积变化不大的主要原因是西南地区稻鱼种养历史悠久，具有相对稳定的产业基础和市场需求；辽宁省面

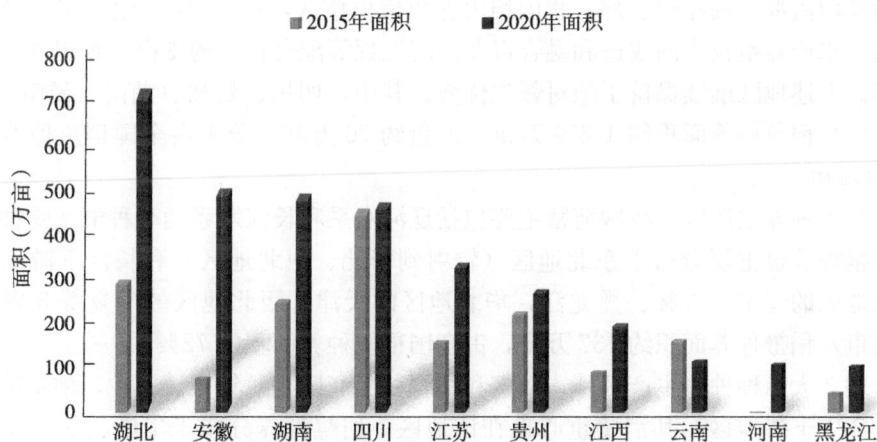

图 2-6 "十三五"末稻渔综合种养面积全国前 10 省份与"十二五"末面积对比

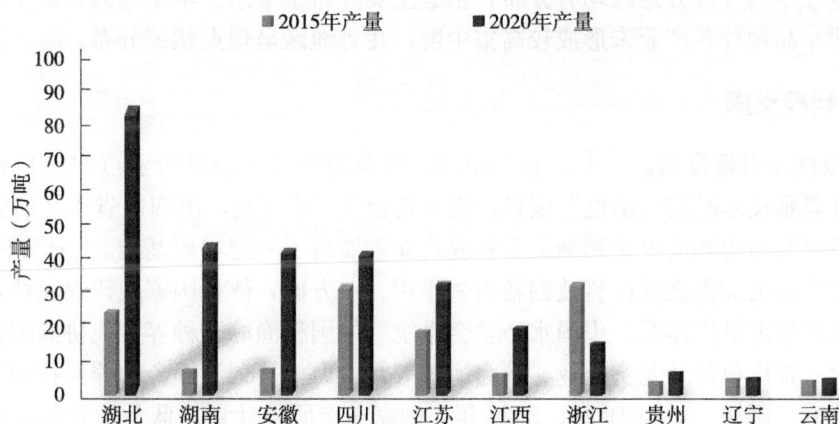

图 2-7 "十三五"末稻渔综合种养水产品产量全国前 10 省份与"十二五"末水产品产量对比

积变化不大的主要原因是该地区稻蟹种养发展较早，推广已较为充分；河南、黑龙江等省发展较快的主要原因是该地区稻渔综合种养起步较晚，且河南南部发展稻虾种养、黑龙江发展稻蟹和稻鱼种养等具有丰富的可利用稻田资源和水资源。

2. 主要模式发展格局。 由于各地稻田资源、水资源、稻作模式不同，水产养殖产业基础和水产养殖品种生态适应性不同，随着稻渔综合种养产业的发展壮大，我国逐渐形成了稻虾、稻鱼、稻蟹等3大种养主产区，以及稻鳖、稻鳅、稻螺等小品种种养点状式分布的发展格局。

（1）稻虾种养主产区　主要分布于长江中下游平原地区，即湖北、湖南、安徽、江西、江苏5省。该地区属于亚热带季风气候，年降水量1 000毫米以上，年平均气温16～18℃，河网密布、湖泊众多，水资源极其丰富，同时拥有大量低湖田、冷浸田和冬闲田，为稻虾种养发展提供了得天独厚的资源条件。上述5省稻虾种养面积约1 700万亩、产量达190万吨，分别占全国稻虾种养面积和产量的90%和92%。

（2）稻鱼种养主产区　稻鱼种养在我国广泛分布，但主要分布于南方丘陵山区，包括西南地区的四川、贵州、云南大部，华中地区的湖南西部和南部，华南地区的广西，华东地区的浙江西南部、福建西北部。我国稻田养鱼历史悠久，进入21世纪以来，经过现代水稻种植、水产养殖技术的改进和融合以及田间工程等配套技术的支撑，稻田养鱼发展为稻鱼种养。上述地区继续保持了绝对领先优势。其中，四川、贵州、湖南、云南、广西5省（自治区）稻鱼种养面积约1 250万亩，产量约70万吨，分别占全国稻鱼种养面积和产量的84%和88%。

（3）稻蟹种养主产区　我国河蟹主要包括辽河水系和长江水系两个种群。受种群资源影响，稻蟹种养也主要分布于东北地区（辐射到华北、西北地区）和长江下游地区。其中，东北地区的辽宁、吉林、黑龙江，华北地区的天津，西北地区的宁夏等5省（自治区、直辖市）稻蟹种养面积约137万亩，占全国稻蟹种养面积的72%。

除上述3大品种种养主产区外，稻鳖和稻螺种养产区相对集中。其中，稻鳖种养主要分布于长江中下游地区，其消费重心也在该地区；稻螺种养分布于华南、华中和华东地区，但主要集中于广西，面积和产量约占全国稻螺种养的六成左右。稻鳅和稻蛙产区分布广泛，稻鳅在全国大部分地区均有分布，稻蛙主要分布于华东、华中地区。由于产业规模不大，上述小品种种养产业未形成较高集中度，在各地区呈现点状式分布。

（三）科技支撑

1. 科技创新引领发展。 "十二五"期间，农业部安排公益性行业（农业）科研专项"稻-渔耦合养殖技术研究与示范"项目，投入资金1 458万元，由四川省水产研究所组织实施，项目研究内容和成果为稻渔综合种养产业发展打下一定科研基础。"十三五"期间，国家和各主产省更加重视发挥科技创新引领作用。一方面，依托国家现代农业产业技术体系、全国水产技术推广体系、中国水产学会系统、中国稻渔综合种养产业协同创新平台等科研、教学、推广单位及龙头企业、社会团体等，大力推进稻渔综合种养科技创新，组织开展相关研究。例如，如2019年、2020年，国家重点研发计划"蓝色粮仓科技创新"围绕重大共性关键技术研发、技术模式应用示范，连续两年设置稻渔综合种养相关专项。另一方面，稻渔综合种养创新团队建设得到加强，区域内科技资源整合力度加大，一些主产省组建了跨水稻种植、水产养殖等多学科、产学研用推等多部门合作的综合研发团队，加大关键核心技术、生态种养模式、稻米和水产品高值化加工利用等方面的研究，开展产业化技术创新应用示范，为产业发展提供了有力支撑。例如，湖北省依托华中农业大学成立双水双绿研究院，江苏省设立小龙虾现代农业产业技术体系，江西省设立稻渔综合种养产业技术体系。"十三五"期间，稻渔综合种养科技成果不断涌现，据初步统计，相关省部级科技奖项就有近10项（包括农业农村部神农中华农业科技奖2项、全国农牧渔业丰收奖3项、教育部科学技术进步奖1项，以及湖北、安徽、四川、江苏等省科技进步奖、农业技术推广奖等奖项）。

2. 技术模式创新发展。依托科研和成果推广应用，各地因地制宜，积极探索引进经济价值高且适宜本地区的养殖品种，结合原有稻作模式和水产养殖方式，创新发展形成了形式多样、内涵丰富的稻渔种养技术模式。按品种，可划分为稻虾、稻鱼、稻蟹、稻鳅、稻鳖、稻蛙、稻螺等模式（表2-1）。在单一品种种养模式的基础上，因资源利用率更高等原因，多品种混养种养模式逐渐受到经营主体广泛关注和青睐。按水产养殖与水稻种植的结合方式，通过对稻田资源的不同利用方式，可划分为空间结合型的共作和时间连接型的轮作两大类，以及"共作+连作"一体模式。通过稻渔种养和其他水产养殖方式结合，又形成了生产效率更高的各类复合型模式，如东北地区湖（塘）田接力模式、宁夏"设施渔业+稻渔共作"模式等。按田间工程，可划分为沟坑型、微沟、平田等模式。其中，出于保护稻田生产能力和促进水稻生产的考虑，各地发展了各具特色的不挖沟或少挖沟模式，如安徽省霍邱县的原生态稻虾种养模式、江西省无环沟稻虾种养模式等。按地形地貌，可划分为平原型、山区型、丘陵梯田型等模式，如分布最广泛的稻鲤种养，适宜于各类地形地貌。

表2-1　稻田综合种养主要模式类型（按品种分）

序号	稻渔综合种养主要模式	主养品种
1	稻虾种养	小龙虾、红螯螯虾、日本沼虾、罗氏沼虾、中华小长臂虾等
2	稻鱼种养	鲤鱼（福瑞鲤、瓯江彩鲤、田鱼等）、鲫鱼、草鱼、鲢鱼、鳙鱼、黄鳝、沙塘鳢、鳊鱼、鲇鱼、罗非鱼、丁鲅鱼、柳根鱼、观赏鱼（锦鲤、草金鱼）等
3	稻蟹种养	中华绒螯蟹（以辽河水系和长江水系河蟹种群为主）
4	稻鳅种养	泥鳅、大鳞副泥鳅（台湾泥鳅）、黑龙江花鳅等
5	稻鳖种养	中华鳖（清溪乌鳖、浙新花鳖、鄱阳湖鳖、黄沙鳖等）
6	稻蛙种养	虎纹蛙、黑斑蛙、牛蛙、美国青蛙等
7	稻螺种养	中华圆田螺等

3. 技术标准体系初步建立。"十三五"期间，稻渔综合种养规范化、标准化发展成为业内外广泛共识，一批技术标准相继发布实施，有力促进了稻渔综合种养产业的规范有序发展。2017年，我国首个稻渔综合种养类行业标准《稻渔综合种养技术规范　通则》（以下简称《通则》）发布。《通则》对沟坑占比、水稻产量、种养环境和产品质量等技术指

标和要求进行了规范统一，被业内外广泛接受，成为规范稻渔综合种养产业发展最重要的依据。《通则》关于沟坑占比的要求被《国务院办公厅关于防止耕地"非粮化"稳定粮食生产的意见》（国办发〔2020〕44号）引用，成为强制性要求。2020年，农业农村部又发布了《稻渔综合种养技术规范　第4部分：稻虾（克氏原螯虾）》《稻渔综合种养技术规范　第5部分：稻鳖》《稻渔综合种养技术规范　第6部分：稻鳅》《稻田面源污染防控技术规范　稻蟹共生》等4个针对稻虾等规模较大、技术模式相对成熟的主导种养模式的行业标准。除上述5个行业标准外，各地围绕本地区主要种养模式，积极开展技术模式熟化和标准化，"十三五"期间累计发布72项地方标准。其中，稻虾类标准22项、稻蟹类标准13项、稻鳅类标准9项、稻鳖类标准9项、小品种和品种混养类标准8项、通则类标准6项、稻鱼类标准5项（图2-8）。这些标准涵盖了水稻种植（机插栽培、病虫草害防控等）、水产养殖、田间工程、面源污染防控、质量安全控制等关键环节，为广大稻渔从业人员提供了成熟、适用性强的技术参考和指导。一些涉农企业，尤其是龙头企业也制定了一批相关企业标准，并通过与农户等建立紧密利益联结，发挥联农带农作用，有力促进了标准化生产。至"十三五"末，我国已初步构建了多层次的稻渔综合种养技术标准体系。

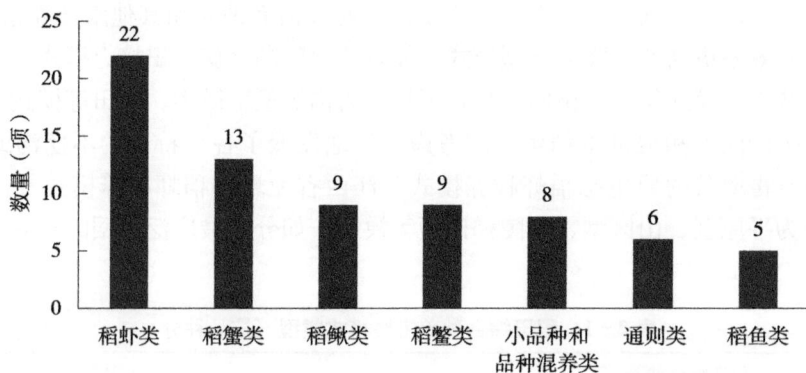

图 2-8　稻渔综合种养地方标准分类及数量

（四）政策扶持

1. 政策引导明晰。"十三五"期间，稻渔综合种养受到各级政府高度重视，相继出台了多项扶持政策，为产业发展提供了有力政策保障。2015年农业部等8部委印发《全国农业可持续发展规划（2015—2030年）》提出"发展稻田养鱼"，《农业部关于进一步调整优化农业结构的指导意见》提出"因地制宜推广稻田养鱼（虾、蟹）"，为"十三五"发展打好政策基础。2016年国务院印发的《全国农业现代化规划（2016—2020年）》及2017年中央1号文件均明确提出"推进稻田综合种养"。2016年印发的《农业部关于加快推进渔业转方式调结构的指导意见》及《全国渔业发展第十三个五年规划》等一批重要文件也都对发展稻渔综合种养提出了明确要求。2017年，农业部在湖北省潜江市召开了全国稻渔综合种养现场会，会议提出要走"一条产出高效、产品安全、资源节约、环境友好的稻渔综合种养产业发展道路"。2019年，经国务院同意，十部门联合印发《关于加快推进水产养殖业绿色发展的若干意见》，明确提出"大力推广稻渔综合种养，提高稻田综合效益，实现稳粮促渔、提质增效"。2020年6月9日，习近平总书记考察宁夏银川贺兰县稻渔空间乡村生态观光园，了解稻渔种养业融合发展的创新做法，指出要注意解决好稻水矛盾，采用节水技术，积极发展节水型、高附加值的种养业。同年9月，农业农村部在四川省隆昌市召开全国稻渔综合种养发展提升现场会，提出要深入贯彻落实习近平总书记重要指示精神，处理好"稻和渔""粮和钱""土和水""一产和三产"、产业发展和科技支撑、积极推动和农民意愿等方面的关系，推进稻渔综合种养产业规范高质量发展。各地政府因地制宜，将稻渔综合种养作为稳定水稻种植面积、促进渔业提质增效、发展特色县域经济的重要产业，出台了大量扶持政策。初步统计，5年来，辽宁等10省（自治区）出台多个稻渔综合种养指导意见、发展规划等重要文件（表2-2）。一些主产县（区、市）将发展稻渔综合种养作为党委和政府的头号工程，促进产业规模迅速扩大，成为乡村产业振兴和精准扶贫的重要抓手。

表2-2 "十三五"期间各省稻渔综合种养重要文件汇总

序号	省份	文件名	发布主体
1	辽宁	关于加快推进稻渔综合种养发展指导意见	农业农村厅
2	黑龙江	黑龙江省稻渔综合种养发展规划（2020—2022年）	农业农村厅
3	江苏	关于加快推进稻田综合种养发展的指导意见	农业农村厅
4	浙江	浙江省稻渔综合种养百万工程（2019—2022年）实施意见	农业农村厅
5	安徽	安徽省农业农村厅关于稻渔综合种养百千万工程的实施意见	农业农村厅
6	河南	关于大力发展稻渔综合种养加快产业精准扶贫的意见	农业农村厅、扶贫开发办公室
7	湖北	湖北省推广"虾稻共作稻渔种养"模式三年行动方案	省人民政府办公厅
		湖北省"虾稻共作 稻渔种养"产业发展规划（2019—2022年）	农业农村厅
8	湖南	关于大力发展稻田综合种养 加快贫困农民脱贫致富的指导意见	畜牧水产局、扶贫开发办公室
9	广西	关于加快推进稻渔综合种养产业发展的实施意见	农业农村厅
10	陕西	关于加快推进稻渔综合种养产业发展的实施意见	农业农村厅

2. 资金扶持有力。"十二五"期间，2012年、2013年农业部科技教育司每年安排200万元支持稻渔综合种养，成为新时期发展稻渔综合种养的重要启动资金。2014年、2015年农业部渔业渔政管理局在部门预算中安排资金支持开展稻渔综合种养技术示范，此后结合扶贫工作需要，持续对云南省红河州、广西壮族自治区三江县、湖南省永顺县、黑龙江省泰来县等地开展产业扶贫技术示范。2015年，农业部投入农业综合开发资金4 800万元，支持16个示范基地实施稻渔综合种养工程项目；2016年，农业部科技教育司安排1 000万元用于支持哈尼梯田稻鱼鸭综合种养发展。国家层面的投入，有力带动了各地的资金投入。"十三五"期间，各主产省通过加大财政资金统筹使用，撬动金融和社会资本投入，为产业蓬勃发展提供了重要支撑。资金投入呈现三方面特点：一是资金使用精准，扶持对象多样化。扶持对象包括示范县、示范区/基地、种养户等各类主体。湖南省2018年、2019年省级财政投入8 000万元用于10个"稻渔综合种养示范县"建设。四川省将

稻渔综合种养纳入现代农业园区建设主导产业之一，按照园区星级考评结果，分别予以1 000万～2 000万元一次性补助。浙江省实施稻渔综合种养百万工程，2020年投入5 000万元支持试点示范和产业发展，重点示范县平原县2万亩以上补助400万元，山区县1万亩以上补助300万元，示范县以外的示范基地补助20万元。广西壮族自治区将稻渔综合种养作为渔业油价补贴政策重点支持内容，2018年安排渔业油价补贴省级一般性转移支付（生产类）资金的45%，在36个县区实施稻（藕）渔综合种养开发项目。大部分的财政资金则投向示范区/基地和普通农户。其中，"以奖代补"方式在对示范区/基地的扶持中越来越普遍，而对普通农户主要是对稻田改造等予以补助，并结合产业精准扶贫实施，成效十分显著。二是从种养生产到全产业链，扶持方向多元化。根据产业发展阶段和当地经济社会发展水平不同，各地区资金投入的方向不尽相同。大部分地区将一产作为主要资金投入方向。例如，贵州省2019年将稻渔综合种养纳入省委省政府推进农村产业革命工作范畴，省级财政用于稻渔综合种养苗种补助3 100万元、苗种场补助1 500万元以上，用于扩大种养规模和提升本地苗种供给能力。产业基础较好的地区，如湖北、安徽、江苏等省，则将资金投入的重点更多放在产业提质增效和全产业链发展方面，如主体培育、品牌建设、渔米产品加工、农渔旅融合发展等。三是引导有力，带动社会资金投入效果明显。例如，湖北省"十三五"期间省级财政投入7.8亿元，带动各类经营主体年投入资金超过50亿元。宁夏回族自治区将稻渔综合种养作为全区渔业"十三五"时期8项重大工程之一，安排项目资金4 500万元，撬动社会资本近5亿元用于技术攻关和推广应用。通过财政资金引导社会资本投入，多元化投入格局加快形成，促进了当地稻渔产业，尤其是稻虾产业的蓬勃发展。

（五）产业化发展

1. 产业集群。"十三五"期间，在产区进一步集中的基础上，各地通过政策和规划引导推动，打破行政区划界限，统筹布局产业链功能板块，推动产业形态由"小特产"升级为"大产业"，空间布局由"平面分布"转型为"集群发展"，形成了一批区域优势特色产业带，成为区域经济发展的新引擎。2017年以来，以稻渔综合种养产业为主要内容的湖北省潜江市现代农业产业园、辽宁省盘锦市大洼区现代农业产业园、江西省彭泽县现代农业产业园、江苏省盱眙县现代农业产业园等先后被农业农村部和财政部认定或批准创建国家农业现代产业园。湖北小龙虾产业集群、江西鄱阳湖小龙虾产业集群入选2020年农业农村部和财政部优势特色产业集群建设名单（安徽江淮小龙虾产业集群入选2021年建设名单）。2017—2020年，全国共创建158个国家级稻渔综合种养示范区和水产健康养殖示范场（稻渔综合种养类）。湖南集中推动环洞庭湖稻虾产业集聚区和湘东、湘南、湘西高山禾花鱼综合种养优势带建设。四川打造形成成都平原（成都-德阳-眉山-资阳）、川南（泸州-自贡-内江-宜宾-乐山）、川东（广安-南充-遂宁）、川北（广元-巴中-达州）4大稻渔产业集群带。江苏淮安、徐州、宿迁等市稻渔产业聚集度不断提升，形成了规模较大、业态丰富的主导产业。

2. 品牌建设。通过产业集群发展，各地涌现出一批竞争力强、影响力大的渔米产品区域公共品牌。例如，稻虾种养中的湖北"潜江龙虾"、江苏"盱眙龙虾"，稻蟹种养中的辽宁"盘锦河蟹",品牌价值均超过200亿元。湖南郴州"高山禾花鱼"、湘西"辰溪稻花鱼"等一批具有历史文化底蕴的地方特色品牌通过广泛宣传推介、成功申报农产品地理标志认证等方式,扩大品牌知名度,极大提升了产品附加值和综合效益。除水产品品牌外,通过创建品牌,宣传渔米产品"绿色、生态、安全、优质"理念,蟹稻米、虾稻米、禾花鱼稻米等稻米产品受到市场广泛欢迎。中国稻渔综合种养产业协同创新平台(原中国稻渔综合种养产业技术创新战略联盟)连续4年举办全国优质渔米评比推介活动,累计100余家企业的渔米产品获金银奖,品牌溢价极为显著。稻米产品附加值的提升,也有力促进了稻渔平衡,巩固了稻渔产业长期稳定发展的基础。

3. 融合发展。 产业集群的初步形成有力促进稻渔综合种养由地方特色产业升级为县域乃至省域经济的"大产业"。"十三五"期间,稻渔综合种养先行区和优势区围绕种养生产基地建设、仓储保鲜、产品初加工和精深加工、商贸流通等全产业链环节,多方面出台政策,在更大范围、更高层次和更宽领域上聚资源、促发展,发挥产业集群链条完整、体系健全和主体抱团等优势,激发产业链、价值链和功能升级,推进一二三产业深度融合、上中下游一体化发展。湖北以"潜江龙虾"为引领,立足虾稻共作,发展小龙虾加工、调味品加工、饲料加工等加工业,以及冷链物流、餐饮美食、电子商务、生态旅游、文化创意等第三产业,在全省范围内形成了上中下游结构完整、外围支持、体系健全的"大产业",2020年全省小龙虾产业总产值突破1 000亿元。辽宁以"盘锦河蟹"为引领,通过培育集生产、加工、旅游、餐饮等为一体的融合发展主体,建设蟹苗繁育基地、河蟹交易市场、科普教育基地和创意农业园区,发展电商和物流等,稻蟹种养由单纯的育苗和养殖转变为完整的产业链。

在推动构建全产业链中,各地有效运用文化、旅游、休闲等要素,与稻渔综合种养因地制宜、有机融合,稻渔综合种养多功能得以发挥,有效拓展了产业空间,成为全产业链发展的重点和亮点。各地在探索中,逐渐形成了最为普遍的"稻渔+捉鱼、垂钓、餐饮"的农家乐模式,以宁夏贺兰县"稻渔空间"为代表的"稻渔+休闲观光、科普教育、农事体验、餐饮美食"的休闲渔业园区模式,以及以浙江青田县"稻鱼共生"为代表的"稻渔+农耕文化、渔文化"渔旅文融合发展的特色民俗村镇模式。

二、发展成效

"十三五"末,我国稻渔综合种养面积突破3 800万亩,稳定水稻产量1 900万吨,提供优质水产品325万吨,带动农民增收超过650亿元,充分兼顾了社会、经济和生态效益,取得显著成效。

(一)稳定粮食生产

稻渔综合种养充分发挥"一水两用、一田多收"优势,通过额外产出优质水产品及稻米生态溢价大幅增加效益,激发了农民种粮积极性,有力稳定了水稻种植面积。据测算,2020年稻渔综合种养平均每亩增收约1 700元。以湖北省、安徽省稻渔综合种养面积最大的荆州市、六安市为例:2000年到2019年,荆州市稻谷种植面积由550万亩增长到

683万亩（据《荆州市统计年鉴》），其中稻渔综合种养面积274万亩；六安市稻谷种植面积分别由527万亩增长到606万亩（据《安徽省统计年鉴》），其中稻渔综合种养面积超百万亩。此外，长江中下游地区低洼易涝田较多，稻渔综合种养的发展也有力促进了此类低产低效田的开发利用。

（二）拓展渔业发展空间和促进优质水产品供给

党的十八大以来，生态文明建设受到前所未有的重视，相关制度、政策出台频度之密前所未有，中央环境保护督察全覆盖掀起环保"风暴"，一些粗放的、落后的水产养殖方式受到冲击。如不计算稻渔综合种养，"十三五"末我国淡水养殖水产品产量与"十二五"末相比有所下降，稻渔综合种养的快速发展则有效稳定了淡水养殖产能。此外，通过引进特种水产品养殖以及节肥减药等作用，稻渔综合种养有力促进了水产养殖业供给侧结构性改革，为消费者提供了大量生态优质水产品。例如，近年来深受消费者喜爱的小龙虾，2020年稻田养殖小龙虾产量206.23万吨，占小龙虾养殖总产量的86.15％。

（三）助力乡村产业振兴和打赢脱贫攻坚战

"十三五"期间，在稻渔综合种养先行地区，一些地方政府将其作为发展县域经济的特色产业，通过培育新型经营主体，推动规模化生产、品牌化经营、产业化发展，提升产业的质量效益，实现了对乡村产业振兴的有力支撑。例如，湖南环洞庭湖区通过发展稻渔综合种养，促进土地流转，新型经营主体不断发展壮大。全区稻虾种养面积占全省90％左右，而其中新型经营主体经营面积占全区的70％以上。除稻鳖等少数种养模式外，大部分稻渔种养模式，尤其是发展最快的稻虾种养，技术难度低、投资少、风险低、回报利润率高，适宜小农户、合作社和家庭农场经营，一些稻田和水资源丰富、经济欠发达地区，如安徽、湖南、贵州、云南、广西，将稻渔综合种养作为精准扶贫的重要产业，通过政策引导和示范推广，大力发展稻渔综合种养，促进农渔民脱贫致富，取得显著成效，涌现出了如广西三江、云南元阳、安徽霍邱、湖南湘西等一批稻渔产业扶贫典范。安徽省稻虾产业扶贫带动贫困户3.1万户；广西壮族自治区90％以上的贫困县将稻渔综合种养作为重要扶贫产业；贵州省稻渔综合种养产业带动75万余户增收，其中建档立卡贫困户10万余户。江西环鄱阳湖区引导支持龙头企业、合作社等主体与贫困户建立紧密利益联结，实现了贫困户与稻渔综合种养产业发展有机衔接和增收持续稳定。

三、前景展望、存在问题与发展建议

（一）发展前景

从政策环境看，"十四五"时期是我国乘势而上开启全面建设社会主义现代化国家新征程、向第二个百年奋斗目标进军的第一个五年。民族要复兴，乡村必振兴。产业振兴是乡村振兴的基础和关键。同时，确保国家粮食安全作为治国理政的头等大事，也是农业农村现代化的首要任务。因稻渔综合种养具有以渔促稻、质效并重的突出特点，可以预见，在未来一段时期，稻渔综合种养发展的政策环境将更优、保障更有力。从市场需求看，稻渔综合种养是典型的现代生态循环农业模式，渔米产品质量优、安全有保障。随着我国经济社会的稳定健康发展，我国居民对生态优质农产品的需求和支付意愿将持续增加。从资源条件看，我国常年水稻种植面积约 4.51 亿亩，且主要集中于华中、华南、西南、东北地区，这些地区水资源相对丰富，具备发展稻渔综合种养的条件。目前，我国已发展 3 800 万亩，仍具有较大的发展潜力。从发展质量看，越来越多的地方政府出台的各类规划将延伸产业链、提升价值链、推进产业化发展作为重要方向，提升稻渔综合种养产业的质量效益在业内外已形成广泛共识。由此可以判断，"十四五"期间我国稻渔综合种养发展仍处于重要的战略机遇期，种养规模将继续扩大，同时面临向高质量发展转型升级的重要窗口。

(二) 主要问题

1. 基础理论研究不足，技术模式亟待升级。生态理论研究对种养模式理论解析和技术创新的指导与支撑不够，尤其是稻渔系统对土壤质量、水体环境和温室气体排放长期影响等基础研究不足。种养模式和产业化配套技术与稻渔综合种养发展新阶段对稳粮、节水、地力提升的更高要求有差距。种业发展滞后，适宜稻渔系统的水稻品种和水产良种欠缺。

2. 产业发展规划的科学性和政策的稳定性不高。许多地区制定了稻渔综合种养发展规划，但由于有些规划前期研究不足，造成规划和当地产业基础、资源禀赋、社会经济发展条件不够匹配，有些只是简单地将适宜种养稻田面积作为发展目标，产业发展方向和重点与本地区经济社会发展总体规划、土地利用、水利建设、城乡发展等规划衔接不够紧密。

3. 组织化程度不高，和现代农业发展有机衔接不够。部分先行地区的组织化规模化水平较高，但全国整体上仍以小农分散经营为主，种养企业、合作社、家庭农场占比较低。在生产环节，小农户缺乏引进先进技术的动力和能力，渔米产品质量良莠不齐，碎片化的稻田也不利于土地等资源的节约利用；在市场环节，分散经营难以形成品牌化和产业化发展合力，无法形成有标准、有质量、有竞争力的品牌和产业。

(三) 发展建议

1. 科学规划引导。准确把握国之大者和产业高质量发展需要，坚持把确保国家粮食安全作为发展的首要任务，以"不与人争粮、不与粮争地"为基本原则，积极落实"稳粮促渔、生态优先、产业化发展"的理念，在全面分析市场需求、资源禀赋、潜力空间的基础上，根据产业集中连片发展需要，做好顶层设计，科学合理布局，明确发展思路和目标。广泛宣传，促进社会各界对稻渔综合种养的客观认识，为产业营造有利的发展环境。构建完善政策支持体系，推动稻渔综合种养纳入农业农村现代化发展重点支持领域，加大对基础设施建设、配套良种工程、技术研发推广、病虫害绿色防控等关键领域的投入。

2. 强化科技支撑引领。充分发挥中国稻渔综合种养产业协同创新平台、现代农业产业技术体系和各类产学研平台作用，推动水稻种植、水产养殖、农业工程、水土保持、生态环境、农机设备等跨学科交叉协作和资源整合，为稻渔综合种养提供全产业链技术支撑。强化基础理论和关键技术研究，以稻田土壤保护利用、水资源节约、绿色生产为目标创新集成技术模式。支持适宜种养的优质稳产、多抗广适的水稻品种研发和水产良种选育，推动构建育繁推一体化的商业化育种体系，提高良种供给保障能力。充分发挥国家水产技术推广体系的组织优势，发挥科研院所、大专院校的人才资源优势，广泛组织开展技术指导、培训、示范和推广，促进先进适用技术模式普及应用和科技成果转化，并培育一批懂技术、会管理、善经营的复合型人才队伍。

3. 推动产业协调、融合发展。 鼓励土地向稻渔综合种养新型经营主体流转，推进适度规模经营，促进先进技术的应用和土地的高效节约利用。加快培育种养专业大户、家庭农场、农民合作社、农业企业等新型经营主体，扶持龙头企业，同时引导新型经营主体和小散户建立多种利益联结机制，促进形成集中连片、规模发展的格局。在规模化基础上，推动区域化和产业化发展。各地应根据自身资源禀赋和经济社会发展水平，明确本地区主导模式产业，整合生产资料供应、经营管理、产品加工、品牌经营等全产业链，通过产前、产中、产后的延伸，以及产业内外的融合，建立产加销一体化、多功能充分开发、新业态蓬勃发展的产业化发展机制，形成区域优势主导产业，全面提升产业效益和竞争力，促进稻渔综合种养产业向高质量发展转型升级。

全国水产技术推广总站　中国水产学会

于秀娟　郝向举　党子乔

中国小龙虾产业发展报告
（2023）

　　2022 年，我国小龙虾产业保持平稳较快发展，小龙虾养殖面积和产量再创新高，加工产能不断扩大，加工量大幅增加，市场流通体系不断健全，餐饮市场总体平稳略有增长。

　　为促进小龙虾产业高质量发展，在农业农村部渔业渔政管理局指导下，全国水产技术推广总站、中国水产学会联合中国水产流通与加工协会编写了《中国小龙虾产业发展报告（2023）》，反映了 2022 年我国小龙虾产业发展状况，对发展形势和出现的新情况进行了分析，提出了发展建议。

一、产业规模

　　小龙虾产业链条长，一产主要包括养殖和苗种生产，以养殖为主；二产主要包括小龙虾加工、调味品加工、饲料加工、捕捞网具和船只制造、加工设备制造等，以小龙虾加工为主；三产主要包括餐饮、流通、休闲渔业等，以餐饮为主。

　　据测算，2022 年我国小龙虾产业综合产值 4 580 亿元。其中，一产产值 960 亿元，占 20.96％；二产产值 498 亿元，占 10.87％；三产产值 3 122 亿元，占 68.17％（图 3-1）。2022 年小龙虾产业综合产值及一、二、三产产值分别同比增长 8.48％和 16.58％、35.14％、3.04％。

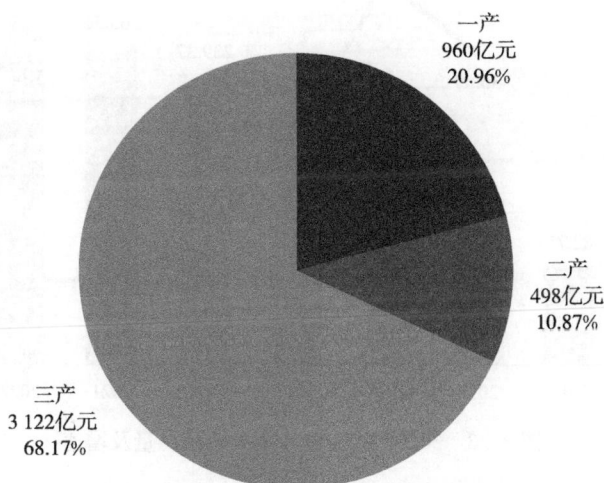

一产
960亿元
20.96%

二产
498亿元
10.87%

三产
3 122亿元
68.17%

图 3-1　2022 年小龙虾一二三产业产值及占比

二、养殖生产

（一）面积和产量

2022年，我国小龙虾养殖面积2 800万亩、产量289.07万吨，同比分别增长7.69%和9.76%，继续保持较快增长（图3-2、图3-3）。小龙虾养殖产量占全国淡水养殖总产量的8.79%，同比提升0.51个百分点，养殖产量首次超过鲫鱼和鲤鱼，位列我国淡水养殖品种第4位（前3位分别是草鱼、鲢鱼、鳙鱼）（图3-4）。

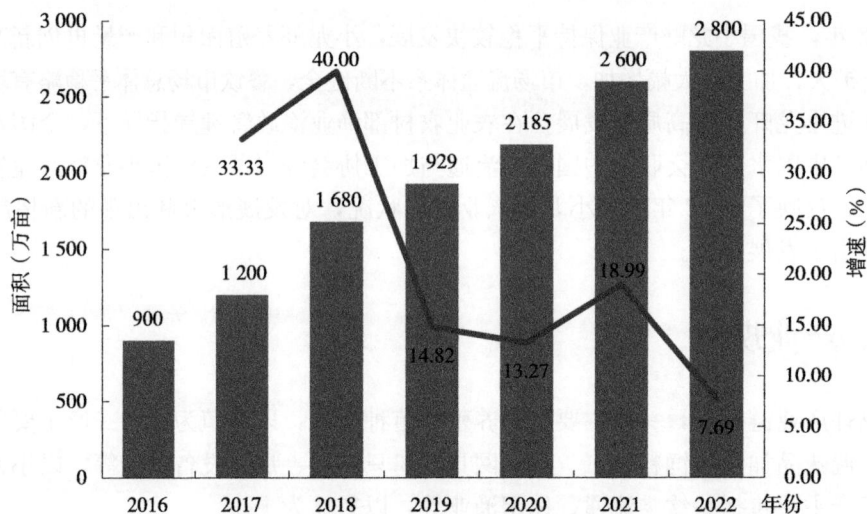

图3-2　2016—2022年小龙虾养殖面积及增速

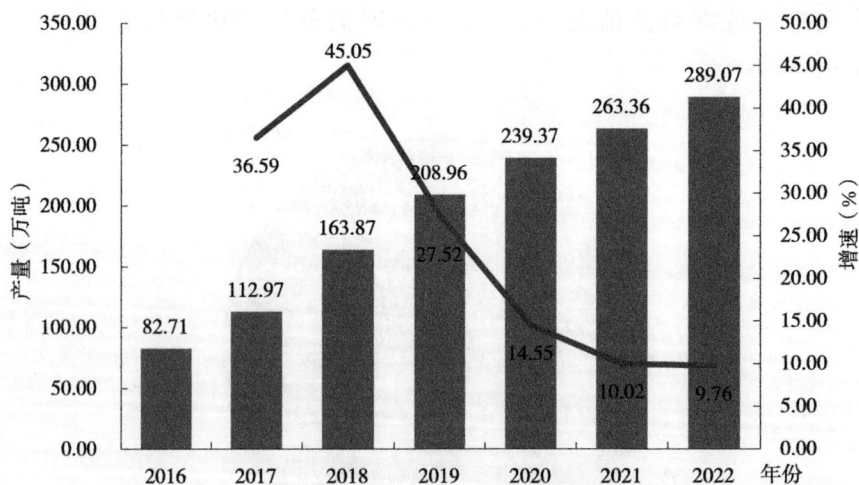

图3-3　2016—2022年小龙虾养殖产量及增速

鲤鱼
284.32 万吨
8.64%

鲫鱼
284.95 万吨
8.66%

其他
1 126.12万吨
34.23%

小龙虾
289.07 万吨
8.79%

鳊鱼
326.85 万吨
9.94%

鲢鱼
387.98 万吨
11.79%

草鱼
590.48 万吨
17.95%

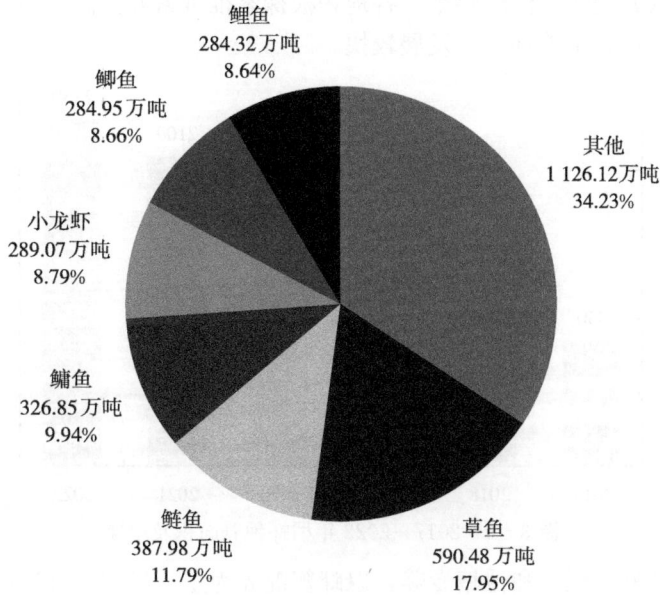

图 3 - 4　2022 年淡水养殖各品种产量及占比

（二）养殖方式

小龙虾养殖主要包括稻虾种养、池塘养殖、大水面增养殖、藕田和茭白田养殖等方式。其中，稻虾种养面积 2 350 万亩，占小龙虾养殖总面积的 83.93%；池塘养殖面积 350 万亩，占 12.50%；大水面增养殖、藕田和茭白田养殖面积均为 50 万亩，分别占 1.79%（图 3 - 5）。

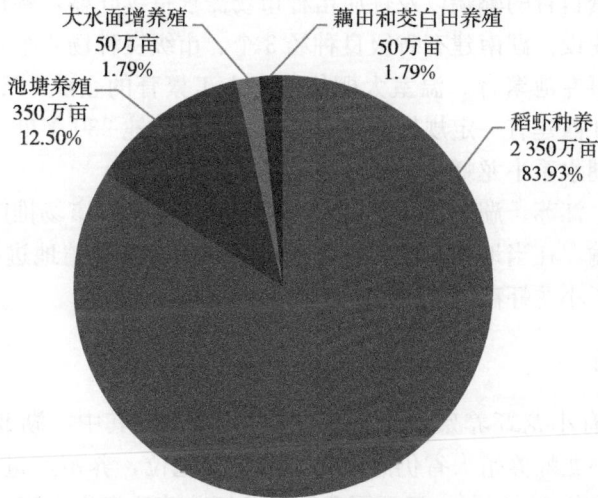

大水面增养殖
50万亩
1.79%

藕田和茭白田养殖
50万亩
1.79%

池塘养殖
350万亩
12.50%

稻虾种养
2 350万亩
83.93%

图 3 - 5　不同小龙虾养殖方式面积及占比

稻虾种养持续保持较快增长，稻虾种养面积 2 350 万亩，同比增长 11.90%（图 3 - 6）；稻虾种养小龙虾产量 240 万吨，同比增长 9.09%，占小龙虾养殖总产量的 83.00%。稻虾种养以繁养一体模式为主，但近年来，各地积极探索推进繁养分离，引导发展不挖沟、少挖沟模式，育养分区、平养等模式发展较快。

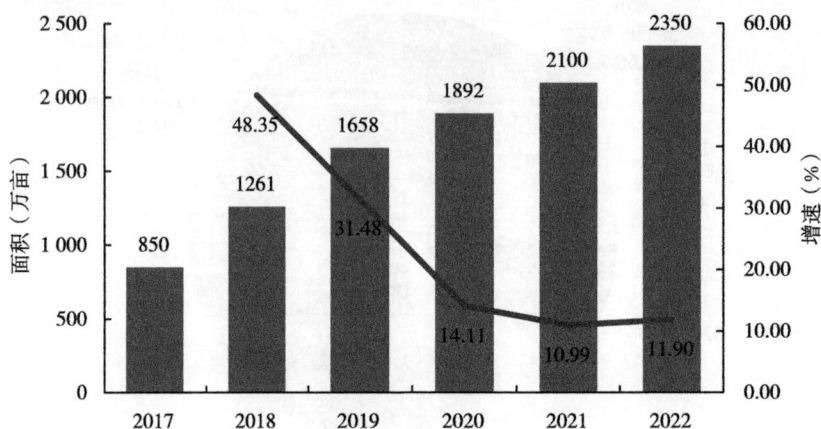

图 3-6　2017—2022 年稻虾种养面积及增速

池塘养殖包括虾蟹混养和池塘专养，以虾蟹混养为主。早期，虾蟹混养模式为蟹池混养小龙虾，以蟹为主、小龙虾为辅，随着小龙虾消费的持续火热，逐渐向以小龙虾为主、河蟹为辅转变。

（三）苗种供应

小龙虾苗种繁育方式主要包括稻田、池塘和藕田自繁。湖北育苗量远大于投苗量，多余苗种供应周边省份，安徽、湖南、江苏、江西等小龙虾养殖主产省整体上实现了苗种自给自足，省内小龙虾主产区的苗种供应省内外。

鉴于小龙虾自繁自育的弊端以及优质苗种市场需求持续旺盛，各地加强了小龙虾良种场、规模化苗种场建设。湖南建有省级良种场 3 个、市级良种场 4 个；安徽建有 1 个省级良种场；江苏有从事专池繁育、温室大棚仿生态人工繁育的企业 135 家，面积 23 万亩，年育苗量 1 万吨；江西建有一定规模的小龙虾苗种繁育基地 230 多处，建有 8 个小龙虾良种繁育中心，鄱阳湖水系小龙虾良种生产体系基本建立。

此外，近年来，江苏、湖南等地开展了小龙虾"水花苗"市场推广应用。小龙虾"水花苗"适宜长途运输，在当地繁育成"水花苗"后，运输到养殖地进行"标粗"，就近放苗养殖，极大提高了小龙虾苗种成活率，市场前景良好。

（四）区域分布

2022 年，我国有小龙虾养殖产量报告的省份 24 个。其中，湖北、安徽、湖南、江苏、江西 5 个传统小龙虾养殖大省仍然占据绝对主导地位，养殖产量 263.74 万吨，占全国小龙虾养殖总产量的 91.24％，显示了我国小龙虾养殖的高集中度；产量超过万吨的还有 6 个省（自治区、直辖市），依次为四川、山东、河南、浙江、重庆、广西，养殖产量 23.90 万吨，占全国小龙虾养殖总产量的 8.27％；其余 13 个省（自治区、直辖市）产量合计占比仅为 0.49％（表 3-1）。

表 3-1　2022 年各省（自治区、直辖市）小龙虾养殖产量（吨）

排序	省份	产量	排序	省份	产量
1	湖北	1 138 392	13	云南	2 490
2	安徽	595 239	14	贵州	2 480
3	湖南	423 591	15	陕西	1 998
4	江苏	267 161	16	广东	1 974
5	江西	213 054	17	新疆	979
6	四川	64 681	18	黑龙江	701
7	山东	60 086	19	海南	327
8	河南	53 338	20	山西	307
9	浙江	34 630	21	上海	256
10	重庆	15 176	22	甘肃	13
11	广西	11 122	23	宁夏	8
12	福建	2 676	24	河北	5

按县域排名，全国小龙虾养殖产量超 2 万吨的县（市、区）42 个，超 3 万吨的县（市、区）20 个。超 3 万吨的县（市、区）中，湖北有 8 个、安徽有 6 个、湖南有 3 个、江苏有 3 个（表 3-2）。20 个县（市、区）小龙虾总产量 136.90 万吨，占全国小龙虾养殖总产量的 47.36%。

表 3-2　2022 年小龙虾产量超 3 万吨的县（市、区）（万吨）

排序	县（市、区）	产量	排序	县（市、区）	产量
1	湖北省监利县	16.27	11	湖北省黄梅县	4.88
2	湖北省洪湖市	13.32	12	湖南省沅江市	4.86
3	江苏省盱眙县	12.30	13	湖北省石首市	4.79
4	湖北省潜江市	12.19	14	江苏省泗洪县	4.23
5	湖南省南县	11.27	15	江苏省兴化市	3.67
6	安徽省霍邱县	9.40	16	湖北省汉川市	3.58
7	湖北省沙洋县	6.65	17	安徽省无为市	3.42
8	湖北省公安县	6.30	18	安徽省定远县	3.31
9	安徽省全椒县	5.10	19	安徽省长丰县	3.25
10	湖南省华容县	5.06	20	安徽省宿松县	3.05

三、加工和流通

近年来，各地积极发展小龙虾加工流通业，以加工流通带动养殖生产和餐饮消费，以养殖生产和餐饮消费促进加工流通，以加工流通业为"干"贯通产加销的体系初步形成。

（一）加工

2022 年，用于加工的小龙虾 121.68 万吨，同比增长 83.86%；规模以上小龙虾加工企业近 200 家，比 2021 年增加近 40 家，加工产能继续提升。加工企业主要集中在小龙虾主产省，其中，湖北规模以上小龙虾加工企业 110 余家，湖南、安徽、江苏、江西 4 省 70 余家，河南、山东等省近 10 家。

小龙虾加工产品分为初级加工产品、预制菜品、休闲食品和精深加工产品。初级加工产品主要是速冻制品，包括速冻虾尾、虾仁和整肢虾。2022 年，由于小龙虾原料价格上涨以及速冻虾尾销售不畅，部分以生产速冻虾尾为主的加工企业出现亏损。近年来，小龙虾预制菜发展迅速，主要产品为调味虾，包括调味整肢虾、调味虾尾等，此类加工企业普遍盈利。小龙虾休闲食品因便于携带、保存，应用场景丰富，近年来逐渐得到重视。小龙虾精深加工稳步发展，但总体上量比较小，主要集中在湖北，加工产品主要是从废弃的虾壳中提炼的甲壳素、氨糖、壳聚糖、虾青素等。近年来，湖南、江苏、江西等加大对虾壳高效综合利用的研发和应用，新建一批加工线、加工车间。

除小龙虾加工外，小龙虾饲料、小龙虾调味品加工快速发展。据不完全统计，2022 年，全国小龙虾饲料加工企业约 200 家，产量约 150 万吨，产值约 100 亿元。2022 年，国内豆粕、鱼粉等饲料原料价格暴涨，小龙虾饲料价格随之大幅上涨，同时也促使饲料加工企业加大了替代蛋白原料和工艺的研发和应用。小龙虾调味品受到市场青睐，湖北小龙虾调味料产值近 16 亿元，江苏盱眙有 2 家年产值 6 000 万元以上的小龙虾调味料加工企业。

（二）流通

目前，小龙虾销售主要有 4 种方式：农村小商小贩收购、农贸或水产品交易市场收购、直供商超酒店餐馆、电商直播带货等线上销售。近年来，各地注重建设小龙虾交易市场，培育经纪人队伍，配套物流运输体系，有力促进了产销市场对接，小龙虾流通体系不断健全。湖北建有小龙虾交易市场 300 多个，其中大型交易市场 7 个、产地集散点 600 多个、村镇集散点 600 多个，物流运输线路覆盖全国主要消费市场。江苏小龙虾流通由线下货运、客运物流向线上线下融合发展快速转变，盱眙与阿里巴巴、京东、苏宁、美团、叮咚买菜等平台深入合作，推动盱眙龙虾走向全国。安徽合肥建有各类小龙虾交易市场 20 多个，消费旺季日均交易量超 1 000 吨；六安建成投入使用市级区域性小龙虾交易市场 1 个，乡镇小龙虾集散市场 10 个，年销售小龙虾 3.5 万吨。江西具有一定规模的小龙虾交易市场 40 多处，全省各类小龙虾物流运输组织或营销户 900 多个。山东鱼台高标准打造小龙虾交易市场，建设信息化平台，吸引众多企业入驻；微山电商产业园聚集近百名网红主播，通过直播带货方式，广开小龙虾销售渠道。小龙虾交易季节性强，很多农贸市场、综合交易市场在小龙虾消费旺季设置专门的小龙虾交易区域。湖南洞庭湖区各类农产品批发市场 30 多处，均从事小龙虾交易；岳阳海吉星市场年交易量 10 万吨；长沙马王堆市场年交易量 2 万吨。

四、市场消费和进出口贸易

（一）市场价格

2022年，小龙虾价格总体保持稳定，综合平均价格有所上涨。小虾（4钱①以下）价格涨幅较大，养殖户普遍盈利；中虾（4～6钱）和大虾（7～9钱）价格同比有所下降；两虾（1两以上）价格一直处于高位。小龙虾价格周期性明显，全年价格走势呈U形，1—2月和11—12月价格最高，3—4月价格逐渐回落，5—6月处于最低点，7—10月则逐渐上扬（图3-7、图3-8、图3-9）。

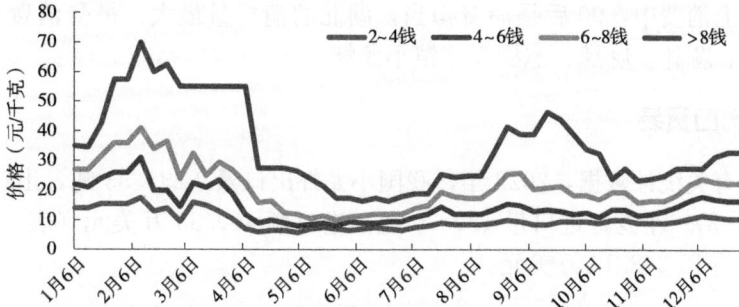

图3-7 湖北省虾谷360平台小龙虾市场交易价格走势

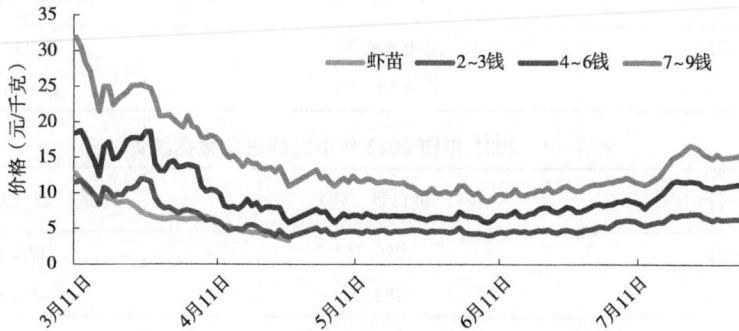

图3-8 安徽省水产技术推广总站监测点小龙虾塘口价格走势

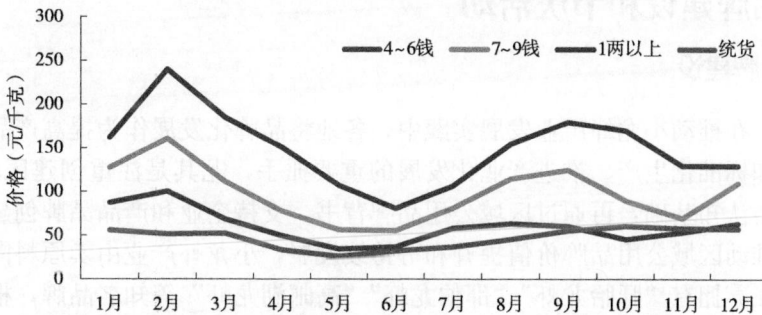

图3-9 江苏省盱眙县小龙虾出塘（统货）及市场零售价格走势

---

① 钱为非法定计量单位。1钱＝5克。

（二）餐饮消费

小龙虾传统消费旺季为5—7月，是夏季餐饮和夜宵的"顶流"。近年来，随着养殖模式创新，小龙虾加工、低温仓储保鲜、暂养等技术的应用，以及小龙虾养殖的扩张，各地地理气候条件不同，小龙虾错开上市，小龙虾消费旺季延长，并且一年四季均有供应。

小龙虾消费渠道分为线下和线上消费。2020年，小龙虾餐饮市场格局改变，线下消费疲软，线上消费大幅增长；2021年，小龙虾线下消费基本恢复，线上消费保持较快增长；2022年，线下消费持续承压，线上消费持续保持较快增长。电商介入、预制菜产业快速发展、中央厨房等运营模式的大量应用为线上消费增长提供了有力支撑。根据美团数据，小龙虾线上消费中，90后是消费担当，湖北的消费量最大，最受消费者欢迎的口味依次为十三香、蒜蓉、麻辣、泡椒和冰镇小龙虾。

（三）进出口贸易

根据海关有关统计数据，2022年，我国小龙虾出口量9 235.33吨，出口额13 048.46万美元（表3-3）；小龙虾进口量189.70吨，进口额400.33万美元（表3-4）。小龙虾进出口贸易顺差12 648.13万美元。

表3-3 2021年和2022年小龙虾出口数据统计

年份	出口量（吨）	出口额（万美元）
2021	9 696.93	11 730.10
2022	9 235.33	13 048.46

表3-4 2021年和2022年小龙虾进口数据统计

年份	进口量（吨）	进口额（万美元）
2021	220.15	173.46
2022	189.70	400.33

五、品牌建设和节庆活动

（一）品牌建设

近年来，在推动小龙虾产业发展实践中，各地将品牌化发展作为提高产品附加值、倒逼产业聚集和标准化生产、推进产业化发展的重要抓手，尤其是注重创建区域公用品牌，奠定产品品类认知基础，再通过区域公用品牌背书，支持企业和产品品牌创建，反哺区域公用品牌，推动区域公用品牌价值提升和可持续发展，小龙虾产业由卖原料向卖产品、卖品牌转变。江苏拥有"盱眙龙虾""邵伯龙虾""高邮湖龙虾"等知名品牌，根据中国农业大学国家农业市场研究中心测算，2022年"盱眙龙虾"品牌价值306.5亿元。湖北全力打造"潜江龙虾"品牌，将"潜江龙虾"作为省级核心大品牌重点培育，推动品牌共建共享公用，根据武汉大学质量发展战略研究院测算，2021—2022年度潜江龙虾品牌价值

288.9 亿元。湖南以"南县小龙虾"为引领，"望城荷花虾""君山小龙虾""华容小龙虾"等品牌齐头并进，共同唱响洞庭湖小龙虾。安徽拥有"合肥龙虾""全椒龙虾""霍邱龙虾"等知名品牌，"合肥龙虾"成为合肥美食的亮丽名片。江西积极推进鄱阳湖区域公共品牌，全省鄱阳湖品牌小龙虾专卖店 200 多家，每年销量 3 万多吨。四川的"开江小龙虾""兴文石海小龙虾""雁江中和小龙虾"，山东的"鱼台龙虾""微山湖小龙虾""高青龙虾"，重庆的"潼南红小龙虾"，广西的"贵港富硒小龙虾"等均形成了一定的品牌影响力和市场知名度。

（二）节庆活动

近年来，各地积极举办各类以小龙虾为主题的节庆展会活动，通过举办活动，以节为媒，塑强小龙虾和城市品牌，展示推广当地风土人情，拉动消费。2022 年，各地举办的较大影响力的小龙虾活动约 20 个，同比减少近 10 个。其中，一些节庆活动已经成为当地小龙虾产业和城市的金字招牌。例如，江苏的盱眙国际龙虾节、邵伯湖旅游龙虾节连续举办 22 届，湖北（潜江）龙虾节连续举办 13 届，安徽的合肥龙虾节连续举办 21 届。此外，安徽的长丰、庐江，湖南的南县、华容、君山、安乡、望城，江西的永修，山东的鱼台等小龙虾生产大县举办了各类小龙虾节、美食文化节、展览展销会等活动，均产生了良好的效果。

六、政策保障

近年来，各级政府和部门将小龙虾产业作为推进乡村振兴、壮大县域经济的重要抓手，加强规划引导，强化政策扶持，有力推动了小龙虾产业蓬勃发展。江苏小龙虾产业集群入选 2022 年优势特色产业集群建设名单，项目建设资金超过 2 亿元。项目立足江苏小龙虾产业基础，聚焦产业链薄弱环节进行重点突破，巩固提升一、三产优势，补齐二产短板，打造以小龙虾绿色生态养殖为基础、小龙虾精深加工为突破、休闲服务业为延伸的现代产业集群。湖北全省各级财政投入小龙虾产业链扶持资金 1.9 亿元。其中，省级小龙虾产业链奖补资金 6 000 万元，重点支持小龙虾加工和流通体系建设；省级科技创新项目资金 4 000 万元，重点支持一批重大科技创新项目和可转化推广科研项目。安徽高位推进稻虾种养，时任省委书记多次批示肯定稻渔综合种养，在霍邱调研期间，明确提出推广稻虾种养、再生稻等模式。湖南出台的相关规划将生物农业育种关键技术、农产品全产业链和产业集群建设作为重点，环洞庭湖各市县围绕小龙虾良种繁育基地、稻虾标准化生产基地、新型经营主体培育和三产融合项目，出台了各类扶持政策。江西充分利用小龙虾产业集群和农业结构调整项目，推广发展不挖沟稻虾种养模式，同时整合资金，2020—2022年，各级财政投入资金 2 亿多元用于推进小龙虾绿色养殖、种业工程、品牌建设等。分析各地出台的扶持政策，呈现 3 个方面的特点：一是重视小龙虾加工流通和休闲服务业发展，在夯实养殖生产基础上，突出补短板、延链条，推进全产业链发展；二是重视集聚发展，在推动养殖生产扩面增量基础上，突出产业布局优化，汇集资源要素，推进各类产业园、产业集群建设；三是重视科技支撑，在持续推进技术模式创新基础上，突出小龙虾种质资源和育种等瓶颈问题，推进小龙虾种质创新和苗种繁育技术攻关。

七、存在问题与发展建议

（一）主要问题

一是良种短缺。主要表现为新品种选育慢、季节性供应难、逆向选择等问题。小龙虾具有一雌多雄交配方式、怀卵量小、生长发育不同步、底栖等生物学特性，不利于新品种选育和工厂化繁育；小龙虾生产季节相对集中，优质苗种短期集中供应难；生产实践中多采用留田、留塘虾自繁苗种，累代近交和"捕大留小"造成逆向选择、种质退化。

二是技术模式创新亟待加强。受水稻种植和气候条件的限制，稻虾种养模式生产的季节性强，集中在春夏季，商品虾集中上市期间小龙虾价格较低，经济效益下滑。当前稻虾种养仍以沟坑型模式为主，不挖沟少挖沟模式推广应用慢，而且不挖沟少挖沟模式多为轮作或"轮作＋共作"，长期淹水对稻田土壤的影响有待进一步阐明。在单季稻制度下构建的稻虾种养模式和当前南方一些地区推广双季稻生产的需要不匹配。

三是加工流通业发展滞后。小龙虾加工基本为生鲜速冻或熟食加工，精深加工少，产品附加值有待提升；而且小龙虾可食用率低，虾头、虾壳等废弃物高达70%～80%，综合利用率低也造成严重的资源浪费。小龙虾加工属于劳动密集型产业，分拣、去头、剥虾等需要大量人工，招工难、用工贵，智能化加工设备和工艺亟待升级。冷链物流体系不完善，大部分鲜活小龙虾运输采用包装箱加冰降温的方式。

（二）发展建议

一是加强小龙虾种质创新和新品种培育。针对良种短缺、种质退化等"卡脖子"问题，加强小龙虾种质资源调查、收集和保护，以"头小尾大"、生长速度快、抗逆等性状为目标开展新品种选育攻关。

二是推进良种规模化繁育。以提升良种集中供应能力、满足多元模式和错峰养殖的需要为目标，加大良种生产基地建设，扶持优势种业企业发展，推进产学研结合和商业化育种体系建设。

三是加大技术模式创新和推广应用。以促进水稻生产、高效节约环保等为目标，加大稻虾种养繁养分离的育养分区、平养等模式的集成创新、优化提升和推广应用，探索棚田接力、"稻虾＋N"等新模式。加强虾蟹混养、池塘专养、藕田养殖等生态养殖技术研发应用。

四是推动小龙虾"南下北上"。我国华南、东北和新疆地区稻田资源丰富，气候条件适宜小龙虾养殖，推动小龙虾"南下北上"对拓展小龙虾产业发展空间、促进粮食和水产品稳产保供及当地乡村振兴有重要意义。针对制约小龙虾"南下北上"的苗种繁育和供应问题，加大华南地区本地化苗种繁育技术研究应用，探索创新长江流域苗种繁育与东北和新疆地区养殖衔接配合的技术模式。

五是加快补齐加工短板。统筹推进小龙虾初加工、精深加工和综合利用加工协调发展，推动小龙虾加工向产地下沉、向优势区域集中，扶持合作社、家庭农场发展产地初加工，大型企业发展精深加工。加大精深加工和综合利用加工技术和信息化、智能化、工程化装备研发应用，推进小龙虾加工循环、高值、梯次利用。

六是培育发展新业态新模式。推进电商与小龙虾产业的融合，发展直采、定制生产等新模式，支持电商运营主体带动小龙虾养殖户统一标准、统一生产、统一采购、统一品牌、统一销售，构建基于互联网的供应链管理模式。推进乡村休闲旅游业与小龙虾产业的融合，培育教育农园、研学基地、农事体验等新业态，拓展小龙虾产业多种功能，开发多元价值。

全国水产技术推广总站　中国水产学会

于秀娟　郝向举　杨霖坤　党子乔

中国水产流通与加工协会

王雪光　张远华　张曦

地方篇

天津市稻渔综合种养
产业发展报告

一、基本情况

天津地处华北平原，水稻（小站稻）种植是农业特色产业之一。2020 年，天津制定并实施小站稻振兴规划，以此为契机，连续三年实施稻渔综合种养示范基地建设项目，开展技术服务，积极引导全市农业区发展稻渔综合种养产业。2022 年，天津开展稻渔综合种养总面积 54.58 万亩，涉及养殖场（户）500 多个。其中，稻蟹综合种养面积 37.55 万亩，稻鱼综合种养面积 14.59 万亩，稻虾及其他模式综合种养面积 1.32 万亩。

二、技术模式发展情况

天津水稻种植历史悠久，其中，水稻主产区宝坻、宁河、津南三区位于蓟运河、潮白河及马厂减河流域，境内河道沟渠纵横交错，洼淀坑塘湿地密布，水源相对丰沛，稻作区多为盐碱地，土壤中富含对水稻品质有益的钾、镁等各种营养元素。适宜的气候、土质和水源等为稻渔综合种养提供了有利条件。

在政策利好、产业结构优化调整的大环境下，在农业提质增效、保粮增收的发展要求下，近年来，天津稻渔综合种养产业快速发展。2016 年以来，通过实施稻渔综合种养技术示范与产业引导，培育建立规模化产业示范典型 6 家，并在全市开展"稻蟹共作""稻鳅共作""稻鱼共作""稻虾共作"四种模式的推广应用。2022 年，全市稻渔综合种养规模 53.46 万亩，其中，宝坻 26.16 万亩、宁河 20.75 万亩，其他农业区 6.55 万亩，种养模式以稻蟹共作为主，约占总面积的 70%。全市稻渔综合种养水稻平均亩产量 700 千克，水产品亩均产量 7.19 千克，实现了"一水两用、一地双收"，有效增加农民收入，取得了良好经济、社会和生态效益。

在熟化稻成蟹、稻扣蟹等主推技术模式的基础上，天津积极发展稻青虾、稻透明鳞草金鱼、稻小龙虾、稻红螯螯虾等新模式，取得了良好成效，有力推动了天津稻渔综合种养产业的高质量发展。

三、组织化、产业化发展情况

近年来，天津积极扶持企业、合作社、家庭农场等稻渔综合种养新型经营主体，培养高素质农民和带头人，发挥科技示范带动效应，有力推动了稻渔综合种养组织化和规模化的进程。2020 年，全市稻渔综合种养 100 亩以上集中连片的生产主体有 249 家，1 000 亩以上集中连片的生产主体有 75 家，总面积约 28 万亩，占全市种养面积的 90％以上。

随着产业发展带动，本地规模较大的种养专业合作社生产发展快速，区域性品牌创建和保护的意识增强，发展较好的合作社纷纷建立自己的产品品牌，并且通过本地电视台、报刊、微信公众号等加强宣传。宝坻八门城镇杨岗蟹田米、河蟹等特色产品在天津本地以及北京、河北等周边地区的消费群体中认可度很高。例如，杨岗庄"稻蟹缘"（蟹、米）、东走线窝"走燕窝（蟹、米）"、王建庄"蟹田米"、双王寺村"燊宝"（蟹、米）等，由于产品品质优良，市场销售价格优势显著，与市场上的普通产品相比，蟹平均单价高出 5 元、稻平均单价高出 0.5～3.0 元。此外，天津地区七里海河蟹是地理标志保护产品，在天津及周边地区也有较好的认可度。近年来，由于苗种繁育规模、养殖区域规划等原因，七里海河蟹的产量受到了影响。目前，天津正积极开展七里海河蟹的繁育与保种工作，加大对这一特色产品（品牌）的保护和发展力度。

随着稻渔综合种养面积扩大，稻渔综合种养成为天津拓宽农民增收渠道、构建现代农业产业体系的重要举措，通过规划幼蟹培育和成蟹储养加工基地，搭建线上销售平台，打通产业链终端，天津稻渔综合种养产业融合发展步伐逐步加快。

四、科研和技术推广情况

近年来，天津积极实施稻渔综合种养相关科研、技术集成与示范推广项目，主要包括：

实施河蟹苗种本地规模化繁育项目，把好稻蟹种养种苗质量关。围绕蟹苗繁育、亲蟹种资资源保存开展市级中华绒螯蟹（河蟹）苗种繁育基地建设，在滨海新区天津立达海水资源开发有限公司建立河蟹苗种繁育基地 1 个，开展河蟹土池生态育苗技术的示范与应用。指导基地收集来自辽宁盘锦、山东东营以及本地的优质成蟹，培育种蟹约 2 万只用于苗种繁育。

实施市农业农村委科技示范推广项目、市科技局社会发展与农业项目、市农业中心部门预算项目等，积极推进天津市稻渔综合种养技术集成与示范。2021 年，重点实施了市级农业科技示范推广项目"稻渔绿色高效生态种养技术示范与推广"，建立稻渔综合种养示范点 14 个、示范户 9 个，河蟹蟹种培育示范基地 5 个。稻田蟹种（扣蟹）示范培育 1 710 亩；在宝坻、宁河等核心区示范稻蟹（鱼、虾等）绿色高效生态种养技术 7 300 亩、区域推广 2.08 万亩。当年对 5 个示范点进行测产，不同模式水产品亩产量分别为：蟹种（扣蟹）51.26 千克/亩、成蟹 22.75 千克/亩和 20.93 千克/亩、克氏原螯虾 34.13 千克/亩、透明鳞草金鱼 43.04 千克/亩，示范效果总体良好，实现了稻渔综合种养品种、模式技术的熟化和示范推广，并促进了种苗供给保障。

五、产业政策

2020 年，天津制定小站稻振兴规划，提出到 2022 年水稻种植面积达到 70 万亩，为示范推广"水稻＋N（蟹、鱼、虾等）"的稻渔综合种养模式提供了有利发展条件和广阔的产业发展空间。《天津市关于加快推进水产养殖业绿色发展的实施意见》将发展稻渔综合种养作为推进水产绿色健康养殖的一项重要工作内容，为产业高质量发展提供了强劲动力。

2021年底，天津市农业农村委印发《天津市渔业发展"十四五"规划》，提出"大力发展海淡水绿色养殖、稻渔综合种养"，将发展稻渔综合种养纳入重点工程，"重点做好稻田综合种养标准化改造、优良苗种繁育生产基地、区域化示范、新型经营主体培育、储养销售平台、人才队伍培养等建设，开展科技攻关与技术推广服务、名优品牌创建与宣传、产业融合发展等工作，推进全市稻渔综合种养产业大发展。实施稻渔综合种养示范项目建设，全市稻渔综合种养面积达到50万亩以上。建设2个市级河蟹苗种繁育基地，提高蟹苗、蟹种本地化供给率。推动成蟹储养基地建设，探索成蟹本地收储、分级、加工、销售等环节的平台及运营模式。"

六、存在问题与发展建议

（一）当前制约天津稻渔综合种养高质量发展的主要问题

一是规模化程度低。天津稻田种植以一家一户为主，多数稻田承包期短，连片规模少，导致组织化程度较低，粗放式养殖模式仍占主导，生产及管理成本高，缺乏规模效应。另外，部分乡镇、村不允许对稻田进行边沟改造，一定程度上影响了种养效益，进而限制了稻渔综合种养产业发展。

二是种养户对稻渔综合种养关键技术掌握的水平高低不一。开展稻渔综合种养的合作社（场、户）等以前多是以水稻种植生产为主，对蟹、虾、鱼等水产经济品种的养殖技术掌握不多或是不全面，特别是稻蟹共作前期和后期的生产管理与技术薄弱，造成河蟹成活率低、商品蟹大规格比例小、品质不稳定，影响了种养效益。

三是河蟹苗种本地自给率低。天津尚无市级河蟹苗种繁育基地，种苗供应受多重制约，数量和质量无法得到有效保证。尤其在三年适养区域全覆盖的目标下，苗种供需矛盾将更为突出，在很大程度上制约了全市稻渔综合种养产业发展。

四是品牌创建、市场营销缺乏专业化指导。天津稻渔综合种养经营主体分散，难以在生产和销售等方面形成合力，大多数种养户没有固定的销售渠道，主要通过传统的塘口批发零售或者进入农贸市场销售；缺少利用电商平台进行宣传、销售的意识和经验。总体上稻渔综合种养经营主体对稻渔综合种养产业本身特性认识不够、研究不深，导致地区发展能力与产业发展条件不匹配。

五是稻渔综合种养三产融合度还不高。从全市整体来看，稻渔综合种养一二三产业融合程度较低，品牌知名度不高，流通渠道不宽，产品的附加值增幅不大。

（二）发展建议

一是做好全市稻渔产业发展规划。在全面分析天津市场需求、地理资源优势的基础上，制定科学的稻渔综合种养发展规划，明确发展目标和区域布局，确保产业有序发展，促进稻渔综合种养三产融合，形成完整的产业链。积极争取农业领域政策和项目资金向稻渔综合种养倾斜，打造稻渔综合种养示范典型，引领产业高质量发展。

二是进一步规范稻渔工程。加强适宜天津地区稻渔综合种养的稻渔工程技术研究与示范，建立不同模式的稻渔工程模式和建设标准，带动提升全市稻渔综合种养工程建设水平。

三是加强水产优质苗种的自给能力建设。建立水产品优质种苗基地，加大水产良种选育及规模化繁育工作力度，提升稻渔综合种养水产优质苗种本地化供给能力。

四是不断优化稻渔综合种养技术模式。根据全市推进稻渔综合种养产业扩大规模、优化结构、提升效益、绿色发展总的目标要求，在保持水稻持续稳产、稻田综合效益最优的前提下，开展种养品种筛选、种养密度优化、稻渔模式综合开发应用以及标准化生产等方面的研究，不断优化技术，规范技术流程，逐步形成适宜本市推广应用的稻渔综合种养技术模式。

五是做好稻渔综合种养病害防控。积极整合防治管控工作，加强种养殖技术融合、病害基础理论研究以及试验示范工作，提高全市稻渔综合种养病害防治水平。按照农业农村部推进实施水产苗种产地检疫制度的要求，对外购水产苗种一方面要求供应方提供检疫证明；另一方面对"牛奶病"等传播快、危害大但未列入疫病范围的养殖病害，采购前也要做好相应的检验检疫，严防外来病原入侵。

六是抓好稻渔品牌建设工作。积极挖掘稻渔综合种养生态价值，推动各涉农区域按有机、绿色食品的要求组织开展生产，加强品牌建设，建立专业化种养、产业化运作、品牌化销售的运行机制，增强产品市场竞争力，不断提升稻田产品的经济效益。

七是保障稻渔产品质量安全。聚焦减肥减药，开展水稻施肥用药研究。规范稻渔综合种养生产，严格投入品监管，提高养殖水产品的规格和质量安全水平。

八是加强稻渔特色产业技术服务与科研攻关。加强上下联动、市区结合，建立稻渔综合种养技术服务体系。针对生产中的技术问题和农民的实际需求，开展针对性服务，全面提升稻渔综合种养技术服务水平。围绕当前天津稻渔综合种养产业关键环节，开展"产学研结合＋外省市合作"技术攻关，着力解决瓶颈与难题，助力产业持续发展。

天津市水产研究所

姜巨峰　钟文慧　郝俊

河北省稻渔综合种养
产业发展报告

一、基本情况

河北省水稻种植面积 150 万亩左右。滨海稻区 100 万亩左右，涵盖唐山、秦皇岛二市六县区（唐山曹妃甸区、丰南区、滦南县、乐亭县，秦皇岛市抚宁区、昌黎县），其中，唐山市 80 万亩左右，秦皇岛市 20 万亩左右。该地区水源主要来自滦河中下游的潘家口水库、大黑汀水库、陡河水库、桃林口水库，种植品种主要是 160～175 天常规粳稻品种。

河北省稻渔综合种养主要为稻蟹共作模式（含商品蟹养殖和扣蟹培育）。近年来，河北省在唐山（主要是曹妃甸区和丰南区）等水稻种植区积极推广稻蟹共作，种养面积和河蟹产量稳步增长。2018 年全省稻蟹共作面积 3.6 万亩，河蟹产量 1 249 吨。2019 年面积 2.92 万亩，河蟹产量 1 354 吨。2020 年面积 3.45 万亩，河蟹产量 1 598 吨。2021 年稻渔综合种养面积达到 4.82 万亩，其中河蟹产量 1 790 吨。2022 年稻渔综合种养面积达到 7.09 万亩，水产品产量（河蟹为主）2 629 吨。

二、技术模式发展情况

河北省稻渔综合种养始于唐山市曹妃甸区，曹妃甸是河北大米之乡、全国农垦现代农业示范区，拥有地理标志产品"柏各庄大米"，为发展稻蟹共作提供了资源优势和基础条件。1993 年以来，由于投资小、效益好，稻田河蟹养殖在曹妃甸兴起，成为促进农业增产增收、区域增效的新型产业。在其引领带动下，唐山丰南区稻蟹共作也形成了一定规模。此外，保定涿州市百尺竿镇历史上曾是鱼米之乡，土壤和水质优良，具备得天独厚种植水稻的条件，生产的涿州贡米久负盛名。近年来，涿州市也逐渐探索开展稻蟹共作，但尚未形成规模。

河北稻蟹共作分稻田扣蟹培育和稻田成蟹养殖两种模式。其中，稻田扣蟹培育每年 5 月底至 6 月初投放苗种，每亩投放大眼幼体 0.15～0.25 千克，规格 16 万～20 万只/千克，10 月收获，扣蟹规格平均达到 160～200 只/千克。稻田成蟹养殖每年 5 月底至 6 月初放苗，每亩投放扣蟹 500～800 只，规格 160～200 只/千克。9 月中旬至 9 月底收获，成蟹规格平均 100～125 克/只。

全省稻蟹共作的成本均高于常规水稻单作，但整体经济效益具有较大优势。2021年，唐山地区稻蟹共作河蟹亩产20～50千克，水稻亩产600～700千克，亩均产值3 000元左右，亩均利润800元左右，与同等条件下水稻单作相比，利润提高1倍以上。保定地区稻蟹共作河蟹亩产30～50千克，水稻亩产500～600千克，亩均收益3 000元左右，比单作水稻亩均收益高2 000元左右。

除稻蟹共作外，近年来，由于小龙虾市场火爆，小龙虾养殖技术日臻成熟，河北省传统稻蟹共作地区也在探索开展稻虾、稻虾蟹种养，全省稻渔综合种养模式不断丰富，形成了稻蟹、稻虾、稻虾蟹、稻蟹鱼四种模式，稻渔综合种养在河北省有较大发展潜力和空间。

三、组织化、产业化发展情况

（一）示范基地建设情况

截至目前，河北省稻蟹综合种养的经营主体主要是农业合作社、家庭农场、普通种养户等，还未有国家级、省级、市级的种养示范区（场）。保定涿州市有县级稻渔综合种养示范基地1个，种养面积90亩。全省的稻蟹种养普遍实行标准化生产，田间工程建设统一规范，苗种生产体系健全。

（二）品牌培育及产业带动情况

目前，全省已有1 234亩水稻通过有机认证，曹妃甸区大米已全部通过绿色食品认证，同时还拥有省级著名商标"曹妃湖"稻米和"大喜康田""益三方""纬度39"等品牌稻米，聚享农业合作社所产稻米获得了欧盟"全球良好农业规范"认证和绿色食品认证，所产大米进入高端市场销售；保定市涿州建立"蟹天米"品牌，并通过生态产品认证。同时，综合种养区还将稻渔综合种养产业与休闲渔业结合起来，以休闲渔业带动周围产业发展。

（三）一二三产融合发展情况

近年来，全省稻蟹产业深入发展，产业融合加快。各地结合本地区位优势，积极发展适合当地的经营方式。例如，唐山曹妃甸区深入挖掘和拓展农业非农价值，赋予农业生活休闲、生态保护、文化传承等功能，育、产、销、游有机融合，利益联结紧密，已成功举办了"稻花节""稻田垂钓节""农文游"一体化发展，传承农耕文化，推动旅游发展；目前正在建设"稻米博物馆""稻田滑冰场""稻田文化体验区""稻田文化长廊"。曹妃甸区第四农场正在积极筹建国家农业公园"唐山市曹妃甸区渔蟹稻乡园配套旅游休闲观光设施项目"，以农村广阔的稻渔田野和绿色村庄为园区，以原住村民生活区域为核心，融入低碳环保、循环可持续发展理念的农业旅游高端形态。保定涿州市将稻蟹综合种养产业与休闲渔业相结合，每年的5月中旬开展钓蟹、捉鱼比赛等休闲项目，并和周边的餐饮企业、酒店及稻田生态园的经营者合作，着力打造以渔、稻为亮点的休闲产业区。

四、科研和技术推广情况

（一）项目实施情况

近年来，河北省积极开展稻渔综合种养技术集成与示范推广项目。2020 年实施"稻渔综合种养技术示范"技术推广项目，2021 年开展了"河蟹新品种'申江 1 号'引进及养殖示范"推广项目，项目均在唐山曹妃甸区实施。

2020 年实施的"稻渔综合种养技术示范"项目经济效益显著，稻鱼蟹种养模式 400 亩，水稻亩产达到 550 千克，河蟹亩产 48.2 千克，花白鲢亩产 58.3 千克，亩均效益 3 502.6 元；实现总产量 262.6 吨，总产值 250.8 万元，总效益 140.1 万元；新增产量 93.5 吨，新增产值 172.8 万元，新增效益 134.1 万元。稻鱼虾种养模式 200 亩，水稻亩产 550 千克，小龙虾亩产 80 千克，花白鲢亩产 53.5 千克，亩均效益 3 081 元；实现总产量 136.7 吨，总产值 115 万元，总效益 61.6 万元；新增产量 13.3 吨，新增产值 76 万元，新增效益 58.6 万元。该项目也取得良好的生态效益和社会效益，全程不使用农药，较稻田单作模式每亩少使用农药 129.5 克；较稻田单作模式每亩少使用化肥 16.24 千克，化肥施用量降低 54.6%。400 亩示范区较稻田单作模式少使用化肥 6.5 吨，少使用农药 0.05 吨。

2021 年开展"河蟹新品种'申江 1 号'引进及养殖示范"项目，3 月底由崇明岛引进新品种河蟹"申江 1 号"扣蟹 800 千克，规格 100 只/千克，由辽宁盘锦引进辽蟹扣蟹 3 000 千克做对比试验（规格 200 只/千克）。稻蟹种养示范面积共 200 亩。其中，"申江 1 号"扣蟹养殖面积 100 亩，亩放扣蟹 800 只，水稻亩产 550 千克，河蟹亩产 45.6 千克，亩均效益 2 687 元；辽蟹扣蟹养殖面积 100 亩，亩放扣蟹 800 只，水稻亩产 580 千克，河蟹亩产 28.9 千克，亩均效益 2 071 元。

通过对比，河蟹"申江 1 号"比辽蟹亩增产商品蟹 16.7 千克，增幅 57.8%；亩增产值 1 116 元，增幅 28.3%；亩增效益 474 元，增幅 68.3%。河蟹"申江 1 号"商品蟹比辽蟹重 37.5 克/只。河蟹"申江 1 号"比辽蟹具有明显的生长优势。

通过项目实施，积极创新发展模式，引进优良品种，推进技术集成与示范，推动全省稻渔综合种养产业稳步发展。

（二）标准制修订情况

近年来，河北省在归纳梳理《稻渔综合种养技术规范通则》（SC/T 1135—2017）、《饲料卫生标准》（GB 13078—2017）、《绿色食品肥料使用准则》（NY/T 394—2021）等 10 余项国家、行业标准的基础上，修订了河北省地方标准《稻田河蟹综合种养技术规范》（DB13/T 324—2019），制定了河北省地方标准《稻田泥鳅种养技术规范》（DB 13/T 2847—2018）和企业标准《稻田河蟹种养技术规范》《稻田小龙虾种养技术规范》等。

五、主要做法和经验

（一）养殖生产规范化管理

河北省稻渔综合种养区以专业农业合作社为载体，采取"6个统一，5个配套"措施，从购种到销售实现六项规范化统一管理，并开展配套田间工程技术等五大配套关键技术的试验示范和推广。将技术规范编制成册，发放到示范区养殖户，指导养殖生产，提升养殖技术和管理标准化水平。养殖生产过程中，按照饲料和渔药规范要求，严格控制饵料、药品等投入品的使用，并建有可追溯体系，对生产环节进行实时监控，确保产品质量安全。

（二）加强培训和宣传

河北省水产技术推广站、河北省农林科学院滨海农业研究所、曹妃甸区技术站成立了技术服务队，开展技术培训、技术指导和服务，示范带动周边稻农。充分利用报刊、科技下乡和集日活动等多种形式进行宣传和普及稻渔综合种养技术知识。

（三）开展品牌培育及产业带动

全省主产区水稻已有上千亩通过有机认证，曹妃甸区大米全部通过绿色食品认证。同时，还拥有省级著名商标1个和地方品牌多个。稻蟹综合种养还结合休闲渔业，带动当地产业融合发展。

（四）创新销售模式

曹妃甸区充分依托省级农产品龙头企业河北良牛农业科技有限公司，通过"订单农业""粮食银行"等方式，实现生产者与经营者风险共担、利益共享，确保销售畅通，切实保障了农民的利益。

（五）政府积极鼓励综合种养并给予经济补贴

保定涿州市每亩稻蟹种养补贴资金700元，并鼓励发展旅游业，将稻渔综合种养与休闲渔业结合，不仅为市区居民提供了休闲游玩的好去处，而且带动了当地的经济发展，提高了农民的经济收入。

六、存在问题与发展建议

（一）存在问题

稻蟹综合种养模式的应用给农户带来了可观的经济效益，但目前仍存在一定问题。部分地区生产不规范，沟坑占比过大，稻田内水稻面积减小，影响水稻种植业的综合发展；河蟹、克氏原螯虾等种质退化影响产业的进一步发展；综合种养技术与管理水平有待进一步提高，农户在接受种养技术与管理等方面的系统培训和学习明显不足，尤其是在水产养殖疫病和水稻病虫害防治方面缺乏专业技术，遇到问题无法及时采取有效措施，从而造成经济损失。

（二）发展建议

一是引进种质优势突出、发展潜力较大的河蟹品种，实施杂交复壮工程，繁育优质蟹苗，为河蟹产业规模发展提供优良蟹苗，根本解决河蟹种质退化问题。

二是依托国家级稻渔综合种养示范区建设，打造良种繁育示范区、稻田生态养殖示范区，推广无公害标准化生产模式，并不断总结、完善标准，辐射带动环渤海地区稻渔产业。

三是加强科技创新、技术服务平台建设。以现有的"唐海县金农网"和"唐海县农业信息网"为基础，依托县、村、队级农业信息网站，建立新型的技术服务平台；依托河北农业大学海洋学院、河北省海洋与水产科学研究院、中国水产科学研究院黄海水产研究所等科研院所，引进智力和成果，整体提升科技创新能力和服务能力，推进稻渔产业跨越式发展。

四是加强科技培训工作。以"县专家服务团"为主体，聘请知名科研院所的专家学者，加大科技培训力度，为稻渔产业发展打造一支过硬的科技人才队伍。

五是与知名企业联手合作，探索新型加工方法与销售渠道。利用已注册的"恒行""曹妃湖"等著名品牌，开拓国内外销售渠道，提升品牌竞争力。

六是加大对稻渔综合种养的扶持力度，加强宣传和培训，引导和鼓励农户利用现有资源发展稻渔综合种养产业。

七、综合效益分析

据调查，唐山地区亩均产河蟹 20～50 千克，水稻亩均产 600～700 千克，实现亩均产值 3 000 元左右，亩均利润 800 元左右。稻蟹综合种养还可有效减少化肥和农药使用，生产过程中只使用底肥和一次分蘖肥，化肥减量 50% 以上，农药减量 60% 以上，较稻田单作亩均少使用化肥 9.64 千克，少使用农药 77.7 克。2020 年，全省 3 万亩稻蟹综合种养模式较稻田单作模式少使用化肥 289 吨，少使用农药 2.3 吨，减少面源污染，有效促进了环境、生态的改善；综合种养产出的稻米更安全，水产品更优质，产品价格明显升高。例如，曹妃甸区稻蟹种养的品牌稻米每斤①溢价 15～80 元。其中，大米康田胭脂稻每斤 90 元，溢价 75 元。这充分显示了稻渔综合种养产品的市场优势和突出的经济效益。

河北省水产技术推广总站

张黎

---

① 斤为非法定计量单位。1 斤＝500 克。

内蒙古自治区稻渔综合
种养产业发展报告

一、基本情况

内蒙古自治区稻渔综合种养主要集中在兴安盟，兴安盟有组织的稻田养鱼始于 20 世纪 80 年代，当时是单纯以获取鱼产品为主，经济效益较低。进入 21 世纪，随着土地流转和效益农业的兴起，稻田养鱼再次得到重视推广。"以渔促稻、稳粮增效、质量安全、生态环保"的稻渔综合种养是这一阶段的主要特征和基本目标。目前，兴安盟共有水稻面积 140 万亩，2022 年开展稻渔综合种养面积 15.3 万亩。

近年来，稻渔综合种养作为一种绿色生态养殖模式逐步在通辽市、赤峰市、鄂尔多斯市、巴彦淖尔市、呼伦贝尔市等地推广开来，但基本处于试验起步阶段，没有形成一定规模。其中，以鄂尔多斯市实施面积较大，2022 年为 4 000 亩。

二、技术模式发展情况

内蒙古稻渔综合种养主要模式为稻鱼共作（鲤鱼）、稻蟹共作（成蟹养殖）、稻鳅共作 3 种，稻虾共作和稻蟹共作（扣蟹养殖）模式正在开展小规模试验。多数地区以实施稻蟹共作（成蟹养殖）为主，水稻主产区的兴安盟实施模式较为丰富。

1. 稻鱼共作（鲤鱼）模式。稻鱼共作模式主要在兴安盟，鄂尔多斯市准格尔旗也有个别实施。2022 年兴安盟通过开展稻田养鱼培训、免费提供鱼苗、送鱼苗（种）到户等措施，共开展稻鱼模式综合种养 14.8 万亩，其中稻商品鱼模式 3.4 万亩，稻鱼种模式 11.4 万亩。技术方面，稻鱼种模式，即投放体长 3 厘米的夏花，每亩放养量为 50 尾，到秋天养成规格为 200～250 克/尾的秋片鱼种，在不投喂的情况下，每亩可收获秋片鱼种 6～10 千克。稻商品鱼模式，即投放尾重 100 克左右的春片鱼种，每亩放养量为 2.5 千克，到秋天养成规格为 500 克以上的商品鱼，亩产商品鱼 8 千克左右。在不投喂的情况下，每亩可收获秋片鱼种 10～12.5 千克。两种种养模式水稻产量均在 500 千克/亩左右。其中，前者要求的稻渔工程标准比较低，适合在广大种植户中推广；后者要求的稻渔工程标准比较高，适合在农业产业化龙头企业、农民合作社和种植大户中推广。

2. 稻蟹共作（成蟹养殖）模式。兴安盟、鄂尔多斯市均有开展实施稻蟹共作（成蟹养殖），该模式也是鄂尔多斯市开展稻渔综合种养的主要模式。该模式下，商品蟹产量处于 1～20 千克/亩范围内，水稻产量在 200～600 千克/亩范围内，其中兴安盟产量较为稳定，商品蟹产量保持在 10 千克/亩以上，水稻产量稳定在 500 千克/亩以上。养殖效益主要由商品蟹规格决定，规格大则效益高。

3. 稻鳅共作模式。稻鳅共作模式主要养殖本地泥鳅和台湾泥鳅，台湾泥鳅因其生长快、不善钻泥而受到广大农民喜爱。2020 年在兴安盟突泉县和乌兰浩特市有小面积试验示范；2021 年兴安盟扎赉特旗养殖面积达到 1 000 亩，2022 年推广至 2 000 亩。稻鳅综合种养模式收益要高于稻鱼综合种养模式，但投入苗种量大、成本稍高，要求有一定的工程标准，防逃和捕捞需要一定技术处理，需对养殖户开展专业技术培训。

三、组织化、产业化发展情况

内蒙古稻渔综合种养主要围绕种植业开展，稻渔综合种养示范基地也主要由种植业专业合作社创建。兴安盟是内蒙古自治区重要的水稻种植基地，地处北纬 46°"寒地水稻黄金带"，独特的气候条件成就了高品质的"兴安盟大米"。稻渔综合种养的开展，在保障水稻产量的前提下，通过有机、绿色产品认证、产品加工等途径，创造了较高的附加值，进一步提升了稻米品质，助力了"兴安盟大米"品牌的创建。2015 年，"兴安盟大米"地理标志证明商标认证成功。2018 年以来，先后被授予"内蒙古优质稻米之乡""2018 中国十大大米区域共用品牌""2018 十大好吃米饭"等荣誉，"兴安盟大米"成为"东北上游、净产好米"的典型代表。

目前，全区以稻渔文化为主开展农旅休闲的生产经营模式发展势头良好，如稻渔观赏、稻艺欣赏、稻田栈道漫步、与稻草人合影等活动促进了近郊旅游业的发展，初步形成了"稻田养鱼＋旅游休闲"的发展方式，助力一二三产业融合发展。

四、科研和技术推广情况

近年来，自治区对绿色高效养殖模式日益重视，随着自治区绿色高效渔业养殖的示范与推广及水产绿色健康养殖技术推广"五大行动"的开展，稻渔综合种养技术作为自治区一项主推技术逐步在巴彦淖尔市、鄂尔多斯市、呼伦贝尔市、赤峰市等地推广开来。2019年，受农业农村部渔业渔政管理局委托，全国水产技术推广总站在兴安盟召开了北方地区稻渔综合种养模式现场观摩培训会，打造具有北方平原地域特色的稻渔综合种养产业扶贫典型模式，来自黑龙江、吉林、辽宁、宁夏、新疆、内蒙古等省（自治区）水产技术推广机构 90 余人参加活动。2022 年，内蒙古农牧业技术推广中心牵头制定的内蒙古自治区地方标准《稻蟹综合种养技术规范》发布实施。起草的《内蒙古东部地区稻田养殖鲤鱼技术规程》也已被自治区市场监管局确定为 2022 年第一批地方标准制修订项目计划。

此外，在稻虾（克氏原螯虾）共作模式方面，自治区也一直在开展试验探索，2018年，在突泉县开展过养殖试验，但效果不明显。2020 年起，扎赉特旗和乌兰浩特市在兴安盟行署和武汉大学校友联谊会的推动下进行了小规模试验，但仍存在许多问题，养殖效果不明显。在稻蟹共作（扣蟹养殖）方面，2022 年巴彦淖尔市乌拉特前旗首次开展了稻蟹共作（扣蟹养殖）模式试验，6月末将暂养过的大眼幼体放养至稻田，9月末测产蟹苗长至70~80只/斤，取得了较好的成效，为该模式的进一步示范推广提供了经验借鉴。

五、产业政策

2020年，在中国水产科学研究院黑龙江水产研究所协助下，兴安盟制定了《内蒙古兴安盟稻渔综合种养产业发展规划（2021—2025年）》。稻渔综合种养示范推广连续多年一直是自治区绿色高效渔业养殖示范与推广的一项重要任务。《内蒙古自治区2022年水产绿色健康养殖技术推广"五大行动"实施方案》中，明确将稻渔综合种养技术模式推广作为了生态健康养殖模式推广行动的一项重点任务。兴安盟农牧局制定发布《关于加快推进稻渔综合种养产业发展的实施意见》，指出要进一步调整优化农业结构，加快推进稻渔综合种养工作，实现稳粮增收，促进乡村振兴和渔业高质量发展。

六、存在问题与发展建议

（一）存在问题

1. 养殖管理粗放。内蒙古自治区稻渔综合种养主要以种植业为主，多数经营主体在养殖方面管理粗放，对养殖不够重视，开展稻渔综合种养基本不投喂，导致了水产品产量较低，产生的经济效益不明显。加之开展稻渔综合种养还需进行一些工程改造，一定程度上影响了稻渔综合种养模式的推广。

2. 技术力量薄弱。目前，内蒙古自治区稻渔综合种养专业技术水平仍然较低，除养殖产量较低外，稻渔综合种养起步较晚地区的稻米产量也不够稳定。此外，全区稻渔综合种养模式工程建设标准化程度不高，个别存在沟坑面积占比过大的问题。作为自治区稻渔综合种养模式主要实施区域的兴安盟，沟坑占比则仅为1%~2%，没有实现环境资源的充分利用以及种养效益的最大化。

3. 品牌建设不足。内蒙古自治区稻渔综合种养产业链较短，生产的水产品也尚未形成自己的品牌。因缺乏相关加工企业，上市的仅为活鱼、活蟹等原始水产品，不能产生更高的经济效益。农旅产业结合较好的地方水产品收入较高，而大多数地区农民自食比重较大。

（二）发展建议

一要加大政策支持力度，充分利用农业、渔业各种补贴资金，对建设稻渔综合种养基地给予补贴。要不断探索最适宜全区应用推广的技术模式，深化稻渔综合种养标准化规范化发展，通过开展试验示范、建设标准化示范点、示范区等途径，以点带面，逐步推广，助力提升全区稻渔综合种养产业规模及总体成效。

二要注重发挥产学研推等机构的优势，建立稻渔综合种养专家技术队伍，创新工作机制和方式，形成"科研机构＋技术推广部门＋专业合作社"服务平台，加大对农业新型经营主体和农户的培训力度，为稻渔综合种养提供技术支撑，以技术增效益，提升经营主体对稻渔综合种养的实施热情。

三要着力推动产业链延伸，在强化品牌建设、助推渔米产品加工、农渔旅融合发展等方面多下功夫，不断开发产业发展新机制，提升产品附加值，以产业融合助发展，促进全区稻渔综合种养产业高质量发展。

七、综合效益分析

（一）总体情况

1. 经济效益。根据调查，内蒙古自治区稻渔综合种养相较单稻种植每亩综合收益可增加1 500元以上，除实现水产品增收外，稻米的价格也得到了明显提升。在保障水稻产量的基础上，稻鱼共作（鱼种）模式亩均收益可增加1 520元，稻鱼共作（商品鱼）模式亩均收益可增加1 850元，稻鳅共生模式亩均收益可增加2 374元，稻蟹共生（成蟹）模式亩均收益可增加1 653元。成本方面，虽然稻渔综合种养模式在水产苗种、饲料、田间工程和机械化作业上要比单稻种植投入高，但在化肥、农药上的投入费用明显要少。其中，稻蟹共作模式成本投入最高，较单稻种植每亩多730元，故开展稻渔综合种养增收明显。此外，为推动全区稻渔综合种养产业发展，近年来，兴安盟通过政府补贴对田间工程及养殖苗种予以了一定支持，一定程度上也减少了种养主体的成本投入。

2. 社会效益。稻渔综合种养带动了以稻渔文化为主开展农旅休闲的生产经营模式，稻渔观赏、稻艺欣赏、稻田栈道漫步等活动的开展促使近郊旅游业发展迅速。目前，全区已初步形成"稻田养鱼＋旅游休闲"的发展方式，进一步助推了一二三产业融合发展。

3. 生态效益。稻渔综合种养可实现"一水多用、生态循环"，提升了水资源的利用率。在种植过程中，农药化肥使用少；在养殖过程中投饵少或不用药。这既提升了水稻及水产品品质，又降低了对自然环境的影响，生态效益显著。

（二）不同模式综合效益分析

1. 稻鱼共作模式（鱼种）。根据调查，内蒙古自治区稻鱼共作（鱼种）模式每亩可产稻米350～450千克，亩产鱼种6～10千克，水产品单价在10～20元/千克。由于产品规格小且越冬困难，该模式下的水产品增收较少，但该模式工程简单投入少，苗种费用少，适合农民散户种养。由于化肥使用量较单稻模式少，稻谷一收割即被收购，且稻谷平均单价较单稻模式高，该模式受到当地人青睐。

2. 稻鱼共作模式（商品鱼）。根据调查，内蒙古自治区稻鱼共作（商品鱼）模式每亩可产稻米350～700千克，亩产商品鱼6～10千克，水产品单价在20～30元/千克。该模式工程投入较多，但由于苗种多为政府投放，工程还有部分补贴，受到合作社和种粮大户的欢迎。该模式不仅可大大提高稻米价格，同时水产品规格大、商品率高，价格又远高于池塘养殖鱼类，故增收效果较养鱼种模式好。

3. 稻鳅共作模式。根据调查，内蒙古自治区稻鳅共作模式每亩可产稻米300千克，亩产水产品4千克，水产品单价在12～24元/千克。该模式苗种投入较高、工程要求较完善且管理较复杂，目前推广面积不大，处于试验阶段，但效益较稻鱼模式高。

4. 稻蟹共作模式。根据调查，内蒙古自治区稻蟹共作模式每亩可产稻米 220～600 千克，亩产商品蟹最高可达 20 千克，最少仅为 1 千克。商品蟹单价在 30～120 元/千克。该模式还可搭配养鱼，进一步提升养殖收益。此次调查显示，该模式下，搭配的鱼产量可达 7.5～10 千克/亩，单价在 10～30 元/千克。该模式养殖效益较高，但投入成本较稻鱼共作模式高，且需设置相应的防逃设施。在兴安盟地区，由于管理粗放，部分主体甚至没有防逃设施，养殖的商品蟹大量逃逸，影响了养殖效益。加之种养前期扣蟹暂养时间长、需要水面面积大，在一定程度上限制了稻蟹综合种养的大面积发展。在内蒙古自治区西部鄂尔多斯地区，稻蟹共作模式下养殖的商品蟹价格较高，目前成为当地开展稻渔综合种养的主要模式，但稻米产量仍不稳定。

内蒙古自治区农牧技术推广中心

赵一杰

辽宁省稻渔综合种养产业发展报告

一、技术模式发展情况

2022年，全省稻渔综合种养仍以稻蟹综合种养模式为主。稻蟹种养面积为138万亩，占99.3%；稻田养虾或泥鳅1万亩，占0.7%。稻蟹综合种养分为三种模式：一是稻田扣蟹模式，面积23万亩，占16.67%，产量为1.3万吨，此模式主要集中在盘锦、锦州和沈阳地区；二是稻田成蟹模式50万亩，占36.23%，产量为1万吨，此模式为各地区的主要模式；三是稻田扣蟹和成蟹混养模式，面积为65万亩，比2021年大幅增加，占47.1%，产量3.5万吨，主要集中在盘锦和锦州地区，此模式技术较为成熟，而且经济效益好，已经成为全省稻渔主产区稻蟹综合种养主要模式。另外，全省还有6 000亩稻田养殖小龙虾、中华小长臂虾和红螯螯虾，4 000亩稻田养殖泥鳅。

二、组织化、产业化发展情况

产业融合发展一直是全省稻渔综合种养产业发展的方向和途径，也是产业升级做大做强的根本出路。近几年，全省稻渔综合种养产业融合发展取得显著成效。

（一）扶持壮大龙头企业牵动发展

辽宁是全国稻蟹综合种养技术和生态苗种的发源地。辽宁省和盘锦市大力扶持发展产业龙头企业，以盘锦光合蟹业、沈阳苏鼎昕渔业、锦州普田实业、盘山绕阳湾、秀玲河蟹等一大批稻渔综合种养发展龙头企业的快速崛起，极大地带动了全省稻渔产业的发展。尤其是盘锦光合蟹业已经成为集品种选育、蟹苗繁育、稻渔养殖、水产品加工、休闲旅游、餐饮服务和科技研发于一体的稻渔综合种养主体。公司承建的国家级河蟹种质资源场项目通过省级验收，全年实现销售优质蟹苗7万千克，服务带动农户10 220户，市场占有率为12%，连续10年排在第一位，公司推行"公司＋农户＋基地＋服务站"的经营模式，与中国人寿辽宁财险分公司合作推出了全国首份河蟹保价险，为广大养殖户提供了更贴心更实效的服务。同时，2022年沈阳苏鼎昕渔业、锦州普田实业成功创建为国家级水产健康养殖和生态养殖示范区，成为行业的标兵和样板，尤其是沈阳苏鼎昕渔业开展的稻田养殖小龙虾，为全省稻渔产业发展贡献了新品种和新模式，为全省稻渔产业发展起到牵引带动作用。

（二）市场引导产业加快发展

全省充分利用盘锦市胡家河蟹市场这一优势，发挥集散地功能，不断巩固市场地位，年交易量达到 10 万吨，占全国河蟹产量的 13.1％。通过市场的集聚效应，盘锦河蟹近两年的平均价格要高出全国平均价格 10 元/千克以上，品牌溢价效果凸显。中秋节、国庆节期间胡家市场共计 732 家店铺，累计销售河蟹 3 580 万千克，其中线上销售占销售量的 68.5％，再创历史新高。

（三）打造品牌不断增强发展后劲

品牌是产业强劲的发展后劲。围绕着盘锦稻田养殖河蟹，盘锦市已授权使用"盘锦河蟹"证明商标企业达 48 家，河蟹注册商标 1 086 个；授权使用"盘锦大米"证明商标企业 138 家，大米注册商标 185 个。品牌的打造使盘锦河蟹和盘锦大米成为全省乃至全国稻渔产业的标杆和旗帜，全省各地的大米和河蟹均通过盘锦销往全国各地。2022 年 12 月 16 日，中国河蟹区域公用品牌发展指数研究报告在江苏国际农业展览中心发布，揭晓了 2022 年中国河蟹区域公用品牌"全国 10 强"的榜单，"阳澄湖""固城湖""太湖""盘锦""兴化""洪泽湖""溱湖""长荡湖""洪湖"及"金湖"螃蟹等 10 个河蟹区域公用品牌进入全国 10 强。同时，光合公司作为辽宁省现代农业科技企业的代表，品牌价值逐年提高，从 2020 年的 1.36 亿元提升至 2022 年的 2.2 亿元，并获得"盘锦市市长质量奖"。

三、科研和技术推广情况

辽宁省大力支持稻渔综合种养的科技研发，整合水稻、水产等相关领域专家、学者、技术人员，组建技术团队，创新发展稻渔综合种养技术模式和品种。

（一）承担国家重点研发计划"蓝色粮仓科技创新"

中国水产科学研究院黑龙江水产科学研究所盐碱水域养殖品种开发与利用创新团队主持的国家重点研发计划"蓝色粮仓科技创新"重点专项"渔农综合种养与综合利用模式示范"研究任务"稻蟹综合种养关键技术与高效利用东北模式构建与示范"在辽宁进行研发和示范，项目组通过集成和熟化东北地区稻蟹综合种养过程中稻蟹配比、田间工程、水肥管理、精准投喂、绿色防控等相关技术，建立了东北生态、高效稻蟹综合种养模式并在辽宁地区进行了示范推广。

（二）研发示范稻田养大蟹模式

辽宁省农业科学院联合盘锦市盘山县开展"稻蟹生态种养模式大规模高品质养殖示范"科研项目，水稻种植采用钵苗移栽、一次性全层施肥、生态控害等技术，河蟹养殖采用水域空间优化配置、优选健壮蟹种、优化适宜密度、适时早放、优质饵料精准投喂等关键技术。创新形成了"深沟高畦、比空种植、坝埂种豆、早放精养、测水调控、生态防病"的大规格高品质稻蟹生态种养关键技术模式，升级了稻蟹综合种养盘山模式。经现场验收，实现成蟹平均产量 26.5 千克/亩，个体平均重 125.8 克，超过 150 克的达到 26.7%，超过 100 克的达到 73.3%，水稻平均亩产为 686.6 千克，真正实现了稻蟹生态种养提质增效。

（三）新技术新模式研发取得突破

2022 年，辽宁省首批"揭榜挂帅"科技攻关项目"淡水渔业新品种选育及高效生产技术"由盘锦光合蟹业有限公司作为组织者，组建了辽宁光合水产养殖产学研联盟。由光合公司牵头，大连海洋大学、沈阳农业大学和辽宁省淡水水产科学研究院共同组成的项目组，开展了河蟹不同选育指标家系的筛选与培育，进行了选育个体标记识别技术研究；改进河蟹生态育苗技术，制定了河蟹生态育苗技术地方标准；创制了"稻蟹＋鱼＋虾"的稻渔综合种养新模式，开展了"稻蟹＋拉氏鲅鱼种＋小棚南美白对虾（凡纳滨对虾）"模式研究，都获得了成功，为辽宁稻渔综合种养的新品种和新模式注入了新的活力。

（四）稻虾综合种养取得突破

面对小龙虾在东北养殖空白的巨大商机，而辽宁养殖小龙虾要从南方引进虾苗成活率低的难题，沈阳苏鼎昕渔业为突破小龙虾苗种关，与中国水产科学研究院淡水渔业中心合作，开展小龙虾耐寒品系科研联合攻关。项目组通过大数据、基因编辑、全基因选择和传统育种等技术和方法经过连续 5 年的科研攻关，小龙虾抗寒品系选育取得突破进展，已经选育至 F4 代，在自然越冬情况下，与未经选育的对照组相比，越冬出苗率已从 1.7% 提升至 26.7%。该成果填补了国内小龙虾人工选育良种的空白，改变了东北地区只能购买南方苗种的现状，提高了苗种自给率，为北方地区稻田养殖小龙虾提供了强有力的苗种保障。

四、产业政策

辽宁省委、省政府高度重视稻渔综合种养发展，出台了一系列的保障措施。省农业农村厅制订印发了《2022 年辽宁省推进稻渔综合种养工作方案》，确定了主要目标，明确了重点工作，提出了保障措施，细化了任务分配表，为全省稻渔发展提供了发展依据。为支持稻渔产业发展，2022 年，省财政从中央财政拨付辽宁省 2022 年目标价格补贴资金（稻谷）资金中列支 3 000 万元，用于支持全省新增稻渔综合种养补贴，极大推动了全省稻渔产业规模发展。同时，各市在财政资金紧张的情况下争取专项资金用于支持稻渔发展。沈阳市列支 180 万元资金用于补贴小龙虾苗种，铁岭县拿出 200 万元用于稻田养殖小龙虾和红螯螯虾发展取得成效。"十四五"开局以来，全省各级累计投入 5 000 多万元财政资金，为稻渔产业发展提供了强有力的支持，同时吸引带动大量社会资金参与稻渔综合种养产业发展。

五、主要做法和经验

辽宁稻渔综合种养从 20 世纪 90 年代起步，经过近 30 多年的发展，大体经历了三个阶段的发展：即 20 世纪 90 年代初到 2000 年的起步发展阶段，从 2000 年到 2010 年的规模发展阶段，从 2010 年到 2020 年的产业融合发展阶段。辽宁稻渔综合种养见证了全国稻渔综合种养的发展历程，从稻田养鱼到稻田渔业，发展到今天的稻渔综合种养，辽宁为稻渔综合种养的发展提供了较为完备的技术和发展模式。

（一）加强组织领导

辽宁稻渔综合种养产业发展得益于农业农村部的关心支持和省委省政府的高度重视。2011 年，农业部在盘山县召开稻田养蟹现场交流会，推广"盘山模式"；农业农村部及农业农村部渔业渔政管理局、全国水产技术总站领导和专家先后多次到辽宁省生产一线检查指导工作。近几年，辽宁省委省政府更加高度重视稻渔综合种养，连续三年出台了推动稻渔发展的政策，提供资金支持，保证了稻渔产业的稳步健康发展。

（二）理清发展思路

2021 年，省农业农村厅印发《辽宁省"十四五"渔业发展规划》，规划明确提出推动稻渔综合种养规模发展。在确保水稻稳产的前提下，统筹优化生产布局，拓展渔业发展空间，带动全省稻田主产区稳步扩大稻蟹综合种养规模，并逐步开展稻虾、稻鱼、稻鳅等新技术、新模式的集成和示范推广。着力打造具有辽宁特色的"种、养、加、销、游"一体化的稻渔产业发展模式。2022 年初，省农业农村厅制订全年推进稻渔综合种养工作方案，明确工作指标和任务，为全省稻渔实现规模发展奠定了基础。

（三）科技示范引领

一是不断开展科技研发。通过龙头企业与科研、推广技术部门的联合不断推进和完善稻渔综合种养技术和模式发展，尤其是在完善稻蟹种养技术标准，开展河蟹防治"牛奶病"技术攻关，稻渔新品种、新技术和新模式上取得突破，为全省稻渔综合种发展提供了强有力的技术支持。二是项目带动示范推广。积极创建国家级稻渔综合种养示范区，示范区在技术模式和产业融合发展等方面真正起到示范引领作用，为稻渔产业发展提供借鉴。三是开展技术培训交流。通过基层农技推广体系改革与建设项目，省市县三级通力合作，在稻渔主产区的盘山县、大洼区和东港市举办全省技术骨干培训班、实用技术培训班，通过发放技术资料、培训讲座、信息发布等多种形式，提高了基层渔技人员和养殖户的技术水平。

（四）促进产业融合

一是培育稻渔融合发展综合体带动稻渔产业发展。辽宁是全国稻蟹综合种养技术和苗种的发源地，辽宁省和盘锦市大力扶持发展产业龙头企业，一大批稻渔综合种养融合发展龙头企业快速崛起，带动了辽宁稻渔产业迅速发展壮大。二是打造交易市场综合体引领产业发展。盘锦市注重打造胡家河蟹老市场，拓展宏进农副产品交易市场和胡家河蟹北市场，形成三位一体的全国最大河蟹交易市场，年成交河蟹量达 10 万吨，年交易额近 70 亿元。通过快递电商实现河蟹当日送达，扩大了河蟹的消费需求。三是开拓河蟹外向发展。积极开拓海外市场，全年向韩国等国家和地区年出口河蟹 4 827 吨，创汇 2 087 万美元，极大拓展了稻蟹产业发展空间。

六、存在问题与发展建议

(一) 存在的问题

一是地区发展仍不平衡。辽宁稻渔综合种养虽然已经发展多年，到目前仍是以盘锦地区为龙头的稻渔发展格局，各地区发展极度不平衡。全省 139 万亩稻渔面积，主要集中盘锦、锦州等地区，分别占全省总面积的 65.9％和 20.4％。从总体上看，沈阳、辽阳、鞍山、营口、丹东等地区的稻渔综合种养发展仍较滞后。

二是养殖效益不高。全省稻渔综合种养主要仍为稻蟹综合种养，从养殖效益上看，稻田养扣蟹亩均增收 600 元左右，养成蟹亩均增收 500 元左右，扣蟹和成蟹混养亩均增收 700～800 元，总体由于单产较低，与南方稻田养殖小龙虾、稻田养鳖等养殖方式相比，新增效益不高，影响了稻渔产业的发展。

三是养殖病害问题。河蟹"牛奶病"仍然困扰着辽宁以及东北地区稻蟹养殖的发展，虽然在病原体确认、流行病学调查以及综合防治等方面取得了一些进展，但近几年仍有河蟹感染，影响了产业的健康发展。

(二) 发展建议

一是持续优化生产布局。全省可利用的 300 多万亩稻田种植面积，仅开发利用 1/3。要进一步按照空间布局合理、功能配套齐全、政策支撑有力的要求，针对当前稻田分布特点，结合水资源、土壤状况，因地制宜开发利用稻田资源，发展适宜本省稻渔综合种养模式和品种，因地制宜，不断增加养殖品种、丰富养殖模式，不断推进全省稻渔综合种养实现规模开发。

二是加强水产苗种供给。针对全省稻渔综合种养的主要模式，继续加大科研和示范力度，强化河蟹和小龙虾种质资源的保护和选育。以龙头企业为依托，加强与科研院校的合作，培育适合稻田养殖的河蟹、小龙虾新品种，全面提高良种覆盖率和自给率，为稻渔产业发展提供强有力的种质保障。

三是依法规范健康发展。坚持稳定粮食生产不动摇，实现稳粮与增收双赢。严格执行农业农村部颁布的行业标准《稻渔综合种养技术规范　通则》中的技术指标和要求，沟坑占比不超过总种养面积的 10％。在通则规定的沟坑占比下，全面提升稻田养殖田间工程质量，不断提高养殖水产品的质量和产量，持续推进稻渔综合种养稳产增效。

四是加强科技攻关和推广。整合水稻、水产等相关领域专家、学者、技术人员，组建专家技术团队，对困扰产业发展重点难点进行攻关，创新发展稻渔综合种养技术模式和品种。进一步进行技术熟化和集成，形成一批可推广可复制的技术模式和规范，有效推动产业加快发展。

七、综合效益分析

调查结果显示，辽宁省稻渔综合种养相比于水稻单作在产量不下降的情况下，农药使用量下降了 40%～60%，改善了农业生态环境，同时能够在不添加任何渔药条件下生产河蟹等水产品，促进产业进入绿色良性循环，为实现农产品和环境的协调发展提供了保障（表 7-1）。

表 7-1 辽宁省不同种养模式成本效益

模式	水稻（千克/亩）	水产品（千克/亩）	成本（元/亩）	亩均收益（元）
稻田成蟹	650～800	12～22	1 227	2 722
稻田扣蟹	650～720	44～55	1 546	2 574
稻田成蟹扣蟹	700～800	50～60	2 430	4 180
稻田小龙虾	500～600	80～100	2 900	2 400

辽宁省现代农业生产基地建设工程中心

刘学光

吉林省稻渔综合种养产业发展报告

一、基本情况

近年来，吉林省稻渔综合种养业快速发展，养殖模式日趋成熟、养殖效益稳步提高，促进农民增收效果显著。稻渔综合种养实施面积持续扩大，实现"3年起步、5年跨越"。2022年达到78.47万亩，水产品总产量1 081.6万千克。

二、技术模式发展情况

在推进稻渔综合种养过程中，根据吉林省的资源和气候条件，因地制宜地确立了稻蟹（成蟹、扣蟹）、稻鱼（夏花、春片）和稻鳅等种养模式。2022年，吉林省推广应用稻蟹（成蟹、扣蟹）模式26.6万亩，稻鱼（夏花、春片）模式52.14万亩，稻鳅模式2.65万亩。各级水产技术推广部门同高校、科研单位及种养大户联合开展技术试验示范，通过实践集成了一大批可复制、可推广的种养技术，成功推广应用了"围田暂养""双边沟＋分箱插秧"和"扣蟹养殖与越冬"等具有吉林省特色的种养模式，技术得到广大生产者的认可和欢迎，受到上级主管部门的高度认可。

近年来，为实现养殖大规格成蟹的目标，提高吉林省扣蟹苗种自给供应量，降低扣蟹疫病的影响，吉林省部分养殖区开展了扣蟹养殖模式的探索和实践，特别是前郭县双子生态农业开发有限公司、大安市信达农业发展有限公司都是以养殖扣蟹为主的示范区，成功突破了稻田养殖扣蟹中的苗种投放、饲养管理、捕捞越冬、起捕销售等技术难点，找到了适合本省的扣蟹养殖技术模式，培养的一龄扣蟹不仅保障了自身的养殖需要，而且有效供应了周边养殖户的苗种需求，为养殖大规格成蟹奠定了基础。

三、组织化、产业化发展情况

通过发展稻渔综合种养，涌现出了前郭县双子生态农业开发有限公司、镇赉县庆江种植养殖农民专业合作社、大安市信达农业发展有限公司、吉林省蓝谷水产有限公司、吉林市春新生态家庭农场等一大批发展典型，有效辐射带动周边农户大力发展稻渔综合种养。全省先后有60多个稻米和水产品通过有机或者绿色食品认证，创建区域公共品牌和地理标志农产品 6 个，创建企业自主品牌 80 个。目前，"三莲""蟹满田""吉米吉蟹"和"鸳鸯湖"等品牌大米在全国各地得到消费者广泛认可，省内多家企业、合作社连续在全国稻渔综合种养模式创新大赛和优质渔米评比推介活动上获得金、银奖，取得优异成绩。

各地大力推进一二三产业融合发展，通过举办放蟹节、插秧节和捕蟹节活动，进一步提升产业融合水平，使得稻渔综合种养产业不断向纵深发展。例如，吉林市的春新家庭农场、黄花香合作社、舒兰市吉米公司、伊通聚成合作社等种养企业结合自身区位优势和资源状况，积极推动发展适合当地的稻渔新业态经营方式，"稻渔＋文化""稻渔＋休闲观光"蓬勃发展。梨树县结合"二人转故乡"和"农民画之乡"等文旅资源，打造孤家子镇大面积高标准项目示范区，构建了梨树"稻渔＋文化＋旅游"综合体系，赋予了传统稻渔产业新的发展活力。打造的"稻田画"景观独特，品稻米、赏稻画、钓河蟹，成为市民休闲观光新去处。稻渔综合种养产业不断向纵深发展，产业创新与融合水平进一步提升，促进乡村振兴。

四、标准化、规范化情况

先后编制发布了《稻田养殖中华绒螯蟹技术规范》等 6 项地方标准，申请"北方稻田养殖成蟹的方法"等发明专利 3 项，总结创新围田暂养、苗种培育、饲料投喂、捕捞育肥等多项符合吉林省生产实际的"利稻利渔"生产技术，为项目的标准化、规范化、产业化发展奠定良好基础。

五、产业政策扶持力度持续加大

吉林省委省政府一直高度重视稻渔综合种养工作。近年来，每年的省委 1 号文件、2021 年的省政府推进渔业高质量发展意见、渔业发展"十四五"规划等，都将稻渔综合种养作为渔业发展的优先方向。省渔业主管部门每年制订实施方案进行部署落实，省级财政每年安排 1 000 万元渔业专项资金，近几年把将近 60％的资金用于扶持稻渔综合种养，支持水产技术推广机构和生产主体开展技术示范、推广。全省各地也加大发展力度，前郭县等部分重点县实行整县推进，将其列入政府绩效考核内容，长春市从 2022 年开始每年拿出 200 万元用于对稻渔综合种养进行补贴，相关资金撬动功能明显，起到了很好的示范引导作用，有力助推项目快速发展。

《吉林省渔业发展"十四五"规划》将稻渔综合种养列为"十四五"期间全省渔业发展重点工程，规划在长春市、吉林市、白城市、松原市等地建设稻渔综合种养核心示范区，按照"政府引导、市场化运作、龙头企业带动、合作社参与"的模式推进稻渔综合种养，通过实施田间工程改造，水产苗种补贴、养殖示范等，建设高标准稻田设施，建立扣蟹养殖基地，强化稻渔综合种养产前、产中、产后相关管理和服务，带动全省发展稻渔综合种养。

六、主要做法和经验

(一) 领导重视，政策扶持

稻渔综合种养技术在吉林省委、省政府的高度重视下快速发展，2021 年吉林省政府办公厅印发《关于推进渔业高质量发展的意见》(吉政办发〔2021〕12 号)，对推进全省渔业高质量发展进行了高位部署，明确提出要大力发展稻渔综合种养，规划到 2025 年实施面积达 100 万亩以上，创建国家级稻渔综合种养示范区 20 个以上。

为扎实推进项目落实，省农业农村厅每年制订专项实施方案部署相关工作；在项目实施过程中，省级渔业主管部门领导多次带队深入到全省各级示范区检查督导；省水产总站组织专家技术团队，带领市、县专业技术人员深入全省各级示范区检查督导，到田间地头，对生产关键环节(如选购蟹苗、开挖暂养池、开挖环沟、设置防逃设施、日常管理、捕捞等)进行指导。

资金方面，省级渔业主管部门充分利用乡村振兴渔业专项资金，对承担稻渔综合种养项目的地区进行重点扶持。据统计，2019—2021 年各级推广机构争取各类资金超过 1 400 万元用于项目推广，同时各级主管部门还把稻渔项目纳入政府部门的绩效考核。这些措施充分调动了组织者、生产者的积极性，为落实项目起到了决定性作用。

(二) 上下联动，明确分工

为促进项目落实，省水产总站成立项目工作领导小组和项目技术指导小组。采取领导带头、划分片区、责任到人的管理办法，项目工作领导小组主要负责组织协调、督导落实等工作。下设办公室，具体负责项目日常管理工作。项目技术指导小组主要负责项目的技术指导和跟踪服务等工作。采取分片负责的形式，按地区确定责任人员。项目确立了目标责任制，落实到项目承担地区，明确了项目指标和验收方法。同时，市、县水产技术推广机构都选派有经验的技术人员专门负责此项工作。确保了项目计划部署、落实、生产、验收及总结等工作的有序开展。

(三) 因地制宜，确立模式

各项目区推广机构根据本地稻田的条件和养殖户的接受能力，制定适宜本地的稻渔综合种养模式。镇赉县示范区采取"大垄双行"和"分箱式"插秧养蟹模式，东辽县示范区采取"分箱式"插秧养蟹模式，吉林市示范区采取"围田暂养"和"大垄双行"养蟹模式。尤其值得关注的是，白城地区镇赉县、大安市结合西部土地整理出的"生地"，积极探索"以蟹养地"模式，通过在盐碱地上种稻养蟹，有效平衡盐碱地的酸碱度、缓解盐碱地土壤板结等问题，加速"生地"向"熟地"转化，促进盐碱地改良利用，达到了稳定、提高水稻种植面积的效果，对助推吉林省实现千亿斤粮食目标具有积极作用。

(四) 以点带面，加强管理

项目依托国家级、省级稻渔综合种养示范区，以点带面，带动周边农户大力发展稻渔综合种养项目。以镇赉县汇聚农业、镇赉县庆江种植养殖农民专业合作社、大安信达农业发展有限公司为点带动白城地区发展稻田养蟹；以伊通聚成合作社为点带动四平地区发展稻田养蟹；以蓝谷水产有限公司（产学研基地）为点带动长春地区发展稻田养殖扣蟹；以春新家庭农场和黄花香合作社为点带动吉林地区发展稻田养蟹；以双子农业公司和万亩良田合作社为点带动松原发展稻田养蟹。为保证项目顺利实施，省水产总站每年不间断派技术人员外出学习稻田养殖河蟹先进技术，回到省内负责协调和技术指导，帮助稻农做好田间工程、苗种选购、防逃设施设置、日常管理等关键环节工作。

（五）强化培训，引进技术

各级推广机构充分利用体系建设项目资金积极组织培训，同时选派骨干参加省级及国家级骨干培训，培训技术人员和稻农 5 000 多人次。为保障新技术尽快被技术人员和养殖户掌握，省水产总站指派有经验的专家制作多个农业微视频在抖音、快手等平台讲解"稻渔综合种养技术"。

为扩大稻渔综合种养技术的宣传和影响，及时交流和推广先进的经验，省水产总站连续多年组织全省渔业技术骨干到省外进行五天以上的脱产培训，交流学习先进的养殖经验。根据养殖生产情况、技术模式、养殖规模等条件，综合评估选取一处优秀示范基地，举办每年一次的全省稻渔综合种养技术现场经验交流会。2019—2021 年，分别在吉林市"东福米业"、公主岭市"蓝谷水产稻蟹基地"和梨树县"大林子合作社"、松原市"双子农业"和大安市"信达农业有限公司"等地举办交流会，参会人数累计达到 500 人次以上，通过观摩、演示稻渔种养新模式，交流好的经验，极大地调动了养殖户的积极性。

七、存在问题与发展建议

（一）存在的问题

虽然近年来吉林省稻渔综合种养发展较快，取得了一些成绩，但与发达省份相比仍有差距，产业发展还面临一些困难和问题。

一是认识不足，积极性还有待提高。目前，仍有部分地区管理部门和农户对稻渔综合种养认识不足，简单认为稻田养殖只是从单一的水产品上获得效益，忽略了稻谷稳产、减少病害、减少农药化肥使用和提高稻米品质的综合效益，对稻渔综合种养项目逐步改善土壤环境从而实现可持续发展的理念理解不深；同时，在水产品集中上市时，缺乏营销意识，没有完善的市场营销网络，容易产生贱卖现象。因此，在实际的工作中广大管理者和农民的积极性、主动性以及创新性还有待提高。

二是资金不足，效果受限。尽管国家和地方对稻渔综合种养给予了一定的资金扶持，但相对于投入较高的稻田养蟹（防逃工程、苗种投入大等）仍显得资金不足，致使在项目示范落实、培训、指导及扩大推广上存在一定困难。

三是科技创新能力不足，种苗短缺。当前，稻渔综合种养基础理论和关键技术，尤其是生态理论和管理技术研究仍显不足，缺乏长期监测数据，技术模式更多依赖于经验总结，缺乏理论指导和稳定性。大多数从业者凭借经验养殖，接受新观念、新事物能力较弱，创新意识不够强。现阶段，吉林省虽已基本实现扣蟹苗种的自给自足，但如何产出质量更好、成活率更高的扣蟹苗种等技术难题仍是急需解决的问题。

（二）发展建议

吉林省发展稻渔综合种养的基础条件好、开发潜力大、市场前景广，总体发展建议是应坚定信心，立足大食物观，坚持粮渔结合、粮渔互促，全力推进稻渔综合种养产业发展。要围绕实施乡村振兴战略，按照"稳粮增收、绿色生态、夯实基础、三产融合"的发展思路，以保障优质农（渔）产品安全有效供给为目标，进一步加快产业融合发展，推动稻渔综合种养再扩面、再增效、再提高，为推动农业、渔业高质量发展贡献力量。

一是强化规划引领。根据测算，提出到 2025 年全省稻渔综合种养面积要突破 100 万亩。各相关县市尤其是重点县市，应充分调查论证、摸清家底，在此基础上，制定科学的发展规划，宜鱼则鱼、宜蟹则蟹、宜虾则虾、宜鳅则鳅，形成地方特色。同时，在推进过程中，要充分尊重农民意愿，避免一哄而上，突出适销对路，突出一二三产业融合。

二是强化政策扶持。各级主管部门应进一步提高思想站位，积极向党委政府汇报，争取政策支持。省级乡村振兴渔业绿色发展专项应继续向稻渔综合种养重点倾斜，支持开展示范基地建设、良种推广和技术研发推广。各地要积极争取高标准农田建设、乡村振兴等项目，统筹支持与稻渔综合种养相关的公益性、基础性设施建设。积极引导社会资本进入稻渔综合种养产业，形成多元化投入机制。

三是强化典型带动。要充分发挥典型的示范带动作用，通过扶持一批龙头企业，建立项目示范区，发挥辐射功能，逐步建立起"龙头企业＋示范基地＋农户"的产业体系，加快形成集约化、专业化、组织化、社会化相结合的稻渔综合种养经营体系。

四是强化服务保障。各级主管部门应为稻渔综合种养提供可靠的服务保障，在技术支撑方面，要抓好技术培训，抓好典型示范，使农民会做；在市场支持方面，要提供良好的市场信息服务，使生产者及时了解苗种、产品的市场行情；管理服务方面，有关科研教学推广机构要瞄准关键技术，开展集中攻关，力争取得新的突破。有关企业和示范区要成为技术创新的重要依托和载体，重点开展农技农艺配套技术研究与示范，促进信息化物联网技术在稻渔种养中的应用，开展质量安全保障技术研究，重视良种选育培育、疾病防治、后期育肥。各级水产技术推广机构要全面承担起项目技术服务的职能，加大培训力度，创新服务手段，提高服务质量，让广大种养户无后顾之忧。

八、综合效益分析

依据综合效益调查结果，吉林省调查的五种稻渔综合种养模式的经济效益、社会效益、生态效益均有显著提升。此外，稻渔综合种养平均可减少 40％以上的农药使用量，减少 30％以上的化肥使用量。调查结果显示，稻蟹（成蟹养殖）模式亩均收益比周边地区同等条件常规水稻单作增加 1.1 倍，稻蟹（扣蟹培育）模式收益增加 20％，稻鱼（鲫鱼夏花）模式收益增加 80％，稻鱼（鲫鱼春片）模式收益增加 8％，稻鳅模式收益增加 30％。

吉林省水产技术推广总站

万继武　满庆利　常悦

黑龙江省稻渔综合种养产业发展报告

一、基本情况

作为全国最大的优质粳稻生产省，全省共有 5 700 余万亩稻田，其中，绿色食品水稻面积 3 048 万亩，有机食品水稻面积 214 万亩，发展稻渔综合种养具备得天独厚的自然资源及生态环境等优势。2022 年，黑龙江省稻渔综合种养面积稳定在 100 万亩以上，连续 3 年保持基本持平。全省 12 个市（地）、57 个县（市、区）的水稻主产区积极发展稻渔综合种养，总面积达到 102.9 万亩，水产品总产量达到 13 827 吨。

二、技术模式发展情况

黑龙江省主要稻渔综合种养发展模式为稻鱼共作（鲤鱼、鲫鱼）模式、稻蟹共作（成蟹养殖）模式、稻蟹共作（扣蟹培育）模式及稻鳅共作模式。其中，稻鱼共作 73.1 万亩、稻蟹共作 25.7 万亩、稻鳅共作 2.85 万亩、稻虾共作（小龙虾）0.75 万亩，其他 0.5 万亩。稻蟹共作模式因其效益相对较高，近几年发展比较迅速。

三、组织化、产业化发展情况

（一）注重培育示范区经营主体

积极采取措施，调动水稻种植连片、有一定面积规模的农民专业合作社、家庭农场、种粮大户和企业的积极性，实施示范区经营主体重点培育，实现规模化经营。截至目前，全省共巩固提升 2 个部级、22 个省级稻渔综合种养示范区，创建 1 个国家级水产健康养殖和生态养殖示范区（稻渔综合种养类），拟创建 9 个省级稻渔综合种养示范区，打造 3 个省级稻渔综合种养示范核心区。

（二）推动示范区与绿色有机水稻种植生产相结合

以水稻种植为基础，通过渔艺、农艺的深度融合，确保水稻稳产、严守生态红线前提下，按技术规程操作适度开展标准化水产养殖，提升稻田综合利用效率和生态效益。近年来，黑龙江省持续实施渔业品牌战略，推行实施良好农业规范，引导养殖企业开展"两品

"一标"认证，打造生态、优质、绿色、有机的"龙江鱼""龙江蟹"母品牌。截至目前，全省水产品共有 36 个有机认证，认证面积达到 62.7 万亩；28 个绿色认证，认证面积达到 48.3 万亩。

（三）稻渔综合种养助推品牌大米生产

全省稻渔综合种养涌现出了兰西县的"河顺"大米、佳木斯郊区的"金海生态"蟹田有机大米、泰来县的"一江五河"大米、木兰县的"莎莎妮"大米、汤源县的"引汤河"大米、桦川县的"寒地明珠"和"寒地五谷"大米等一批有影响力的品牌。同时，打造了"鲇鱼沟""青花湖"、泰来县"臻福月洋"、北安市"孝田""珍永""东诚""金海生态"等水产品品牌。

（四）积极推动稻渔综合种养与互联网、物联网融合

搭载水稻种植物联网技术，实现智能化监测，在北安等稻渔综合种养示范区，成功打造"互联网、物联网＋稻渔综合种养"示范基地。

四、科研和技术推广情况

（1）软件著作权获得情况 获得寒区稻蟹综合种养水质评价系统 V1.0、寒区稻蟹综合种养饲料投喂系统 V1.0、寒区稻鳅综合种养饲料投喂系统 V1.0、寒区稻鳅综合种养水质评价系统 V1.0 等 4 项软件著作权。

（2）专利申请情况 申请"一种北方寒区柳根鱼苗种稻鱼综合生态种养培育方法""一种寒冷地区大规格河蟹的稻田-池塘养殖方法"等 2 项发明专利，获得"一种寒冷地区大规格河蟹的稻田-池塘养殖系统""一种北方寒区稻鳅综合种养系统""一种适合北方平原型稻田稻渔综合种养的渔沟系统"等 7 项实用新型专利。

（3）标准制定情况 制定《稻鳅共作生产技术规程》《稻鱼共作生产技术规程》《稻蟹共作生产技术规程》等 3 项黑龙江省地方标准，以黑龙江省农业委员会文件形式发布实施《绿色食品 稻鱼共作技术规程》等技术规范 6 项。

五、产业政策

一是出台《黑龙江省稻渔综合种养发展规划（2020—2022 年）》，并纳入全省农业强省规划中，统筹推进全省稻渔综合种养有序发展。二是发布《黑龙江省水产绿色健康养殖技术推广"五大行动"总体方案》，将稻渔综合种养作为重要内容加以推进。到 2025 年，稻田培育扣蟹面积达到 15 万亩，平均亩产 30 千克以上，基本满足省内扣蟹苗种需求；稻田成蟹面积达到 40 万亩；稻田培育鱼种模式适度发展，稻田养殖克氏原螯虾、中华小长臂虾、日本沼虾模式基本熟化；稻渔综合种养产业完成由数量增长型向质量效益型转变。三是积极争取和加大资金投入，2016 年以来，先后投入资金 3 058 万元，累计实施稻渔综合种养项目 80 余个。

六、主要做法和经验

（1）成立领导小组　领导小组由省农业农村厅主管领导亲自挂帅，负责编制全省稻渔综合种养发展规划，制订推广实施方案，牵头组织实施。每年在全省渔业渔政工作会议上进行专题部署，加快推进实施。各地按照省厅要求，结合当地实际，成立了推广实施领导小组或专班，强化稻渔综合种养工作管理制度建立，实施规范化管理。

（2）强化示范推动　对稻渔综合种养工作进行专题部署，相关任务列入当年工作要点加以推进，采取召开现场会等措施加以示范推动。2017年8月，在佳木斯市举办了全省稻渔综合种养培训班，2018年9月6日在北安市再次举办全省稻渔综合种养现场培训班。通过现场观摩学习、座谈交流经验，达到了很好的示范推动效果。

（3）强化服务保障　推进落实与盘锦光合蟹业签订的战略合作协议，发挥省内方正银鲫国家级原种场及15家省级原良种场产能优势，帮助稻渔综合种养基地大户购进质优价廉的大眼幼体、扣蟹及鱼类苗种，保证苗种质量；在巩固壮大老典型的基础上，注重发现培育新典型，成立全省稻渔综合种养交流群，为稻渔综合种养大户经验交流、信息发布提供平台；与上海海洋大学等科研院校开展合作，对辽蟹与长江蟹、湖鲫与拉氏鲅等在全省稻田中的养殖效果进行对比试验，筛选出适合本省稻渔综合种养模式及养殖品种。

（4）强化舆论宣传　积极利用各类媒体平台，大力宣传稻渔综合种养技术模式和各类典型案例，提高社会影响力，增强广大稻农发展稻渔综合种养意识。一是通过报纸、电台、互联网等多种大众媒介宣传。《佳木斯日报》的《桦川县"鱼鸭稻"共育成绿色风景线》、《鹤岗日报》的《萝北县"稻田养鱼"让农民坐收"鱼"利》以及中国农业技术推广网、黑龙江日报、黑龙江农业信息网、黑龙江渔业信息网等网站的相关报道，都引起了政府极大重视和广泛社会关注。二是制作专题片。北安市乌裕尔水产养殖专业合作社的宣传片，黑龙江金海大地生态农业科技开发有限公司的《稻蟹共生好技术，有机稻米致富路》专题宣传片，以及各地通过优酷、快手、抖音等制作的各种宣传视频，都取得了较好的宣传效果。三是制作项目标牌和展示板。桦川县星火乡燎原村稻田综合种养示范区，通过制作项目标牌、种养模式展板、宣传长廊等多种形式，使稻渔综合种养走进群众的心中。

（5）强化成果转化　组织技术人员对稻渔综合种养生产绿色有机稻米进行研究、试验与示范，采用稻鱼共生、稻鱼轮作等新型种养模式，不施农药、化肥，利用生物及灯光灭虫，提高单产效益，既稳定了水稻播种面积，又提升农民种稻积极性。在保证水稻正常生长的前提下，开挖养殖沟、溜，为蟹、鱼提供栖息和摄食生长水域环境，通过保证水稻有效分蘖和有效穗数，实现稻渔互补，稻因鱼而贵，鱼因稻而精，提高了稻农收入。

七、存在问题与发展建议

一是黑龙江省地处北方高寒地区，鱼虾蟹等品种生长期短、生长速度较慢，稻渔共作中虾蟹的苗种自给率低，河蟹暂养育肥、稻田基础设施等不配套。二是部分水稻生产大县重视程度不够，缺乏系统规划和区域布局，对稻渔综合种养经济、社会、生态效益认识不深，规模化、组织化程度也不高，生产性服务业欠发达，专业化分工协作有待进一步建立，产业集群发展有待于进一步挖掘。三是稻渔产品品牌多，但重量级知名品牌缺乏，整体优质优价效应未能充分发挥；水产品供需存在季节性失衡，秋季集中上市价格不高，与池塘和大水面养殖生产结合差。四是与城郊游、乡村游结合度还有待进一步挖掘，政策扶持和资金投入力度仍然有限，生产经营主体和产业链培育激励机制还有待于进一步健全。

八、综合效益分析

（一）总体情况

1. 经济效益。 黑龙江省示范区稻田养鱼，鱼类平均亩产 30 千克；稻田养蟹，成蟹平均亩产 15 千克，扣蟹平均亩产 40 千克；稻田养鳅，泥鳅平均亩产 30 千克。稻渔综合种养不仅所产水产品增加亩均收益，而且提升了稻米品质，打造稻渔品牌，提高了稻米销售价格，稻米售价普遍高出 2 元/千克左右，稻农增收效果明显。

2. 生态效益。 推广实施稻渔综合种养模式，促使水稻种植与水产养殖形成复合生态系统，鱼、蟹等水生动物在稻田中觅食，可起到松土、除草、灭虫、防病、增温、增肥等作用，达到了水生动物与水稻共生、互利双赢目的，对降低水稻种植成本，推动农业"三减"（减农药、减除草剂、减化肥）具有重要意义。据测算，全省稻渔综合种养示范区农药及除草剂施用量平均减少 41%，化肥使用量平均减少 32%，取得明显生态效益。

3. 社会效益。 一是提高了稻渔产量、品质及安全水平，增强了黑龙江省水稻和稻渔水产品的市场竞争力，其中河蟹成功打入中国香港市场。二是稻鱼、稻鳅和稻蟹的大面积推广，优化了水产养殖品种结构。三是稻渔综合种养与单一种植水稻相比投入产出比明显提升，显著增加了农民收入，带动了农民就业。稻渔综合种养模式还实现了"一水两用，一地双收，一季双赢"。四是带动了包装、物流、饲料加工、物资等相关产业的发展。项目成果的推广应用，有利于积极发展种养加销一体的产业化经营方式，有利于农村新型经营主体培育、加工流通体系的建立和休闲农业的发展，促进一二三产业融合，为新农村建设和发展建立产业基础。

（二）不同模式综合效益分析

综合效益调查结果显示，黑龙江省 4 种主要共作模式与对照组（周边地区同等条件水稻单作）相比，水稻产量保持持平。其中，稻蟹共作（扣蟹培育）模式增效最为显著，较对照组增效 615 元；其次为稻蟹共作（成蟹养殖）模式，较对照组增效 415 元；第三为稻鳅共作模式，较对照组增效 405 元；最后为稻鱼共作（鲤鱼、鲫鱼）模式，较对照组增效 315 元。

黑龙江省水产技术推广总站

张澜澜

上海市稻渔综合种养
产业发展报告

一、基本情况

近年来，上海市结合地域优势，通过本市各级政府的项目资金支持以及水产技术推广部门开展的相关技术集成、示范和推广。上海市稻渔综合种养主要分布在嘉定、金山、奉贤和崇明四区。

二、技术模式发展情况

上海市稻渔综合种养以稻虾综合种养模式为主，而稻虾综合种养又分为稻虾轮作和稻虾共作两种模式。2022 年，上海市稻虾综合种养总面积为 1 635 亩，小龙虾产量近180 吨。

三、组织化、产业化发展情况

上海市本次调研的稻虾养殖主体中，主要的经营组织形式是合作社，有 2 家经营主体是示范基地，但经营主体的产业化发展有待提高。稻虾综合种养模式使得经营主体在种植水稻的方式上更加生态化，减少了化肥和农药的使用，稻米的品质得以提升，售卖价格提高。经营主体虽然均创建了自己的稻米品牌，但受限于经营规模，稻米的品牌营销投入较低，品牌社会知名度较小，且加工和销售等下游的产业链没有很好地构建，许多销售渠道还是传统的模式，故虾稻米的品牌价值开发还存在短板。目前，各区政府通过举办"文化节"和专题报道等形式提升相关品牌的知名度，经营者也逐步开始利用新销售方式来提升自己的品牌知名度，增加销售量，创造更大的收益。

四、科研和技术推广情况

上海市稻虾种养以传统的稻田开沟形式为主，开沟占比不超过 10％。稻虾综合种养模式，即在水稻田中进行小龙虾养殖，在不影响水稻种植的同时，稻田养殖小龙虾增加了稻田的收益，实现了"一田双收"的目标。近年来，稻虾综合种养模式不断被水稻种植经营主体了解和接纳，推广辐射范围逐渐扩大。上海传云蔬菜种植专业合作社联合上海市水产技术推广站在稻虾综合种养的模式下，摸索并开创了稻田不开沟，仅利用原有稻田中纳水渠的稻虾模式；同时，采用"稻虾轮作＋共作"模式，即在稻虾轮作田中进行小龙虾成虾养殖，在稻虾共作田中进行繁殖亲本养殖及虾苗繁育，并为轮作田中提供虾苗。"稻虾轮作＋共作"模式不仅节约了成本，同时生产水稻和小龙虾大大增加了稻田的收益。2021年，上海市农业农村委员会的科技兴农项目通过审批并于2022年立项了上海传云蔬菜种植专业合作社的"'双稻三虾'综合种养模式研究与示范"项目，通过项目经费支持，促进上海市稻虾综合种养的创新，从而推动上海市稻虾产业的发展。

五、综合效益分析

调查结果显示，上海市稻虾养殖总的收入为 2 842.26 万元。其中，稻虾轮作模式总收入为 1 168.40 万元，稻虾共作模式总收入为 1 673.86 万元。稻虾轮作亩均净收益为 2 918.33元，稻虾共作亩均净收益为 6 106.61 元，对照组（周边地区同等条件常规水稻单作）亩均净收益为 298.75 元。

上海市水产技术推广站

祖露

江苏省稻渔综合种养产业发展报告

一、基本情况

2022 年江苏省稻渔综合种养面积 333 万亩，水产品产量 39.26 万吨。其中，淮安市种养规模最大，约占全省总量的 45.31%；宿迁市次之，占比为 27.92%；种养面积超过 1 万亩的还有连云港、盐城、徐州、扬州、南京。

二、技术模式发展情况

（一）主要种养模式

江苏省稻渔综合种养模式有稻虾、稻蟹、稻鱼、稻鳖、稻鳅、稻鳝等，其中稻虾、稻蟹、稻鱼模式为主要种养模式。

1. 稻虾综合种养模式。稻虾综合种养是江苏省主要稻渔种养模式，小龙虾总产量 19.69 万吨，全省均有分布，主要集中在淮安、宿迁、盐城、连云港、徐州等地区。

（1）稻虾连作模式　也称"一稻一虾"模式，该模式又分秋放和春放两种方式。秋放，通常在 8—9 月，按 5～10 千克/亩投放平均规格 30 克/尾以上的种虾于稻田环沟内，水稻收割后（10—11 月）上水种草，适当投喂，翌年 3 月中下旬到 4 月初开始捕捞虾苗上市，平均亩产虾苗 100～150 千克；春放，在 3—4 月，按 4 000～6 000 尾/亩投放规格 200～400 尾/千克的优质虾苗，经过 30 天左右的养殖培育便可起捕上市，平均亩产规格 30 克/尾以上的商品虾约 100 千克。6 月初小龙虾养殖结束，开始插秧种稻，对水稻产量影响较小。

秋季投放种虾模式是传统种养模式，该模式操作简单，技术要求不高，投入少，但商品虾规格小，可控化程度低，产量不稳定，病害多，养殖风险相对较高。2019 年伊始，随着小龙虾苗种市场行情低迷，广大养殖户开始认识到提高小龙虾养殖规格是增加效益的有效途径，逐步接受春季放苗模式。目前，春季放苗模式已在江苏省普遍推广，其技术要点为苗种放养前须清除田中残留虾；此外，该模式下稻田可以不挖环沟，仅筑高堤埂，但需满足能排干田中水，小龙虾养殖期结束时需将田中残留虾全部清除。

（2）稻虾连作兼共作模式　也称"一稻两虾"模式。该模式下稻田工程要有环沟，环沟面积控制在 10% 以内。在 5 月中旬将"稻前虾"捕捞后，及时彻底清塘，5 月底至 6 月初再次按 3 000～4 000 尾/亩投放规格 5 克/尾以上的虾苗于环沟内暂养，苗种放养后需做好饲料投喂和水质管理。6 月中旬完成水稻移栽（最好大苗宽行宽株移栽），待秧苗活棵后，提升水位，将小龙虾赶入稻田，进行稻虾共作。水稻施肥的原则为"基肥为主，追肥为辅"，追肥少量多次，禁止使用颗粒状高浓度复合（混）肥，提倡使用稻虾共育专用肥。

由于稻虾共作养殖正值夏季高温季，水温易达到 30℃ 以上，此时小龙虾食欲不振，生长速度减缓，甚至因应激反应开始打洞夏眠，因此该模式下商品虾产量不高，为 30～50 千克/亩。

2. 稻蟹综合种养模式。稻蟹综合种养为全省第二大种养模式，主要分布于宿迁、扬州、盐城、无锡、徐州等地区。

稻蟹模式下稻田工程要有环沟，环沟面积控制在 10% 以内。环沟预先移栽水草，水草首选伊乐藻、轮叶黑藻等，并注意疏密搭配，总面积占环沟的 75% 左右。待稻田插秧后，根据气温、供水条件等选择规格整齐、体质健壮、体色光泽、无病无伤、附肢齐全，特别是蟹足指尖无损伤，体表无寄生虫附着，规格为 150 只/千克的扣蟹按 300～500 只/亩投放到稻田。根据水温和摄食情况，遵循"四定"原则进行投喂。按照春浅、夏满、秋勤的原则及时调水，注意换水时间和换水量，确保水温变化幅度不大。日常管理应做到"六查、六勤"：一查河蟹的生命活动是否正常，勤巡田；二查稻田水体的溶解氧，勤做饵料台的清洁卫生工作；三查稻田内是否有河蟹的敌害生物，勤清除敌害；四查稻田内是否有软壳蟹，勤保护软壳蟹；五查河蟹是否患病，勤防治河蟹的疾病；六查稻田的防逃设施，勤维修保养。

3. 稻鱼综合种养模式。稻鱼综合种养水产品总产量 4 412.5 吨，水稻总产量 1.95 万吨，主要分布于连云港、南京、苏州、泰州等地区。

稻鱼模式下稻田开设鱼沟，宽 0.8～1.0 米、深 0.5～0.8 米，占稻田总面积的 10% 以内，面积大的稻田开挖成"井""田""目"字形，小的则开成"日""十"字形。鱼凼一般建在田中央或者田对角，鱼凼占总面积的 5%～10%，深 1.0～1.5 米，形状可为正方形、圆形或椭圆形，四周侧面硬化护坡。待秧苗返青后即可选择草食性的草鱼、鳊鱼，杂食性的鲤鱼、鲫鱼、罗非鱼，以浮游生物为饵的鲢鱼、鳙鱼、鲮鱼进行苗种投放。苗种放养后做好投喂管理、水质管理和日常管理。

（二）养殖新技术模式——繁养分离

近年来，随着稻虾综合种养规模的扩大，养殖业竞争加剧，不同规格、不同品质成虾的市场价格差距逐年扩大。2020 年开始，江苏省大力推广小龙虾"繁养分离"的技术模式，将苗种繁育和商品虾养殖人为分开，一般按照 1∶（5～6）设置专用繁育区和专用养殖区，实现从"一次放苗、多年养殖"逐步向苗种"定量放养"转变，从"大养虾"向"养大虾""养优质虾"转变，从增产导向向提质增效导向转变，提升小龙虾繁育效率和成品小龙虾的规格品质，增强养殖生产的可控性，养殖产量稳定，养殖效益提升显著。

三、组织化、产业化发展情况

江苏省已建成一批标准规范、特色鲜明的稻渔综合种养示范区及示范基地。其中，千亩连片以上种养示范基地 247 个，百亩连片以上的有 675 个，多个县（市、区）被确定为"省级稻渔综合种养示范县"。连云港市东海县江苏瑞沃农业开发有限公司、淮安市盱眙小河农业发展有限公司、宿迁市泗洪县环宇粮食种植家庭农场、盐城市盐都区七星现代农业发展有限公司、徐州市沛县湖西农场等 5 个基地被农业农村部授予"国家级稻渔综合种养示范区"称号。

产业发展离不开强有力的品牌支撑，全省各地积极推进品牌建设。2023 年，"盱眙龙虾"品牌价值达 353.12 亿元，彰显出"盱眙龙虾"在品牌影响、产业提升和市场拓展方面的巨大潜力，并于 2021 年被农业农村部授予农产品地理标志证书。"金湖龙虾"注册地理标志集体商标，目前"金湖蒜泥龙虾"全国加盟店近万户。在种养品种产业品牌的引领下，还涌现出一批各具特色的企业品牌。例如，"小河农业""金谷湾""湖西渔乡"等养殖品牌；"淮河小镇""许建忠调料"等加工品牌；"泗州城""红富贵"等电商品牌；"太明""红胖胖"等餐饮品牌。

稻渔综合种养培育出的稻米因品质显著提升，也创建了一批区域内认可度高的稻米品牌。例如，南京市的"三合圩"，无锡市的"禾联盛"，徐州市的"徐垦""合乐祥源"，常州市的"前黄"，苏州市的"鸿屹"，南通市的"远润"，连云港市的"虾稻源"，淮安市的"盱眙龙虾香米""仙灯湖""湾塘谷"，盐城的"七星谷虾粳香"，扬州的"龙禾"，泰州的"隔壁香"，宿迁的"鸿丰""城头虾之源"等。其中，"徐垦"等品牌获得了有机食品认证；"盱眙龙虾香米"更是先后荣获全国优质渔米评比推介活动金奖、"江苏好大米"十大品牌等称号，并获袁隆平院士亲笔题字"盱眙龙虾香米、生态优质大米"，深受消费者喜爱，回购率非常高。

秉承乡村振兴、绿色发展理念，江苏省大力推进稻渔综合种养提质增效，构建稻渔综合种养产业链，逐步实现一二三产业融合。江苏省各地涌现出一大批田园综合体，集稻田养殖、垂钓娱乐、旅游观光、特色餐饮于一体，实现绿色循环农业和乡村振兴结合、产业发展和生态保护协调，是传统渔业产业功能和生态链延伸的一种新表现形式，真正实现了一二三产业的融合。例如，徐州市睢宁县魏集镇田园综合体通过统一品种、统一管理、统一服务、统一销售、统一品牌，开展稻蟹种养，并以稻蟹文化为平台，已举办三期"稻蟹丰收节"，带动乡村旅游发展，对当地精准扶贫作出了积极贡献。依托"盱眙龙虾"的品牌效应，淮安市在稳步推进稻虾综合种养模式的同时，积极加快小龙虾二产产业布局，并在小龙虾产品深加工上下功夫、做文章，不断提升市场竞争力。经过多年发展，淮安市围绕"十三香""蒜泥"小龙虾餐饮需求形成了一系列加工产业链，成长起一大批以小龙虾调料、熟制速冻小龙虾、小龙虾饲料以及"龙虾香米"为主的加工龙头企业，其中小龙虾饲料企业 10 余家，年产饲料 20 余万吨，产值达 9.4 亿元；熟制速冻小龙虾加工企业有泗州城、淮河小镇、恒旭科技等 21 家，年产整只加工与成品速冻小龙虾 11 942 吨；小龙虾调料生产厂家近 50 家，年产调料 1.46 万吨，产值超过 4 亿元；"龙虾香米"加工企业 31 家，产值 6 700 万元。

四、科研和技术推广情况

稻虾综合种养作为江苏省稻渔综合种养产业的重要支撑，2015 年以来省农业主管部门不断加大对小龙虾、稻渔综合种养项目的扶持力度，陆续开展养殖模式创新、水稻品种筛选、小龙虾抱籽虾规模化生产技术、小龙虾苗种专池繁育技术、小龙虾繁养分离技术、稻田小龙虾苗种早繁技术、稻虾轮作、共生技术等领域的研究，为产业发展提供必要的技术支撑。2015 年，组织实施了省水产三新工程——稻虾共作技术集成与示范项目；2017 年，组织实施了省水产三新工程——稻渔综合种养技术研究与集成示范项目；2019 年，组织实施了省农业重大技术协同推广试点——特色水产产业（稻田综合种养）项目；2020 年，组织实施了亚夫科技服务——盱眙县稻虾产业综合示范与服务体系建设项目。此外，2017 年，盱眙县龙虾产业集团成立了张洪程院士工作站；2018 年，龙虾产业集团与中国水产科学研究院淡水渔业研究中心联手，成立了盱眙龙虾种苗繁育科研示范基地。

江苏省在大力开展相关技术研究的同时，积极推广研究成果，每年组织相关培训 6 000 人次以上；编印了《江苏省稻虾共生综合种养技术手册》，以图文并茂的方式让种养户一看就懂、一学就会；编制了稻虾综合种养相关地方标准 8 项，在全省范围内推广标准化生产；"稻渔生态高效综合种养技术集成与示范推广"项目获第九届江苏省农业技术推广奖一等奖；组建了江苏省稻虾综合种养技术服务专家组，为全省稻虾综合种养产业发展提供了强有力的技术支撑。

五、产业政策

江苏省各级政府高度重视稻渔综合种养产业的发展，将其作为新形势下深化农业供给侧结构性改革、农业产业精准扶贫和实施乡村振兴战略的有效抓手，并列为农业农村重点考核指标，通过政策、资金支持，扎实推进稻渔综合种养产业的良性发展。

2016 年起，镇江市市财政支农项目资金对稻渔综合种养项目进行奖励，补贴标准为 600 元/亩。淮安市级财政连续数年从市现代农业"4＋1"专项资金中给予稻渔种养户 300 元/亩的扶持，并每年从市现代农业发展引导资金中针对稻虾综合种养给予 1 000 万元的专项扶持，市委市政府于 2018 年 12 月印发《淮安市百万亩稻虾综合种养推进行动方案》，计划到 2023 年，全市实现稻虾综合种养 100 万亩。

2019 年 11 月 26 日，江苏省农业农村厅、省自然资源厅、省水利厅联合在盱眙召开全省稻田综合种养工作推进会，会议要求各地把稻田综合种养工作作为发展现代农业的重要内容，全面落实好稻田综合种养各项工作。联合印发了《关于加快推进稻田综合种养发展的指导意见》（苏农渔〔2019〕29 号），规划了各设区市稻田综合种养的发展目标；成立了三个厅厅长为组长、各分管厅长为副组长的"江苏省稻田综合种养发展工作推进协调小组"；同时成立了"江苏省稻田综合种养模式专家指导组"；印发了《江苏省稻田综合种养技术要点》。专家指导组办公室设在江苏省渔业技术推广中心，负责配合技术指导专家开展工作，促进全省稻田综合种养健康发展。

六、主要做法和经验

淮安市盱眙县作为江苏省稻渔综合种养产业的示范标杆县，其多项做法值得全省推广与借鉴，以其为例作介绍：

（一）聚力稻虾共生，做大产业

盱眙县先后制订《稻虾共生扩面提质增效行动方案》《盱眙县现代农业和龙虾产业发展扶持引导资金管理办法》等政策文件，高位推动盱眙龙虾产业发展。通过县财政每年安排 1 500 万元专项扶持资金、农商行"稻虾（莲）致富贷"、人寿保险龙虾养殖险等措施，构建涵盖政府、银行和保险的立体金融支撑，切实为种养大户提供资金支持和风险保障。通过实施"一村一镇一片区"农村宅基地自愿有偿退出、高标准农田建设等扩面提质增效工程，对稻虾共生田块进行基础设施改造，保障产业发展。

（二）聚焦产业融合，做强产业

盱眙从事小龙虾养殖、加工、餐饮、运输、销售人员已达 20 万人。2020 年，盱眙小龙虾全产业链产值达 171.44 亿元，衍生出龙虾相关加工企业近 50 家，形成了百亿元级产业规模。与此同时，盱眙县大力发展"互联网＋盱眙龙虾"产业模式，全方位推动盱眙龙虾与淘宝、京东、苏宁易购三大电商平台合作。截至目前，全县拥有盱眙龙虾各类网店近 2 000 家，有一定规模的盱眙龙虾电商企业近 30 家，从业人员 5 000 余人。

（三）强化科技保障，做优产业

一是加强苗种繁育。苗种繁育是小龙虾产业发展的重要基础，2016 年，建成 1.5 万亩的洪泽湖国家级小龙虾种质资源保护基地。同时，大力开展小龙虾稻田生态繁育，推广繁养分离养殖模式，有效解决了小龙虾苗种供应问题。二是加强新技术研究。深化与高校科研院所合作，县里先后建立了扬州大学张洪程院士工作站、上海海洋大学博士后工作站等，与中国水产科学研究院淡水渔业研究中心共同组建龙虾产业研究院，联合攻关稻虾共生综合种养难题。三是加强人才培育。创建龙虾创业学院，开展龙虾养殖、龙虾烹饪和龙虾电子商务等全产业链教育教学工作，同时大力实施"乡土人才"培育计划，造就了一大批"田秀才"和"土专家"，带动更多的从业者走上了富裕之路。

（四）注重品牌培育，做精产业

一是推广绿色清洁生产。主推"稻虾共生"模式，全程不使用化肥农药，较好地实现了生态优先和绿色发展新成效。盱眙县沿洪泽湖大道 30 万亩稻虾共生综合种养获批创建国家级绿色食品原料标准化生产基地，黄花塘镇 15 万亩稻虾共生综合种养获批创建省级绿色优质农产品原料基地。二是开展龙虾质量溯源体系建设。完善稻虾共生技术规程，推行小龙虾标准化生产，实现了小龙虾养殖、加工、销售环节的全程保质、保真、可溯源管理。三是节庆文化带动。经过近 23 年发展，"中国·盱眙国际龙虾节"创造了 30 余项"第一"和"唯一"，龙虾节的举办不仅拉动了消费和盱眙经济发展，也进一步提升了"盱眙龙虾"品牌的知名度和影响力。四是狠抓品牌建设。"盱眙龙虾"经过二十几年来的不断培育，先后获得"中国驰名商标""中国地理标志保护产品"等几十个国家级品牌荣誉，牢牢占据国内水产品牌前列。

七、存在问题与发展建议

(一)存在的问题

1. 养殖单位存在的问题与困难。 随着稻渔综合种养关注度日益提升,种养户积极性也越来越高,但是目前大部分的种养主体经营规模偏小,地域布局分散,土地流转缓慢导致产业化、规模化发展存在难度,影响产业发展进程。

苗种是支撑产业发展的基础,对于小龙虾、甲鱼等种养品种,种养户在引进种养苗种后会自行留亲本繁殖,部分种养户为了降低养殖成本,对亲本选育不严格,造成种质退化。如果是异地购苗,苗种质量参差不齐,再加上运输时间长,成活率得不到保证,影响综合效益。

稻渔综合种养减少稻田化肥和农药的使用,产出的稻米绿色无公害,种养品种味美质优,具有很大的市场潜力。但由于种养户品牌意识缺乏、营销手段滞后,在交易中话语权相对较弱,效益减少,同质竞争现象严重,其市场尚未完全打开。

2. 管理部门存在的问题与困难。 稻渔综合种养是一种种养结合、稻渔共生、稻渔互补的生态农业种养模式,既改善了生态环境,又能达到"一水两用、一田双收、稳粮增收、效益同增"的效果。在实际生产过程中,由于水产品种价格高,经济效益远高于水稻,部分种养户出现"重渔轻稻"的现象,坑沟开挖比例超标,挤占了水稻生长空间,甚至部分种养户存在不种植水稻的现象,为后续管理增加了难度。

稻渔综合种养是"稻田+综合种养"模式,如果由渔业部门来管理,则在管理过程中存在管理部门与管理内容不匹配的问题,目前江苏省有部分县(市、区)是由种植业管理科室负责稻渔综合种养的相关事宜。

3. 综合种养技术方面存在的问题。 稻渔综合种养收益可观,又有利于生态环境保护,随着种养规模的扩大,急需大量既懂水稻种植又懂水产养殖的技术人才。此外,种养人员老龄化现象突出,部分种养户技术、条件不成熟,盲目发展稻渔综合种养,影响稻渔综合种养健康持续发展。

4. 相关政策、法规配套衔接的问题等。 目前,农村土地流转速度还远远落后于市场经济发展速度,缺少相关政策、法规的有效引导。此外,开展稻渔综合种养须对稻田进行专业改造,在与自然资源、生态环境等部门进行沟通时,除农业农村部制定的《稻渔综合种养技术规范》外,还缺少必要的参考依据,导致部分地区工作推进上畏首畏尾,阻碍了稻渔综合种养的发展。

(二)发展建议

1. 政策层面。 建议整合协调部门资源,优化产业布局,把发展稻渔综合种养同标准良田建设、农田水利基础设施建设等农田改造结合起来,同"菜篮子"工程建设结合起来,从土地流转、农田水利、田间工程等环节制定扶持措施。加大资金投入,对于参与稻渔综合种养模式的主体的基础设施建设、种苗供应以及技术服务等关键环节给予支持。

2. 管理层面。 一是要坚持规范发展,农业农村和自然资源部门要理清在稻渔综合种养中的管理职责，避免存在监管盲区或多头监管，引导产业良性发展。二是明确稻渔综合种养前期挖沟取土时涉及的土地耕作层深度和范围，稻渔综合种养不同于其他的设施农业，不仅不会破坏耕作层，而且可以增加土壤肥力，改良土壤环境。三是遵循市场规律，尊重主体意愿，合理宣传引导，根据实际情况合理选择种养模式，避免盲目跟风，出现增产不增收的情况。

3. 技术层面。 推进科研成果向田间转化，不但要研究、推行品质优良的种养品种，还必须强化技术服务意识，加大精通稻渔综合种养技术的复合型人才培养力度，加强对县、乡镇级推广人员的培训，强化种养户解决技术难题的能力。加强种苗配套建设，推进繁养分离技术。科研院所提供技术支持，引进社会资本，按推广规模配套建设种苗繁育场，保障优质种苗供应；同时大力推广小龙虾繁养分离技术，扭转养殖户多年的思维定式，保障养殖效益。

4. 市场层面。 加快一二三产业融合发展，整合多方资源，积极注册商标，着力建立地方或区域性特色品牌，对农产品进行专业认证。通过电商、微信等模式拓宽农产品销售渠道，开发"稻＋"旅游产业和举办"稻＋N"节等，不断扩大品牌影响力，提升品牌潜在价值。对接有关媒体，借助名人影响力，通过拍摄稻渔综合种养科普宣传片，双管齐下将稻渔综合种养产业传播出去。

八、综合效益分析

稻渔综合种养通过在进行水稻种植的同时，加入水产品的养殖，从而优化稻田生态系统的结构与功能，实现了粮渔共赢，其生态效益明显。水产品在稻田内的活动，可以达到松弛土壤的效果，其排泄物和残饵还有利于土壤的培肥；同时，水产品摄食水稻害虫、杂草草籽等，对稻田起到除虫、除草的效果，减少了水肥管理及病虫害防治的工作，从而降低了病虫害的化学防治带来的农药残留问题。以盱眙县黄花塘镇时集村的调查结果为例，结果显示：2～3 年的稻虾种养田块，施 45％ 三元复合肥 15 千克/亩，氮肥少量施用或不用，产稻谷 550～600 千克/亩，比种养前复合肥节省 5～10 千克/亩，尿素节省 10～15 千克/亩。小龙虾养殖期间，田间杂草及二化螟、大螟等在稻桩内越冬的害虫，或被水淹死或被小龙虾摄食，杂草发生量和越冬害虫基数大量减少。水稻种植期一般不用除草剂，害虫防治选用安全性好的农药或生物农药，如康宽、井冈霉素等，防治 1～2 次，比常规稻田用药次数减少 50％ 左右。

江苏省渔业技术推广中心

盖建军

浙江省稻渔综合种养
产业发展报告

一、基本情况

截至 2022 年底，全省稻渔综合种养推广面积达 87.59 万亩，水产品产量 16.16 万吨，遍布除舟山以外的 10 个地市。湖州、丽水、温州、嘉兴、衢州等地推广面积较大。

二、技术模式发展情况

全省实施稻渔综合种养的主要模式有稻鳖共生、稻-田鱼共生、稻小龙虾共生＋轮作、稻蛙共生、稻青虾轮作及稻-红螯螯虾、稻螺、稻蟹等。

从各模式近年发展情况分析，稻鳖共生是稻渔综合种养所有模式中效益最好的，但也是投入最大的，养殖管理技术难度较高，养殖周期长、回报慢，因此发展的速度并不快，保持在 2 万亩左右，湖州德清、嘉兴秀洲、杭州桐庐、宁波余姚等地是稻鳖共生的主要发展地区。

稻-田鱼共生模式在丽水青田、温州永嘉等地一直属于传统种养结合模式，是非物质文化遗产。除了提升种稻效益外，更多因其文化传承的属性而闻名，受市场接受程度限制，该模式产品的主要消费地区还是以本地为主，省内其他地区有零星销售。

稻小龙虾共生、轮作、共生＋轮作模式是目前全省稻渔综合种养发展速度最迅猛的模式，从 2018 年开始，经过几年的发展实践，不开沟不破坏耕作层的稻小龙虾轮作模式越来越被广大种养户所接受。2021 年，稻小龙虾各类模式总面积已达 20 万亩，因小龙虾市场的持续火爆，该模式在未来还将引领浙江省稻渔综合种养模式的持续发展。

除上述模式外，近年来省内各地也发展了新兴的稻渔综合种养模式，如"一稻两虾"模式，分为"稻-小龙虾＋罗氏沼虾"模式和"稻-小龙虾＋红螯螯虾"模式。相比传统的稻小龙虾模式，"一稻两虾"模式充分考虑小龙虾与罗氏沼虾、红螯螯虾养殖的时间、空间差异，突出对稻田资源的高效利用，通过上半年开展小龙虾养殖，下半年开展稻-罗氏沼虾（或红螯螯虾）共作，进一步提高种养综合效益。2021 年，嘉兴平湖市"稻-小龙虾＋罗氏沼虾""稻-小龙虾＋红螯螯虾"试验点亩利润分别达到 5 424 元、8 772 元，是常规稻小龙虾模式效益的 2 倍、3 倍。稻蛙共生模式，养殖对象以牛蛙、黑斑蛙为主，2021 年浙江省稻渔综合种养省级示范基地稻蛙共生亩均产值达 1.8 万元，亩均利润8 000

元，已经超过稻鳖共生的平均效益，成为稻渔综合种养发展新的经济增长点。

三、组织化、产业化发展情况

（一）示范创建带动产业发展

2019 年底，浙江省出台《浙江省稻渔综合种养百万工程（2019—2022 年）实施意见》，开展了省级稻渔综合种养重点示范县和示范基地建设工作。截至 2021 年底，经县级自愿申报、市级审核、专家组现场验收和省厅审核，确定温州永嘉县、湖州吴兴区、南浔区、长兴县、德清县、安吉县，嘉兴秀洲区、海盐县，金华永康市，衢州江山市、青田县等 11 个县（市、区）为省级稻渔综合种养重点示范县；杭州昊琳农业开发股份有限公司等 118 家单位为省级示范基地。通过新建一批稳产高效、生态循环、标准规范、特色鲜明的示范样板，充分发挥示范引领作用，推动全省稻渔综合种养向标准化、规模化、集约化发展。通过 2 年的建设与示范，11 个重点示范县因地制宜，形成了以吴兴区、南浔区、长兴县、安吉县、海盐县、永康市、江山市的稻小龙虾模式，德清县的稻青虾模式，德清县、秀洲区的稻鳖模式，青田县、永嘉县、江山市的稻鱼模式为主导模式的发展局面，累计辐射推广面积 35 万亩，约占全省稻渔综合种养面积 63.5%。118 家省级示范基地开展了稻虾、稻鱼、稻鳖、稻蛙、稻螺、稻蟹、稻鳅等模式的试验示范，核心示范面积 3.84 万亩，共创建水产品品牌 19 个、稻米品牌 91 个；基地水稻亩产量 341～1 089 千克，肥药双减 50% 以上，亩利润 3 000～18 000 元。稻渔综合种养的推广，对于稳定粮食生产、保障农产品有效供给、推进化肥农药减量增效、促进农民增收，发挥了积极的作用。

（二）产业融合发展良好

浙江省湖州、嘉兴、衢州等市产业融合发展良好，走在全省前列。湖州市长兴县注册稻渔产品相关品牌商标 11 个，积极培育"长兴鲜"区域公用品牌，按照"1＋N"的发展模式，授权长兴银丰家庭农场、浙江兴万家生态农业发展有限公司等稻渔综合种养主体使用；大力宣传稻渔品牌，充分利用省农博会、上海农展会、市农展会等农产品展示推介和农事节庆活动，加大稻渔品牌全方位、多维度深入宣传推介，提升稻渔品牌知名度和价值效应。其中，长兴银丰家庭农场的"银耕大米"获"2018 浙江好稻米"称号，小龙虾荣获"2019 浙江农业之最小龙虾擂台赛"二等奖。结合农民丰收节、龙虾节、厨王争霸赛等本地特色节庆，推动稻渔与创意农业、休闲旅游、餐饮等二三产业融合发展。

湖州市南浔区整合资源，多举措促进产业融合。整合稻渔综合种养生产资料供应、经营管理、产品加工等全产业链，形成有机结合、相互促进、多元共赢的稻渔综合种养产业化机制，通过对未来休闲农业、美丽田园打造，融入创意农业、数字农业和农旅结合元素，加快稻虾产业与美食餐饮、特色民宿、休闲观光等旅游业充分融合，以旅游带动产业发展。石淙镇的龙虾节、南浔古镇的虾客大会等小龙虾农事节庆，火爆整个夏季，来游玩参观的游客络绎不绝，年接待游客量超过 80 万人次。"浔味堂"等加工企业，直接结对稻虾生产基地，与其签订采购合同，把南浔小龙虾运到全国各地的餐桌上，既拓展了稻渔综合种养产业功能，又推进生产、加工、流通、休闲与美丽乡村建设衔接融合。

嘉兴市秀洲区，大力打造稻渔产品品牌。目前，共有稻渔相关产品商标 17 个，并积极培育以全区"绿秀洲"农业区域公用品牌引领、行业"秀水渔米""秀水稻鳖"品牌主打、"凌阿伯"等农业特色品牌纷呈的母子品牌共同推进格局。其中，秀新生态农场的稻鳖共生模式荣获"2018 年全国稻渔综合种养模式创新大赛"一等奖，"灵心"品牌生态鳖荣获 2019 年省农博会优质奖。另外，构建稻渔种养合作平台和产后服务体系，推动三产融合发展，分别于 2018 年和 2019 年成立嘉兴市秀洲区稻渔种养产业协会和秀洲区新塍镇灵心稻渔种养专业合作社。两大平台的成立为做大做强稻渔种养产业提供了施展平台，联系起了一批有志于发展稻渔综合种养事业的种粮大户和水产大户。平台搭建后，通过养殖生产统一监管、市场信息资源共享、农技农机统一安排使用，在农产品的产、供、销各个阶段，为社员提供包括资金、技术、生产资料、经销渠道等在内的社会化服务，实现农业产业化经营，最大限度地实现了农民集体的共同利益，使农业产业链得到充分延伸。为切实解决周边农户的产品销路问题，秀洲区对自有销路的农户，对接大米加工企业为其进行稻谷低温烘干、大米精加工、真空包装等，为其销售前做好服务；对没有自有销路的农户，联合金福米业、日月米业等本地加工企业以高于平均市场价 30% 的收购价直接收购其稻谷，确保农户种得好、销得好，真正做到"做给农民看、教会农民干、帮着农民赚"。同时，结合农民丰收节、王江泾荷花节、渔文化节等本地特色节庆，推动稻渔与创意农业、休闲旅游、餐饮等二三产业融合。2020 年，新塍润烽生态农场先后组织开展插秧体验、水稻收割体验等创意农事体验活动，让广大群众了解稻渔共生产业。王江泾荷花节组织龙虾王评比以及小龙虾厨艺大赛等活动，积极推广稻渔共生产业。

嘉兴市海盐县积极挖掘稻渔潜力、广泛推动稻渔三产融合发展。拥有海盐县百胜农场优质稻米加工中心、海盐县华星农场优质稻米加工中心、通元标丰农场烘干中心、新四季烘干中心等组织，成立"海盐县小龙虾交易市场"，促成县稻虾产业协会与县甘泉坊美食城签约、杭州市高拿餐饮管理有限公司与嘉兴市稻虾农业有限公司签约，推进稻渔产品的加工销售；还成功举办海盐县"稻田龙虾文化节"、海盐"好稻米"品鉴会，承办嘉兴市龙虾王争霸赛、域内各镇（街道）也积极举办稻虾相关节日，拍摄《龙虾王诞生记》微电影，有力地推动了与第三产业的融合发展。县区域内稻渔综合种养经营主体亩均利润与同等条件下水稻单作相比提高 1 倍以上，亩均增加利润 2 000 元以上。

衢州江山市发掘渔业文化内涵，拓展渔业产业链，促进产、加、销、游一体化，促进三产融合发展，全面提升稻渔种养核心竞争力，实现稻渔种养产业绿色健康发展。江山市稻渔综合种养重点乡镇——大桥镇，2019—2020 年连续举办"稻鱼丰收节"活动，2020 年 10 月又举办了"稻花鱼烹饪比赛"。大桥镇稻渔文化开展得有声有色、深入人心，在集镇、村庄、道路两侧、公交车候车亭、稻田等场景中布置了很多稻渔雕塑、墙画、稻艺等，"赏民俗风情、品舌尖美味、庆稻渔丰收"成为该镇休闲旅游的重头戏。通过稻田摸鱼、稻田餐厅等稻渔文化展示和趣味赛事，充分展示农民群众辛勤劳动的成果、农民丰收的喜悦以及农民崭新的精神风貌。江山市项霞农场、江山市笠渔农场积极开展创意农业、"稻田画"，进一步推动农业多功能拓展和产业链延伸，加快一二三产业融合互动和农业新经济发展，打造农业发展新引擎，拓展农业发展新空间，构筑农业发展新动能。

（三）品牌建设成效显著

近年来，浙江省积极培育优质大米新品牌，引导扶持合作社和种粮大户着力打造品牌，把稻鱼共生的大米"绿色、生态、优质、安全"理念融合到品牌宣传、包装和设计中，全省现有稻渔综合种养产品品牌 193 个，其中稻米品牌 115 个、水产品品牌 78 个。结合全国"稻渔综合种养模式创新大赛和优质渔米评比推介活动"、省农博会等活动和展会，加以重点宣传推介，有效提升了产业品牌价值。2019 年省农博会上，省农业农村厅专门设计了稻渔产品展销专区，组织知名主体和稻渔品牌开展集中展示与销售，取得了良好的社会反响。2016 年至 2021 年在全国稻渔综合种养模式创新大赛和优质渔米评比推介活动中，浙江省企业累计获得模式创新特等奖 2 项、一等奖 2 项、二等奖 3 项和三等奖 1 项，优质渔米金奖 15 项、银奖 6 项、绿色生态奖 9 项。2018 年 3 个渔米品牌荣获"2018 浙江好稻米"十大金奖产品；"2019 年浙江好稻米"评选中，2 家开展稻渔综合种养业主的稻渔米获得"十大金奖产品"荣誉；"2020 年浙江好稻米"评选又有 3 家稻渔米获金奖，4 家获优质奖。

四、科研和技术推广情况

2018 年，省水产技术推广总站首次联合省种植业管理局印发了《关于联合开展新型稻渔综合种养示范推广工作的通知》，实现了近 30 年来全省农渔两个推广系统首次联手推进稻渔综合种养发展行动；2019 年，省水产技术推广总站再次与浙江省农业技术推广中心联合印发《2019 年新型稻渔综合种养示范推广工作方案》，创建省级新型稻渔综合种养示范基地 25 家，核心示范面积 9 500 亩；两家单位汇编完成稻渔综合种养技术彩书一套四本（稻鳖、稻青虾、稻小龙虾、稻鱼等四种模式），印刷制作 4 000 册向全省免费赠阅，受到普遍欢迎和好评。2019 年 10 月底，两家单位在嘉兴海盐县组织召开稻渔综合种养培训暨现场观摩会，全省 240 余人参加活动。2020—2021 年，两家单位联合在嘉兴海盐、桐乡等地召开稻渔综合种养现场会 2 次，全省 300 余人参加活动。

2020 年，省水产技术推广总站牵头及参与制定的稻渔行业标准《稻渔综合种养技术规范　第 5 部分：稻鳖》（SC/T 1135.5—2020）、《稻渔综合种养技术规范　第 6 部分稻鳅》（SC/T 1135.6—2020）获得发布，并于 2021 年 1 月 1 日开始实施。2021 年，省水产技术推广总站参与了浙江大学牵头申报的省科技厅重点研发"领雁"项目"稻田生态高效复合种养植技术研究与应用"并获立项，将在稻蛙、稻-青虾-鳅、稻乌鳢、稻鳖、稻-跑道加州鲈（大口黑鲈）等模式开展试验示范和推广。

2020 年开始实施的省水产产业技术团队项目，首批 50 个项目中有 4 个为稻渔综合种养项目，项目运行 2 年来，取得了显著的综合效益。2022 年，新一轮的产业团队 60 个项目 1 200 万元资金下达，其中稻渔综合种养项目增加到 15 个，并和设施养殖、机械化智能化提升项目结合，将成为产业发展的新亮点。

全省各地来看，杭州市已制定发布杭州市农业地方标准《稻-蛙共生技术规范》（DB3301/T 155—2014）、《稻-青虾共作技术规范》（DB 3301/T 1094—2018）、《杂交鳢

"杭鳢 1 号"-芦苇稻种养结合技术规程》（DB 3301/T 1040—2014）等。另外，2021 年针对现有 4 种主要模式又制定了稻蛙共生模式、稻虾（克氏原螯虾）共生、稻鳖共生模式和稻鱼（瓯江彩鲤）共生模式的操作规程。

嘉兴市近年来在稻渔产业集聚的重点县（市、区）水产站开展稻渔综合种养专项研究，联合本地育种、农作的科研龙头嘉兴市农业科学研究院，共同研究稻渔耦合技术的机理，为稻渔综合种养做好基础研究，将研究成果辐射到本地，稳步推进嘉兴市稻渔综合种养产业发展。积极与各类科研院校开展合作，攻关种苗退化、大虾吃小虾、成虾规格不齐等稻虾种养关键问题，并制定形成一系列嘉兴市级地方标准，如《平原水乡稻渔综合种养技术规范　第三部分：稻虾》《平原水乡稻渔综合种养技术规范　第四部分：稻鳅》等，加快成果转化，推动稻渔综合种养标准化生产。

温州、湖州、衢州等地市也有稻渔综合种养市级、县级科研推广项目支持。

五、产业政策

省级层面，以《浙江省稻渔综合种养百万工程（2019—2022 年）实施意见》为依据，2020 年开始每年安排省级渔业发展资金用于稻渔综合种养示范县、示范基地建设，目前已经下拨相关资金 4 000 余万元。"十四五"期间，全省将在资金上持续支持稻渔综合种养建设；计划到 2025 年，全省稻渔综合种养面积达 100 万亩，示范县达 20 个，各地也出台了相应的配套政策以支撑产业发展。

2022 年 2 月杭州市农业农村局出台了《杭州市新型稻渔综合种养行动方案（2022—2025）》（杭农〔2022〕8 号），确定了主要目标：到 2025 年，全市实施新型稻渔综合种养面积力争达到 4 万亩，实现亩均产出水产品 100 斤、水稻 1 000 斤，亩均增收 2 000 元以上，与单纯种植水稻相比，单位面积化肥、农药使用量减少 50% 以上，构建出一条具有杭州特色、产出高效、产品安全、资源节约、环境友好的新型稻渔综合种养产业发展之路。

2018 年，湖州市委、市政府先后制定出台了《湖州市现代渔业绿色发展"2222"行动计划》《湖州市现代渔业绿色振兴发展实施方案》《湖州市大力推进稻渔综合种养发展实施方案（2019—2021 年）》及《湖州市支持渔业绿色发展的十条政策意见》。其中，在全省率先制定出台的《湖州市大力推进稻渔综合种养发展实施方案（2019—2021 年）》等扶持政策，对百亩主体、千亩村、万亩乡镇实施 200 元/亩、250 元/亩、300 元/亩的补助政策，区县也出台了相应的补助政策，提供强有力的政策保障。新发布的"十四五"规划中，计划到 2025 年发展稻渔综合种养面积 20 万亩。

嘉兴市出台《关于促进粮食产业稳定发展的意见》《嘉兴市稻渔综合种养"万元千斤"工程（2020—2022 年）实施意见》等文件，全面推广稻渔综合种养等生态健康种养模式，并将稻渔综合种养列入全市农业高质量发展考核。市、县两级均出台各项文件给予财政补助，市财政对新建稻渔综合种养的田间工程，给予 200 元/亩的一次性项目建设资金补助，秀洲区对有防逃防盗设施的稻渔综合种养实施主体 800 元/亩的一次性补助。2021 年，全市共投入财政补助资金 2 355 万元，新增稻渔综合种养面积 2.3 万亩。在"十四五"嘉兴农业高质量发展方案和碧水行动方案中均将稻渔综合种养列入其中，计划全市创 3 个省级稻渔重点示范县，其中 2022 年推广 13 万亩，2025 年推广 20 万亩。

金华市 2020 年制定出台了《金华市区农业产业稳产保供扶持政策》。文件强调以促进水产养殖业转型升级为目的，大力推进全市稻渔综合种养发展。对开挖鱼沟、鱼凼面积 8%～10%，实施稻渔综合种养总面积 30 亩（含）以上的给予每亩奖励 1 000 元，市、区财政各承担 50%。各县也积极响应出台了相应的扶持政策。2021 年，金华市人民政府出台《金华市人民政府关于印发加快市区乡村产业高质量发展助推乡村振兴若干政策的通知》，文件指出：对以粮食种植为核心的水旱轮作、稻渔共作等稳粮增效模式达到 50 亩以上的经营主体，每个给予 1 万元的补助。

衢州江山市制订了《江山市稻渔综合种养万亩工程实施方案（2020—2022 年）》。为加快推进农渔深度融合，促进全市农业绿色高质量发展，市农业农村局、市财政局出台《江山市稻渔综合种养产业补助办法》，对新发展种养面积达 30 亩以上且验收合格的，给予 300 元/亩奖励；创建市级稻渔综合种养示范基地（100 亩以上），补助 10 万元/个；创建稻渔综合种养重点乡镇（2 000 亩以上），补助 20 万元/个。2021 年，扶持建成市级示范基地 8 个、重点乡镇 1 个（大桥镇）。衢州市衢江区 2022 年拟制定《衢江区稻渔综合种养产业补助办法》，对 2021—2022 年新发展的稻渔综合种养基地（或未享受财政补助且按照标准建设的原稻渔综合种养基地），面积 50 亩（含 50 亩）以上，正常开展稻渔共作或轮作模式，经申报验收合格，给予奖励补助 300 元/亩。

六、主要做法和经验

（一）组织领导有力，示范带头先行

由省农业农村厅出台全省性的稻渔综合种养发展指导意见《浙江省稻渔综合种养百万工程（2019—2022 年）实施意见》，农、渔两家推广机构具体实施，开展重点示范县和省级示范基地建设。各地根据本地区发展基础和实际，出台政策文件，成立工作小组，层层落实、充分调动各级推广力量，整合优势，形成合力。以项目为抓手，扶持建立科技示范户，建设示范基地。各区县通过乡镇农技员推荐、示范户自荐等形式，遴选一批文化程度和技术水平较高的农业企业（场）负责人，通过项目扶持和技术对接，因地制宜地建立项目示范点，以点带面，开展示范推广。每年通过开展稻渔综合种养技术培训和现场观摩学习活动，大力宣传推广。

（二）优化区域和产业布局，培育引进适销品种

全省各地根据资源禀赋合理布局，充分利用中低产田、低洼田、冬闲田、低产鱼塘，采用共作、轮作等方式，大力发展适宜本地区的稻渔生态种养模式。创建稳产高效、生态循环、标准规范、特色鲜明的稻渔生态种养示范主体，推动标准化、规模化、集约化发展，并示范带动周边农业主体发展稻渔生态种养。全力推进"机器换人"步伐，组建专业社会化服务队伍，购置了翻耕机、插秧机、无人机、收割机等适用农具机，为广大种养户提供翻耕、机插、飞防、收割、烘干到加工的全程机械化生产服务。重点扶持本地苗种产

业发展，积极培育小龙虾等苗种繁育基地，引导种养户开展自繁自育，满足目前养殖苗种供应需求。开拓一批市场前景广、效益好、适宜推广的品种，大力引进适销优质水产和水稻新品种，增强稻渔综合种养基地的苗种供给能力。

（三）技术创新和规范管理并行

通过宣贯《稻渔综合种养技术规范　通则》（SC/T 1135.1—2017），规范田间工程，各地对辖区内稻渔综合种养建设工程实施严格管理，开挖沟坑面积占比≤10％，总体情况良好。各地区因地制宜，集成创新稻渔综合种养模式。湖州市吴兴区稻田中嵌入"跑道"的模式，对推动水产养殖设施化、工程化转型，加快打造未来生态数字渔场起到了良好的带动作用。坚持"绿色、生态、有机"理念，省级示范基地化肥农药使用减少50％以上，部分主体种养过程中做到"零化肥和零化学农药"使用。全面落实主体责任，及时更新规模以上养殖主体信息，完善质量追溯体系建设，提高标准化生产水平。全面开展水产品和投入品质量安全监测，增强养殖环节水产品抽检力度，确保餐桌安全。全面落实属地监管责任，强化源头管理，构建长效机制，有效提升初级农产品质量安全、生产安全和生态安全"三大安全"监管能力。规范水产养殖三项记录，依法督促规模以上种养主体做好"生产记录、用药记录和销售记录"，规范投入品使用。

（四）产业和文化抱团，催生共富价值链条

依托龙头企业的技术和管理优势，创新探索"公司＋农户＋服务"的产业化经营模式和稻田"季节性流转"合作发展模式，实行统一种苗、统一生产、统一服务、统一品牌、统一购销"五统一"生产标准，与小农户形成"种、养、收、加、销"一体化利益联结机制。转型产销方式，实行"全程可追溯"制度，做到"一品一码"；塑造品牌，通过品牌提升推动农场提质增效，致力于高端农产品品牌建设；拓宽市场销路，积极与各大电商平台、精品酒店等对接，形成消费集群；以"先富带后富，共奔富裕路"为指引，缔结农民利益共同体。做强各地区域公共品牌，通过对未来休闲农业、美丽田园打造，融入创意农业、数字农业和农旅结合元素。举办各类农事节庆，加快稻渔产业与美食餐饮、研学实践、休闲观光等旅游业充分融合，以旅游带动产业发展。连锁餐饮企业直接衔接稻渔生产基地，把渔稻米、水产品运到全国各地的餐桌上，既拓展了稻渔综合种养产业功能，又推进生产、加工、流通、休闲与美丽乡村建设衔接融合。

七、存在问题与发展建议

稻渔综合种养符合现代农业和渔业的发展导向。从全省推广情况来看，该模式在技术上是充分可行且具有相当优势的，但是目前推广速度还不够快，规模还不够大，主要存在以下四个方面的问题：

一是资金投入大，管理要求高。稻渔综合种养需要对稻田进行改造，基建设施方面的改造包括环沟、池底平台、防逃防盗设施、进排水设施及防鸟网等设施建设；另外还有苗种、饲料及人工等追加投入。种养结合是一种新型的农作制度，对于传统的水稻种植和水

产养殖而言,农作制度和生产习惯有较大差异。稻渔综合种养的从业者多数原为种粮大户,缺乏相应的水产专业知识,种养结合作为一种高度集约化的生产方式,生产上的成功离不开精细化管理。

二是土地流转不通畅,增长面积难。以稻小龙虾轮作为例,该模式只能种植一季稻谷,因为有些乡镇种粮任务重,尤其是早稻,农业部门担心稻虾种养户"重虾轻稻"影响粮食产量,不十分支持开展稻虾综合种养。村民或村集体对于稻虾综合种养认识不足,误以为稻虾种养模式需挖塘破坏基本农田。连片稻田基本掌握在种粮大户手里,双季稻每年每亩种粮补贴接近 500 元,粮食收购补助、稻谷保险政策等优惠政策,已经满足了种粮大户的需求,种粮户思想较为保守,对稻虾综合种养模式认识不足,无力抵抗技术上、经营上的风险,发展综合种养积极性不高。

三是种养技术有待提升,人才储备不足。目前,养殖户多靠自身多年的摸索并总结水产养殖经验和外出参观学习积累技术,养殖技术参差不齐,种稻的技术更是不成熟,既懂水稻种植又懂水产养殖的专业技术人员少之又少,综合种养产业没有形成完整的专业人才队伍。目前,大部分与种粮大户合作,也是各自为战,养殖的管养殖、种植的管种植,受各自利益的驱使难以形成合力。

四是全产业链有待完善,品牌意识有待加强。稻渔综合种养模式配套产业发展的种苗、销售、加工等环节尚不完善,尤其是缺乏稳定、优质的苗种生产企业和深加工、精加工企业,产品附加值低。苗种的来源不稳定,外省苗种引进有困难,本地苗种长期自繁加剧种质退化、抗性差,有病害加重的隐患,从而影响产量和品质发展。稻渔种养农户的主体意识和品牌意识还不够,只重视养殖生产未注重品牌打造,部分养殖主体在稻渔产品品牌建设只停留在商标注册和无公害认证阶段。

针对以上问题,提出以下建议:

进一步加大政策引导和扶持力度,发挥好政府部门在新技术模式推广应用中的"领路人"作用。一是进一步完善土地管理体制机制,建立土地流转准入制度和监控制度,有效保障流转土地的用途不变和高效利用,切实解决发展稻渔综合种养的后顾之忧。二是加快渔业法治建设,建立渔业生态补偿机制,加快淘汰低效率、重污染的落后渔业生产模式,进一步倒逼传统渔业向种养结合型生态高效渔业转型。三是加快调整和优化涉渔资金补助形式,逐步转变财政资金补助方式以基建类项目为主的现状,有效加大对新技术模式的直接补助力度,因势利导、有效调动农业主体的积极性。四是从"非粮化""环保退养""标准农田"建设等入手统筹谋划,做好基础设施改造。在"非粮化"整治中,有部分面积可以在复耕时开展稻渔综合种养,既保留住水产的功能,另外也可减少退养的阻力,保证退养户就业。以创建省级稻渔综合种养重点示范县、示范基地为抓手,以点带面,加大推广力度。

持续打造稻渔全产业链开发。加快组建稻渔产业联盟,抱团发展。打造稻渔产业发展高能级平台,加快资源共享、要素集聚,形成稻渔产业优势集群。加强与科研机构、专业院校的合作,扶持培育标准化种苗生产企业,培育抗病能力强、个体大、产量高、品质好的品种,促进产业健康快速发展。加快发展产品加工、特色餐饮开发等二、三产业,以三产促进一二三产的全面融合,结合美丽乡村、田园风光等旅游资源举办丰富多彩、形式多样的节庆活动。

进一步加强产业人才培养和技术推广。建立水产品苗种放养量、饵料投喂量、种养茬口衔接、病虫草害防控、水质调控、捕捞、质量控制等多个方面的技术和规范，形成可复制模式，便于推广应用，让种养主体少走弯路。加强渔技服务队伍建设，发挥好渔技人员在新技术模式推广中的"纽带"作用。一是大胆创新，抓好试点基地生产试验，认真学习植物生理知识，学习水稻种植技术，在实践中，将稻田种养技术合二为一融合为同一的生态系统。做好技术总结工作，加快形成完善的种养结合技术模式标准。二是强化部门协作，要跳出原有渔业的框架，主动积极地同农作、植保、农机、粮食加工等部门开展合作，就种养结合技术模式水稻生长情况、土壤底质情况、配套农机设施的开发和运用等方面开展共同研究，真正做到稻田"种、养、销"结合。三是以基层渔技队伍为"纽带"，有效联结农业主体与科研院校，形成"产学研"结合的联动机制，为种养结合技术研发和成熟应用提供有力的科技支撑。

进一步加强农业主体培育，提升品牌效应。一是利用各类媒体平台以及科技下乡、走村入户上门宣传等方式，切实加大对种养结合技术模式的宣传和报道，及时对试点运行成效进行梳理总结，使农业主体对于种养结合技术模式有更加全面和深入的认识。二是重视高素质农民和农业主体培育，积极组织开展调研学习、开展培训班、座谈会等，加快农民生产技术、专业知识和经营理念更新，培育"养种"特殊生境水稻种业，推进并发展形成系统产业链。三是有效利用合作社、龙头企业等规模主体的"传、帮、带"作用，着力提升种养结合技术模式的组织化、产业化水平。四是根据稻渔综合种养农产品质量优势，紧抓农业电商发展机遇，组织开展绿色、有机等认证，着力宣传种养结合"优质、生态、无农残"的综合效益，助推主体品牌创建，打造优质水产品、大米品牌。

八、综合效益分析

（一）总体情况

根据调查结果显示，稻渔综合种养亩均水稻产量在 520 千克左右，水稻单作产量在 605 千克左右，虽然水稻单作稻谷产量较高，但单价普遍要低于稻渔综合种养，再加上水产品的产出，全省稻渔综合种养亩均净利润可达到 5 481.21 元，水稻单作净利润仅 95.76 元，稻渔综合种养净利润为水稻单作的 57 倍。稻渔综合种养虽然具有很好的经济效益，但由于苗种、饵料和劳力的投入，也增加了额外的生产成本。平均成本为 5 214.27 元，为水稻单作的 3.28 倍，因此在生产过程中需要考虑前期投入风险及额外成本与放养密度和产量之间的相关情况。

稻渔综合种养是生态循环的新型农作制度，不仅能够有效抑制水稻病虫害、稻田杂草丛生，还有助于改善土壤结构和水体环境，提高稻田土壤肥力，减少化肥和农药的使用，降低环境污染。据不完全统计，浙江省稻渔综合种养模式亩均化肥费用 264.49 元、有机肥费用 422.40 元、农药费用 146.00 元，共计费用 832.89 元；水稻单作花费亩均化肥费用 840.32 元、有机肥费用 363.81 元、农药费用 695.61 元，共计费用 1 899.74 元，比稻渔综合种养多 1 066.85 元。由此可见，稻渔综合种养模式社会效益、生态效益和经济效益均十分显著，实现了"一水两用、一地多收"，不仅提高了土地和水资源的利用率，而且稳定了农民种粮积极性，对于确保我国基本粮田的稳定、确保粮食安全战略有重要意义。

（二）不同模式综合效益分析

对比稻鳖共作、稻小龙虾共作、稻鱼共作、稻蛙共作和稻青虾共作5种稻渔综合种养模式，发现不同养殖模式在不同地区的经济效益存在一定差异，比水稻单作均具有更好的经济效益。5种稻渔综合种养模式经济效益从高到低分别为稻蛙＞稻鳖＞稻青虾＞稻小龙虾＞稻鱼。其中，稻蛙和稻鳖模式经济效益远远高于其他模式，亩均净利润分别达到了8 300.34元、7 714.44元。

在减药减肥方面，稻鳖、稻蛙和稻青虾养殖模式比稻田单作均减少了化肥、有机肥和农药的使用。其中，稻蛙综合种养模式对农药减量具有极好的效果，比稻田单作农药使用减少了92.68%。稻小龙虾和稻鱼模式也减少了化肥和农药的使用，但生产过程中比单作模式需要补充更多的有机肥作为小龙虾和鱼的饲料。

浙江省水产技术推广总站

贝亦江　金晶　袁帆　李衡　马文君　丁雪燕

安徽省稻渔综合种养
产业发展报告

一、基本情况

2022 年，全省稻渔综合种养总面积 699.6 万亩，稻渔综合种养水产品总产量 60.89 万吨。安徽省主要稻渔综合种养模式有稻虾模式、稻鳖模式、稻鳅模式、稻蟹模式、稻鱼模式。主要分布于六安、滁州、合肥、安庆、阜阳、宣城、淮南、马鞍山、芜湖、池州等地。

二、技术模式发展情况

稻虾综合种养目前是安徽省应用面积最大、总产量最高的稻渔综合种养模式，也是安徽省小龙虾的主要养殖方式。安徽省小龙虾的稻虾综合种养继续呈现快速发展势头，成为农业领域呼声最高、底色最靓的新业态。已经初步形成了沿江、沿淮和环巢湖三大稻渔综合种养产业带，产业集聚发展的特点更加明显。六安、合肥、滁州为全省发展最快的市，三市占全省总面积 58%。全省 30 万亩以上的县 2 个，20 万～30 万亩的县 4 个，10 万～20 万亩的县 13 个；万亩示范区 37 个，千亩示范片 379 个，创建国家级稻渔综合种养示范区 14 个，全省涌现出稻渔综合种养特色专业乡镇 10 多个，特色专业村 60 多个，稻虾种养大户达到 1 万多户，专业合作社 3 000 多家。

霍邱县 2021 年稻虾综合种养面积发展到 70 万亩，亩均增收 2 000～3 000 元，稻虾综合产值 24 亿元。霍邱“三流模式”以投入小、见效快、原生态，被全国及省水产总站大力推广应用。2019 年霍邱县被中国渔业协会认定授予“中国生态稻虾第一县”称号，2020 年被评为中国小龙虾产业十强县（市）。“霍邱龙虾”地理标志证明商标已经申报批准，品牌宣传力度不断加大。稻虾综合种养在脱贫攻坚中发挥重要作用，助力国家级贫困县如期实现摘帽，中央电视台、《农民日报》多次报道霍邱稻虾产业助推农民增收事迹。

三、组织化、产业化发展情况

各地在农业主管部门的牵头指导下，纷纷成立龙虾协会、稻虾米协会，涵盖国家级稻渔综合种养示范区和具有影响力的专业合作组织，制定行业规范和操作标准，开展种养技术培训，促进行业健康发展，通过举办优质稻虾米品牌评选活动，提升基地稻虾米品质和品牌。

通过加强基地道路、沟渠等基础设施建设，打造稻渔综合种养基地的示范园、精品园。截至2021年底，全省共有万亩示范区 37 个，千亩示范片 379 个，100 亩以上规模基地 6 485 个。

全省小龙虾品牌近 30 个，区域品牌有"合肥龙虾""全椒龙虾""南漪湖龙虾""下塘龙虾""赤镇龙虾"等，企业品牌有"皖金江龙虾""邱家湖""颖尚鲜"等。"合肥龙虾""全椒龙虾"和"霍邱龙虾"获国家地理标志证明商标。

渔米品牌建设同样是安徽省的特色和亮点，全省已注册的稻田养殖生态大米品牌达到97 个，主要虾稻米品牌有肥西万丰合作社的"浮顶山"、全椒县银花家庭农场的"百子银花"、定远海群现代农业发展公司的"初心"、马鞍山农腾生态农业科技发展有限公司的"野风港"等。连续三年安徽省水产技术推广总站组织 100 多家种养企业参加全国优质渔米评比推介活动，获得渔米金奖 11 个。

滁州市共有 13 个稻渔生产稻米和水产品通过三品一标认证。其中，有机产品 3 个，绿色产品 8 个，地理标志产品 2 个。在品牌创建上，滁州市稻渔产业中共有 31 个。公共区域品牌 4 个，其中水稻 1 个，水产品 3 个；企业自主品牌 27 个，其中水稻 19 个，水产品 8 个。

四、科研和技术推广情况

（一）强化规范发展

坚持稳粮增收，以渔促稻，严格执行《稻渔综合种养技术规范 通则》和《农业农村部办公厅关于规范稻渔综合种养产业发展的通知》。各重点市、县制定了稻渔综合种养产业发展规划，把目标任务落实到具体田块，推进规模化、产业化发展。始终把"不与粮争地"挺在前面，坚持在规范中发展，严格要求各地遵守有关规范。加强督查指导，把稻渔田块沟坑面积不超过 10％等要求落到实处。

（二）加强组织领导

安徽省站成立以总站主要领导为组长，有关市、县水产站等单位领导为成员的领导小组，主要负责项目实施方案制订、综合协调和督导检查等工作。省和县分别建立技术指导组，确定专人负责。以技术集成和推广为工作主体，联合当地企业、合作社、家庭农场和种养大户，建立核心示范基地，对现有科技成果集成，在核心示范区开展科学试验与示范推广。各试点县还成立技术推广组，开展调研与技术培训。

各项目实施单位按照本地实施方案要求，组织水产推广单位以及学会、协会、专业合作社、水产企业和广大渔民开展稻渔种养关键技术示范工作。根据广大渔民群众对稻渔综合种养技术的需求，加强科技服务，创新科技服务方式，组织开展形式多样、内容丰富、群众欢迎的科技服务活动。把开展稻渔综合种养关键技术研究与技术培训、示范推广等科技服务工作有机结合起来。培育核心科技示范户，扩大辐射带动范围。

（三）提升养殖技术

深化校地合作，先后组织安徽省内稻渔综合种养单位与中国科学院水生生物研究所、浙江大学、上海海洋大学、安徽农业大学、安徽省农业科学院水稻研究所和水产研究所等高校、科研院所，建立试验基地、博士后工作站，为小龙虾养殖技术研究提供了基础数据；在做好疫情防控工作的情况下，利用 QQ、微信短视频等进行技术培训和宣传。不断交流学习，组织各地赴霍邱等地考察、学习发展经验。

（四）创新示范推广机制

构建"专家组＋试验示范基地＋技术指导员＋专业合作社＋科技示范户"的渔业成果转化快速机制，做到"三个直接"——科技人员直接到户、良种良法直接到田、技术要领直接到人。借鉴实施渔业科技入户积累的经验，发挥合作社在组织化程度高的优势，在技术推广和服务中，通过一级对一级负责，一级抓一级的方式，利用合作社最贴近养殖户的这个组织，解决当前水产技术推广最后一道门槛，大大提高技术推广和服务效率。通过帮助合作社实施具体的项目，培养一批核心示范户，带去一项新技术等形式，全面扶持合作社的发展。通过 1 个水产技术人员与 1 家重点合作社建立帮扶关系，为每个合作社培养 15～20 位核心社员，每个核心社员通过示范带动 15～20 个一般示范户和养殖户，通过合作组织这一个平台，1 名水产技术人员，可以服务 225～400 位养殖户，技术人员的服务效应被充分发挥。

（五）研制接地气的稻渔模式

近年来，厅渔业局、省水产总站共组织 20 多次省内、省外调研活动，根据调研中发现的问题，制定印发了稻虾综合种养春夏季生产指导意见和稻田工程建设指导意见。总结提升霍邱三流稻虾连作模式、当涂稻田精品龙虾种养模式、巢湖全椒稻虾苗种生产模式，并在全省推广应用。各地开展多种形式的技术培训 200 多场次、10 000 多人次。

马鞍山市水产技术服务中心近年来积极推广繁养分离技术模式，已有 30% 左右的养殖户采用繁养分离技术，并取得较好的养殖效果。马鞍山市在含山县、和县推广"虾稻鱼"模式，利用鱼类捕食虾苗，从而实现苗种密度可控。在和县试点推广"虾稻菜"模式，利用冬闲田种植一季露天蔬菜。建立"政产学研推"联动机制，推动县区与上海海洋大学、安徽农业大学等大专院校建立产业技术合作协议，探索适合马鞍山市的稻渔综合种养产业发展技术模式，同时通过财政项目资金补贴支持产业经营主体加强产业技术研发。

五、产业政策

（一）各级政府继续支持稻渔综合种养发展

稻渔综合种养实现了在同一块稻田既能稳定生产粮食，提高稻米的质量安全水平，又能为国民提供优质的蛋白质来源，增加农民的收入，大大激发了种粮大户从事水稻生产的积极性。将部分低洼田和低产田变成水稻稳产田，是防止耕地"非农化、非粮化"的一条有效途径。安徽省稻田资源丰富，区位优势明显，稻渔综合种养逐渐形成集聚发展的态势。2022 年，滁州市级财政资金 150 万元用于支持稻渔综合种养"1＋2"技术模式试验示范，推广"一稻两虾"技术模式。2021 年，合肥市长丰县整合多级资金 1 500 余万元，制定实施了《关于印发＜长丰县 2021 年中央农业生产发展专项资金稻渔综合种养实施工作方案＞的通知》《关于印发＜长丰县 2021 年支持稻虾综合种养产业发展项目实施细则＞的通知》等多个小龙虾产业扶持政策，进一步完善稻虾综合种养基地基础设施建设，开展新装备、新技术的推广与应用。

（二）扩大小龙虾保险覆盖面

小龙虾养殖面临病害、自然灾害等风险，目前保险覆盖面较窄。建议加大财政支持力度，扩大小龙虾养殖保险覆盖面，增强抗风险能力，促进安徽省稻渔综合种养持续健康发展。

（三）整合资金建设示范基地

整合涉农资金，把稻渔综合种养纳入高标准农田建设范围，完善水利电力道路基础设施，创建稻渔综合种养示范基地，培育一批领军企业和领军人才，加强大户对小户散户的带动，加大大户与贫困户的衔接。

（四）建设品牌提升竞争力

推动渔米品牌建设，通过支持"三品一标"认证，参加农产品交易会、渔博会，举办优质虾稻米评比大赛等形式，提升安徽虾稻米的市场竞争力。

六、主要做法和经验

（一）强化规划引领

严格标准，规范发展。省农业农村厅渔业渔政局、省水产总站加大《稻渔综合种养技术规范　通则》宣贯力度，明确发展稻渔综合种养必须以稳定水稻产量、保证水稻产能为导向；稻田工程应尽量保证水稻有效的种植面积，保护稻田耕作层，沟坑占比不应超过10%；经营上应突出水稻效益和水产效益的平衡；提出了水质条件、产地环境、农药和渔药使用，饲料和苗种以及药物残留等方面的要求。

（二）政府引导，推动产业发展

通过项目撬动，企业带动，积极引导工商资本进入。例如，合肥市近年来全市各级共投入项目资金近 1 亿元用于基础设施改造、苗种繁育、产品加工等方面建设，基本形成一整套完善的产业链条；滁州市以培育新型经营主体为抓手，促进产业规模化发展，积极培植稻渔综合种养合作社、家庭农场和大户等新型经营主体。滁州市发展稻渔综合种养合作社 220个、家庭农场 920 个、大户 1 302 个。其中，全椒县赤镇龙虾经济专业合作社现有会员 500户以上，发展"稻虾共作"面积 25 000 多亩，形成了国家级"一村一品"示范村。

（三）注重品牌建设

一是继续做强公共品牌。深入实施"合肥龙虾""合肥虾稻米""全椒龙虾""霍邱龙虾"等区域品牌双轮驱动战略，多渠道、多方位的宣传推介安徽省优质龙虾和生态虾稻米，不断提高产品市场认知度和美誉度。二是培育做大区域品牌。充分挖掘和培育已有一定市场认可度的区域品牌，如庐江"放马滩"、长丰"下塘龙虾"等，进一步制定标准、整合资源、统一宣传。三是引导自主品牌培育。支持生产企业开展品牌创建，打造一批具有安徽特色、优质安全、在国内具有较大影响力的知名虾稻产品品牌。四是拓展龙虾文化内涵。引导和鼓励行业协会和虾稻经营主体开展画虾、品虾、戏虾等文化活动，推进各地在产业基地举办开捕节、虾趣节、钓虾大赛等活动，引导虾稻产业与乡村旅游、文化产业相结合，拓展虾稻示范基地产业功能。

（四）加大调研力度，转变服务方式

为了掌握全省稻渔综合种养发展情况，省水产总站对 40 多个重点县开展了 100 多次调研，与 300 多家种养主体建立联系，以田间课堂的形式进行现场指导；在全省 9 个市、20 个县（区）种养基地设立 27 个小龙虾价格监测点，发布小龙虾产地价格行情信息 119 期，通过微信平台每日更新，深受基层养殖户欢迎，也得到农业农村部渔业渔政局和全国水产技术推广总站高度评价，《中国水产》《科学养鱼》、水产养殖网、水产前沿等行业媒体以及湖北、江苏、湖南、四川、河南等省份高度关注并转发、转载。

（五）研判规律，抓好交易销售

一是加强交易市场建设。在养殖规模较为集中的区域，根据养殖面积和交易规模，配套建立龙虾交易市场，为养殖户销售提供便利条件。二是定期发布小龙虾价格监测数据，指导养殖户销售。三是推进虾稻电商发展。引导规模基地与各大电商平台合作，完善龙虾和虾稻米线上供应链，鼓励小龙虾网店及各种线上平台发展，有条件的养殖基地可建设自主平台，实现产地直供。

七、存在问题与发展建议

一是种业体系建设不够健全。小龙虾种业体系建设滞后于稻虾综合种养发展的需求，缺少标准、规范的小龙虾良种生产企业，苗种质量参差不齐，捕捞、运输、放养后的成活率难以保障。小龙虾种质资源调查、良种培育以及规模化苗种生产技术的研发有待增强。

二是市场销售渠道不够完善。各地虽建设有水产品交易市场，但存在数量少、规模小、经营分散、管理不到位等问题，作用有限。缺乏像湖北潜江市"虾谷 360"那样全方位、多功能、辐射全国、线上线下全覆盖的大型小龙虾专业交易市场，导致产品不能做到优质优价。电商销售覆盖率低。

三是三产融合发展不够均衡。一直以来，重养殖、轻加工、三产弱是稻渔产业发展的现状。存在加工企业较少且加工能力弱的现象，2021 年全省小龙虾产量突破 50 万吨，但加工量不到 10 万吨，加工能力有限，销售渠道不广。稻米品牌知名度不高，养殖户未与粮食加工龙头企业开展订单生产，稻虾米价值没有真正体现。目前，以龙虾为主题的文化、休闲、旅游、观光等活动也只是刚刚起步。

四是品牌效应不响。安徽省"稻虾连（共）作"起步较早，现在龙虾产业也有了一定规模，但"虾强米弱"，少施化肥、不打农药的虾田米品牌知名度不够，品牌不够响亮。必须发挥产业化龙头企业在资金、管理、稻虾产品加工、品牌创建、网络销售、质量控制等方面的优势，打造安徽虾稻产业的响亮品牌。

针对上述问题，提出以下发展建议：

一是发展思路上抓大规划。立足长远规划，继续实施全省稻渔综合种养百千万工程，把虾稻产业打造成富民强农美居的第一特色产业、转型升级的第一示范产业和接二连三的第一综合产业。强化政策扶持。加大对虾稻产业政策支持力度，围绕基地、加工、品牌创建、电商、联合体等6个方面，形成财政投入为引导、经营主体投入为核心、金融信贷投入为支撑的多元化投入机制，积极引导社会工商资本进入虾稻产业，全面鼓励和扶持支持虾稻产业发展．

二是发展举措上抓大落实。认真落实各项目标任务，明确责任单位、时间节点，强力推进，狠抓落实，务求实效，确保虾稻产业各项目标完成。一方面细化任务落实，各责任单位要对标各项目标任务，制订部门工作方案，细化任务，做到责任明确、措施精准、有序推进，确保各项工作按时序进度完成；另一方面加快创新步伐，要持续推进政策创新、制度创新和工作方法创新，着力培育和推广一批在全省乃至全国有影响的虾稻产业发展新模式、新典型，打造"亮点"和"名片"。

三是发展渠道上抓大联合。创建示范基地，鼓励和引导"龙虾大王"餐饮企业通过直接控股、资金入股、订单销售等方式，建立专属产品直供基地，进一步保障龙虾产品质量，提升消费者对"合肥龙虾"的口碑。畅通线上线下渠道，完善小龙虾线上线下供应链，鼓励小龙虾网店及各种线上平台发展，规范完善龙虾熟食工厂烹饪、冷冻、包装、物流等渠道，拓宽市场渠道，带动产业发展。

四是在发展增收上抓大推进。发挥虾稻联合体作用，鼓励和引导各类虾稻产业主体，通过产业链接、要素链接、利益链接等方式组建联合体，打造包含一二三全产业链的虾稻产业发展共同体，完善利益带动机制，带动种养殖户增产增收。推进产业扶贫，引导和鼓励各类工商资本在贫困村和贫困户较为集中地区建设虾稻示范基地，通过示范带动、反租倒包、解决就业等方式，助力脱贫攻坚。

五是发展产业上抓大融合。畅通三产联动，鼓励和引导"龙虾大王"餐饮企业和规模养殖基地，以及龙虾、稻米加工企业和规模养殖基地开展龙虾、虾稻米产品的产销对接，实现产品直供、订单销售、利益共享。提升产品品位，鼓励和引导在"龙虾大王"门店开设专柜，展示安徽省规模虾稻基地和优质虾稻米产品，提升广大市民对虾稻产业、清水龙虾、优质稻米的认可度，提高虾稻产品的美誉度。拓宽产品市场，通过农交会、各类展示展销会等形式，让"合肥龙虾"、安徽虾稻米唱响长三角，红遍京津冀；依托现有销售渠道，进一步引导和鼓励龙虾加工企业拓展北美、欧盟等境外市场，提升"合肥龙虾"全球知名度。

六是发展品牌上抓大提升。实施"合肥龙虾""全椒龙虾"和"霍邱龙虾"等农产品地理标志授权制，设置准入门槛，严把质量关。各地探索成立"虾稻米协会"，积极推进"虾稻"区域公共品牌注册。鼓励和引导科研院所、社会机构、规模基地等开展稻田龙虾、虾田水稻地方标准、操作规程的制定，进一步提升虾稻产业标准化水平。

八、综合效益分析

（一）总体情况

1. 经济效益。面积产量持续增长，集聚发展加速。2018 年，安徽省稻渔综合种养面积为 160 万亩，到 2021 年 12 月底，实际总面积达到 522 万亩，较 2018 年增长 226.25%，平均每年新增 120 万亩，总面积位居全国第二位。六安、合肥、滁州为全省发展最快的市，三市占全省总面积 58%。全省 30 万亩以上的县 2 个，20 万～30 万亩的县 4 个，10 万～20 万亩的县 13 个；万亩示范区 37 个，千亩示范片 379 个，创建国家级稻渔综合种养示范区 14 个，全省涌现出稻渔综合种养特色专业乡镇 10 多个，特色专业村 60 多个，稻虾种养大户达到 1 万多户，专业合作社 3 000 多家。稻虾综合种养成为农业领域呼声最高、底色最靓的新业态，初步形成了沿江、沿淮和环巢湖三大优势区。2021 年，全省小龙虾产量 53 万吨，位居全国第二位。霍邱、全椒、定远、宿松、长丰、无为、庐江、巢湖、颍上等 9 个县进入全国小龙虾养殖产量前 30 强县（市、区）。

价格总体趋势向好，种养效益稳定。2019 年至 2021 年小龙虾价格总体呈增长趋势，规格越大增长趋势越明显，4 钱以上价格年增长率达到 50% 以上。2022 年的特点是起虾早、规格大、价格高、卖得好，"五一"节前 2～3 钱 26 元/千克、4～6 钱 46 元/千克、7～9 钱 80 元/千克，远高于前两年的价格，加工厂收购的原料虾价格同比上涨 20%。从种养主体反映和调研情况看，稻渔综合种养亩均纯收入多在 1 000～3 000 元，种养效益保持稳定，虾农普遍感到满意。

2. 社会效益。稻渔综合种养模式不同年份水稻产量趋于稳定，有利于稳定水稻种植面积，稻田优质水产品和渔米的双丰收，能明显增加渔农民收入，提高农民种植水稻的内生动力，在增加渔农民收入的同时，为保障粮食安全发挥作用。稻渔综合种养模式的普及推广，有利于促进种养大户、合作经济组织、龙头企业等经营主体的形成，加快农村土地流转、零星田块集中耕作，明显提高土地利用率，提高农民组织化程度，提升稻渔规模化生产和产业化经营水平。

稻渔模式部分保留传统农业，传承传统农耕文化。稻渔综合种养模式通过加高加固田埂，开挖不超过 10% 面积的沟凼，增加稻田蓄水能力，有利于防洪抗旱；硬化主干道路，有利于农业生产物资的运输和进出，有利于渔米和小龙虾等农产品的收获、运输和销售。在水稻黄熟丰收季节，开展稻田生态休闲游，让更多市民亲近稻田亲近自然，更多了解我国传统农耕文化。稻田养殖是我国灿烂农耕文化的重要组成部分。发展稻渔综合种养，使渔农民受益的同时，生产生活不脱离稻渔系统，结合乡村旅游的发展，让更多市民认识了解农耕文化，从而有利于传统农耕文化的继承和保护。

稻渔综合种养模式扶贫，促进贫困户增收。稻渔模式成为农民脱贫致富的重要途径，2019 年至 2021 年全省 3.55 万户贫困户实现稳定脱贫。六安市 4 500 户贫困户通过自我发展稻田养虾实现脱贫，5 400 户贫困户通过稻渔综合种养新型经营主体带动脱贫。霍邱县三流乡 2 315 户贫困户中有 1 600 户通过稻虾种养实现脱贫。随着稻虾综合种养产业持续健康发展，基本实现了龙虾产业"一乡一品"，农民腰包鼓了，党群干群关系融洽了，群众的精神面貌焕然一新，幸福指数大幅提升，为下一步开展乡村振兴奠定了扎实的基础。

3. 生态效益。稻渔模式形成良性生态系统，有利于改善农村生态环境。稻渔综合种养模式构建稻田良性生态系统，稻田生物多样性明显增多，水稻、小龙虾、泥鳅、黄鳝、水蛭、麦穗鱼、棒花鱼、螺蛳、河蚌、水蚯蚓、蜘蛛、青蛙等在稻田占据不同生态位，发挥不同生态作用；恢复了"稻花香里说丰年，听取蛙声一片"的美好乡村景象，促进相关休闲农业的发展。同时，小龙虾、泥鳅、黄鳝、麦穗鱼、棒花鱼等不断的觅食活动，大大减少稻田中蚊子、钉螺等有害生物滋生，从而减少疟疾、血吸虫病等重大传染病的发生。

稻渔综合种养模式实施，大幅度减少化肥和农药的使用。稻渔综合种养模式每亩化肥使用量减少 30.46 千克，减少 48.46%；费用减少 57.93 元，减少 38.9%。化肥使用量减少是在水稻稳产增产的背景下实现的。每亩农药使用量减少 715.71 克，减少 98.62%；费用减少 116.5 元，减少 90.31%。稻渔综合种养模式稻田不需使用除草剂，而水稻单作稻田每亩除草剂用量 360 克，费用 27 元。

稻渔综合种养模式提升土壤肥力。稻渔综合种养模式可发挥小龙虾、中华鳖、泥鳅、黄鳝、鲫鱼等水生动物生物转化稻田秸秆、生物排泄等增肥作用，实现用部分有机肥替代化肥，减少稻田化肥的使用量，而水稻产量稳产或增产。实行稻渔综合种养模式，土壤有机质和氮磷钾等主要成分均有所提高，这对缓解因长期使用化肥造成稻田土壤板结贫瘠化非常重要，可以达到用地养地的目的，农业面源污染减少，生态系统向良性方向发展，对稻田生态环境与生态修复均起到较好的作用。

（二）不同模式综合效益分析

1. 稻虾综合种养模式效益。通过对 21 个不同类型稻虾综合种养主体问卷调查结果显示：稻虾综合种养模式环沟等水面占稻田总面积比例为 6.76%，明显低于《稻渔综合种养技术规范　通则》10% 以内的规定；水稻亩均产量区间为 461.54～620 千克，在调查的21 个样本中，只有 2 个样本水稻亩产量低于 500 千克，其他 19 个样本水稻亩产均高于500 千克，基本符合亩产不低于 500 千克的规定；与水稻单作亩均产量区间 550～650 千克相比，水稻亩均产量有一定的降低，考虑到稻虾综合种养选择的大多数都为优质水稻品种，稻米质量好，不属于高产水稻品种，但稻米受市场欢迎，经济价值较高，能增加渔农民的收入，少数样本田产量略有降低可以接受。

稻虾综合种养模式水稻和水产品合计亩均效益为 3 191.22 元，与水稻单作亩均效益224.86 元相比，亩均增加收入 2 966.36 元，增加 12.19 倍；稻虾综合种养模式亩均化肥64.40 元，与水稻单作亩均化肥 166.18 元相比，亩均减少 101.78 元；有机肥 60.16 元，与水稻单作亩均有机肥 35.45 元相比，亩均增加 24.71 元；农药 17.88 元，与水稻单作亩均 88.64 元相比，减少 70.76 元。

2. 稻虾繁养分离模式效益。本次调查问卷稻虾繁养分离模式 1 个样本，稻虾繁养分离模式环沟等水面占稻田总面积比例为 9%，水稻亩均产量区间为 516 千克，与水稻单作亩均产量区间 550～650 千克相比，水稻亩均产量有一定的降低。

稻虾繁养分离模式水稻和水产品合计亩均效益为 2 730.1 元，与水稻单作亩均效益 224.86 元相比，亩均增加收入 2 505.24 元，增加 10.14 倍；稻虾繁养分离模式亩均化肥 0 元，与水稻单作亩均化肥 166.18 元相比，亩均减少 166.18 元；有机肥 60 元，与水稻单作亩均有机肥 35.45 元相比，亩均增加 24.55 元；农药 14 元，与水稻单作亩均 88.64 元相比，减少 74.64 元。

3. 稻鳖综合种养模式效益。本次调查问卷稻虾鳖综合种养模式 2 个样本，稻虾鳖综合种养模式环沟等水面占稻田总面积比例为 9.4％，水稻亩均产量区间为 510 千克，与水稻单作亩均产量区间 550～650 千克相比，水稻亩均产量有一定的降低。

稻虾鳖综合种养模式水稻和水产品合计亩均效益为 6 410.5 元，与水稻单作亩均效益 224.86 元相比，亩均增加收入 6 185.64 元，增加 26.51 倍；稻虾鳖综合种养模式亩均化肥 50 元，与水稻单作亩均化肥 166.18 元相比，亩均减少 116.18 元；有机肥 160 元，与水稻单作亩均有机肥 35.45 元相比，亩均增加 124.55 元；农药 0 元，与水稻单作亩均 88.64 元相比，减少 88.64 元。

4. 稻虾鲫鱼种养模式效益。本次调查问卷稻虾鲫鱼种养模式 1 个样本，稻虾鲫鱼种养模式环沟等水面占稻田总面积比例为 7％，水稻亩均产量区间为 500 千克，与水稻单作亩均产量区间 550～650 千克相比，水稻亩均产量有一定的降低。

稻虾鲫鱼种养模式水稻和水产品合计亩均效益为 2 710 元，与水稻单作亩均效益 224.86 元相比，亩均增加收入 2 485.14 元，增加 10.05 倍；稻虾鲫鱼种养模式亩均化肥 0 元，与水稻单作亩均化肥 166.18 元相比，亩均减少 166.18 元；有机肥 0 元，与水稻单作亩均有机肥 35.45 元相比，亩均减少 35.45 元；农药 0 元，与水稻单作亩均 88.64 元相比，减少 88.64 元。

安徽省水产技术推广总站

奚业文

福建省稻渔综合种养
产业发展报告

一、基本情况

福建省全省水稻种植面积约 1 100 万亩,其中适宜稻渔共作面积 50 多万亩,涉及福州、宁德、泉州、漳州、龙岩、三明、南平共 7 个设区市的 40 个县(市、区)。截至 2022 年底,根据《2022 年福建省渔业统计年鉴》统计,共有 30 个县发展了稻渔综合种养产业,福建省稻渔综合种养总面积达 25.38 万亩,水产品总产量共 1.93 万吨,水产品平均产量约 76 千克/亩。

从分布地区看,福建省稻鱼综合种养主要分布在内陆山区的南平市、三明市、龙岩市和福州市;从发展趋势看,全省自"十三五"以来,种养面积基本稳定,但水产品总产量及水产品单位产量均平稳增长。

二、技术模式发展情况

福建省稻渔综合种养模式主要有稻鱼共作、稻虾共作、稻螺共作等模式,近两年新发展了稻蛙共作模式。其中,稻鱼共作面积 235 835 亩,亩产鱼 22～100 千克,亩产水稻 412～600 千克,产区主要集中在南平市和三明市,主要养殖水产品品种为鲤鱼和鲫鱼;稻虾共作面积 8 740 亩,亩产虾 150～205 千克,亩产水稻 400～450 千克,主要养殖水产品品种为克氏原螯虾,主要产区为南平市建阳区、浦城县,福州市的罗源县,龙岩市的长汀县等;稻螺共作面积 8 300 亩,亩产田螺 60～320 千克,亩产水稻 408～450 千克,主要产区为南平市的武夷山市、松溪县等地;稻蛙共作面积 625 亩,亩产蛙 560～1 170 千克,亩产水稻 611～676 千克,主要分布于漳州市平和县。近些年,在稻鱼共作模式基础上,福建省发展了"稻鱼＋"模式,如"稻-鱼-萍"和"稻-鱼-螺"等模式。2015 年,邵武市开展了"稻-蛙-鱼"生态立体种养项目,示范 20 亩,现场收获稻谷 1.2 万千克,折亩产 600 千克,产值 1 800 元;捕获建鲤 600 千克,折亩产 30 千克,产值 660 元;回捕虎纹蛙商品代 800 千克,折亩产 40 千克,产值 640 元。三项合计实现每亩产值 3 100 元,亩增效益 1 654 元。

三、组织化、产业化发展情况

(一) 新型经营主体培育、示范基地创建

福建省于 2018 年创建了 2 个"国家级稻渔综合种养示范区",分别为松溪县稻花鱼专业养殖合作社、政和县瑞圣生态农业养殖有限公司,围绕示范区培育了一批稻渔综合种养的专业大户、家庭农场、龙头企业、专业合作社等经营主体,同时建立了 2 个稻虾综合种养试验示范基地和 3 个稻螺综合种养试验示范基地。全省共有 23 个 100 亩以上连片的稻渔综合种养生产主体,总面积约 4 000 亩。

(二) 渔米和水产品生态产品认证、品牌培育

2013 年以来福建省创建了"鲤鱼米""稻花鱼""聚奎""闽北联农""仁厚联农""小见仁"等多个稻渔种养品牌,形成良好效应。2017 年,"闽北稻花鱼"入选福建省第三批渔业十大品牌。福建省组织企业连续 6 年参加全国优质渔米评比推介活动,参赛企业共获得金奖 3 项、银奖 2 项、生态优质奖 6 项。

(三) 产业带动

在闽北,稻花鱼饮食文化更是底蕴深厚,代代相传。松溪县从 2012 年开始围绕稻渔共生模式示范推广新一轮稻渔综合种养技术,经过几年的努力,技术日臻成熟优化,产业规模逐步扩大。全县已推广稻渔综合种养面积 3 500 亩,带动山区农民脱贫致富 330 户;通过成功打造松溪县稻花鱼养殖合作社的"稻花鱼"品牌、农业农村部"绿色大米"有机认证,有效促进了经济效益和社会效益的最大化。武夷山市从 2013 年开始,以岚峰稻花鱼养殖农民专业合作社和武夷山市黄凹垄农作物种植家庭农场为主要示范基地开展稻渔综合种养,集中试验示范面积 1 000 亩。经过示范带动,2021 年,全市已推广稻渔综合种养面积 29 800 亩,示范带动农户 500 户。

(四) 全产业链发展情况

主产区结合山区旅游资源优势,大力发展休闲渔业。从 2014 年开始,武夷山市每隔两年举办"赏田园风光,观厨艺大赛,尝田鲤风味,品摆茶习俗"为主题的稻花鱼文化节;从 2018 年开始,光泽县人民政府联合有关部门和光泽县联农农业专业合作社连续举办了三届中国光泽农民丰收节暨稻花鱼节。2022 年,建瓯市迪口镇在店村举办"千年建州·古韵迪口"——迪口镇"迪鲍"小院揭牌仪式和迪鲍鉴品体验活动,多年以来,该镇借力南平市乡村振兴工作队,鼓励发展稻螺生态种养新模式,调动农民种粮积极性。全力打造"龙头企业+合作社+种养户"的产业联合模式,不断完善"种植、养殖、流通、销售"的产业链布局,带动村民增收致富。此外,还积极搭建平台,与科研院所合作,加快构建店村、可建、值源、凌坑、西坑 5 个稻螺生产圈,深化农文旅融合,打造立体生态产业格局。

四、科研和技术推广情况

2018 年和 2020 年，福建省水产技术推广总站利用省级渔业结构调整专项资金开展了稻虾综合种养技术示范推广和稻螺综合种养试验示范项目。稻虾综合种养技术示范推广项目在永安市、连江县各建立 1 个试验示范基地，共示范面积 400 亩，开展稻田养殖克氏原螯虾试验示范和稻田养殖红螯螯虾试验，2 个示范基地坑沟占比在 10% 以内，稻谷亩产达 431 千克，克氏原螯虾亩产量达 200 千克以上，辐射推广面积 1300 亩。同时，制定了稻虾综合种养技术规程，极大带动了福建省稻虾综合种养模式的发展。稻螺综合种养试验示范项目，在闽清县、延平区、长乐区各建立 1 个试验示范基地，共示范面积 165 亩，2 个示范基地坑沟占比在 8% 以内，亩产稻谷达 414 千克，田螺亩净产达 179 千克，同时制定稻螺综合种养技术规程。

由福建省淡水水产研究所牵头，顺昌县水产技术推广站、清流县水产技术推广站等参与的"大宗淡水鱼良种扩繁及山塘稻田绿色养殖模式创新与应用"项目荣获 2020 年度福建省科技进步二等奖。

2019 年福建省摸索出一套适合山区稻渔综合种养发展的技术模式，制定了稻鲤（山区型）种养技术规范，保证稻渔综合种养产业规范、可持续发展。

五、产业政策

福建省海洋与渔业厅《关于加快福建省淡水渔业转方式调结构的指导意见》（闽海渔〔2016〕219 号）提出"推广池塘循环流水养殖，稻田综合种养"。2017 年 4 月，福建省海洋与渔业厅编制的《福建省"十三五"渔业发展专项规划》提出"大力发展生态渔业，推广立体综合种养模式"，在福建省范围启动福建省稻渔综合种养示范区创建工作。2017 年，福建省海洋与渔业厅将标准化稻（莲）渔塘建设纳入中央油补一般性转移支付省级统筹专项资金补助范围。各地积极筹备资金，推动稻渔综合种养发展。罗源县于 2019 年出台都市现代农业发展项目补助政策，对新建稻鱼（虾）综合种养田补助 1 000 元/亩，往年已享受补助的继续给予 700 元/亩的补助；新建稻螺综合种养田补助 700 元/亩，往年已享受补助的继续给予 500 元/亩的补助；莲、茭白田套养鱼虾综合种养的补助 700 元/亩，往年已享受补助的继续给予 500 元/亩的补助；项目落地贫困村的另补助 100 元/亩。福州市对按规范标准建设的稻渔综合种养业主，每亩补助 800 元。2021 年，龙岩市下发《试点推进稻田综合种养发展指导意见的通知》，支持鼓励各类经营主体发展稻渔（蛙）等稻渔综合种养模式，每年从乡村产业振兴专项中统筹安排资金用于扶持稻渔综合种养发展，对基础设施项目建设达到相应技术要求且通过验收的，给予不超过项目新增投入 50% 的资金补助，每亩最高补助 4 000 元；对当年度新建（或新增）种养面积达标、验收合格且综合得分排名在全市靠前的稻渔综合种养示范点，市级给予一次性奖励，奖励标准为当年度亩生产总成本（基础设施除外）的 50%，每亩最高奖励 5 000 元，单个经营主体最高奖励 10 万元。

六、主要做法和经验

推进稻渔综合种养，面临着许多新矛盾、新难题，需要多措并举，综合施策。福建省在推进稻渔综合种养主要做法有以下方面：

（一）政策撬动

一是政策扶持推动。福建省海洋与渔业厅将标准化稻（莲）渔塘建设纳入中央油补一般性转移支付省级统筹专项资金补助范围。福州市、龙岩市、罗源县也出台了相应的扶持政策，主要是现金补助的形式鼓励稻渔综合种养，大大地提高了稻渔综合种养大户及企业的热情。二是项目补助拉动。2018—2020 年福建省海洋渔业局从渔业结构调整项目资金中安排 60 万元，由福建省水产技术推广总站实施"稻虾综合种养技术示范推广项目""稻螺综合种养技术示范项目"，推动稻渔综合种养产业进一步完善升级。

（二）服务推动

围绕稻渔综合种养产业发展需求，成立了全省稻渔综合种养技术创新联盟，采用集成创新、典型示范及辐射带动相结合的方式，边试验、边示范、边推广。探索建立了"科、种、养、加、销"一体化推广机制，依托科技入户公共服务平台，构建"技术专家＋核心示范户＋辐射户"推广模式，完善了产前、产中、产后社会化服务体系。优化技术指导，组织培训班 100 多期，邀请省内外专家 200 人次，对稻渔综合种养技术进行专题培训；组织稻虾、稻螺、稻鱼综合种养技术现场观摩会 200 多次，观摩人员 2 000 多人，为养殖户提供强有力的技术支撑。

（三）示范带动

积极推动种养大户、专业合作社牵头示范，带动千家万户使用稻渔综合种养新技术和新模式。福州市罗源县通过马洋村"罗源县圆梦农林专业合作社"示范点的示范，以点带面，带动了周边的丰余村、洋头村农户积极地投入稻田养鱼项目。飞竹镇从最早的 46 亩至 2021 年发展到 2 000 多亩，从 1 个村发展到 8 个村，从单一模式发展到莲鱼、莲螺、稻虾、稻螺等多品种、复合式、多样化发展，开发了长期抛荒的田地 700 多亩。光泽县生态稻渔产业让仁厚村 101 户农户受益。

七、存在问题与发展建议

（一）存在的问题

一是综合种养模式需进一步丰富和创新。目前，稻渔综合种养模式的集成推广示范取得了初步成效，但综合种养模式还偏少，配套的共作、连作、轮作等模式的探索还不充分，要在更大的范围内推广稻渔综合种养，需要探索更多的新模式。

二是产业规模小，效益偏低。福建山多地少，人均耕地 0.55 亩，仅为全国人均耕地的 36%。丘陵山区囿于地貌限制，稻渔综合种养普遍规模小，田间工程、种养茬口衔接与大规模机械化配套性不强。现代农业机械化发展趋势越来越明显，省内稻渔综合种养基地大都是山垄田，对机械化操作造成麻烦，许多地方插秧和收割环节只能依靠手工来完成，难以形成规模化生产，也增加了生产成本。

三是产品价值提升不快。产出的优质稻米和水产品，由于宣传力度不够，没有凸显出绿色无污染、产品质量安全的特点，同时各家各户产品总量小，难以进入大型商业超市，销售渠道狭窄，存在着产品优质不优价问题。

四是稻米品牌建设有待进一步加强。稻渔综合种养养殖户各自为战，养殖面积小，大多未制定标准化生产规程，缺乏深度的品牌开发，稻渔综合种养总体效益未能完全体现。

（二）发展建议

1. 健全产业技术联盟机制。推动科研院所、高校、推广体系、科技企业和示范基地开展技术合作，组建跨学科的专家团队，加强种植业、水产业和物联网等相关行业的资源整合，通过对比筛选，推广应用一批适合稻渔综合种养的优质稳产、多抗广适水稻品种，并选育适宜稻田生长的水产养殖品种，研发稻渔综合种养关键技术，构建产、学、研、推、用五位一体的新型技术推广应用机制。

2. 完善稻鱼共作技术规范。进一步规范福建省稻鱼共作技术（地方标准）以及福建稻花鱼品质评价标准，实施综合种养的标准化、绿色化、组织化生产，推进综合种养公共品牌建设。

3. 推进稻渔种养融合发展。进一步开展稻渔综合种养精准化、精细化运作，提高综合种养的集约化、智能化水平。选择条件成熟的示范基地，结合休闲渔业发展的有利时期，建成生态养殖、观赏、体验、餐饮于一体的稻渔综合种养发展新模式，开拓水产品加工产业等，延长产业链，提升价值链。

4. 加强品牌建设。挖掘稻渔综合种养生态价值，大力打造生态健康的稻渔产品品牌，积极推进各地按无公害、有机、绿色食品的要求组织稻田产品的生产，主打生态健康品牌，进行系列化开发。

八、综合效益分析

根据调查结果显示，稻渔种养较水稻单作经济效益明显提升，每亩增收达 2 800 元以上，亩增纯收益除稻鱼稍低外，其他模式均达 2 500 元以上。主要原因有以下几点：一是与水稻单作比较，稻渔综合种养水稻产量未明显减少，同时增加了高价值水产品的收益，而且增加的投入较少，增加了经济效益；二是各地政府鼓励综合种养企业开展渔米绿色、有机食品认定，并建设自有品牌，提高了生产产品价值，水产品价格提升 30%～60%，渔米价格提高 80%～100%，渔民经济效益显著提高；三是稻渔综合种养企业开展了摸田螺、捉稻花鱼、捉稻田鸭等休闲观光体验活动，吸引了众多市民和游客前来观光和体验，推动了稻渔种养产品价格提升和销售，增加了渔民收入。

据调查数据显示，稻渔综合种养评估组与水稻单作相比，基本不使用农药，化肥用量减少 83.6％。实施稻渔综合种养减少了农药、除草剂、化肥等用量，稻田面源污染减轻，种养环境优化，推进了生态循环农业发展。

福建省水产技术推广总站

胡荣炊　刘燕飞

江西省稻渔综合种养产业发展报告

一、基本情况

　　江西属亚热带季风气候区，降水充足、水网稠密，地形南高北低，有利于水源汇聚，淡水水体特点明显，是天然水产资源宝库。"十三五"以来，江西充分依托资源优势，严格执行国务院、农业农村部和省政府的有关文件规定，规范发展稻渔综合种养产业，积极落实"一水两用，一田多收，种养结合，生态循环，绿色发展"发展理念，不断创新稻渔综合种养新模式，产业发展稳步提升。据统计，2022年全省稻渔综合种养面积近226.35万亩，水产品总产量约26.74万吨。

　　全省稻渔综合种养呈现出地域集中特征，已经形成三级梯队：第一梯队为上饶、九江、南昌、吉安，第二梯队为赣州、宜春、抚州，第三梯队为鹰潭、萍乡、景德镇、新余。从江西省稻渔综合种养产业分布可知，湖泊、河谷地区生态条件主要以发展稻鱼、稻虾、稻蟹为主，山区地区主要以发展稻蛙、稻鳖、稻鳅为主，不同区域选择了适合实际情况的品类和模式。目前，全省稻渔综合种养主要在环鄱阳湖区、赣抚平原区、吉泰盆地及丘陵山区宜渔稻（莲）田实施。

二、技术模式发展情况

　　目前，在江西省稻渔综合种养中，主要有七种技术模式，包括稻虾、稻鱼、稻蛙、稻鳅、稻鳖、稻蟹和稻螺。几种主要种养模式发展如下：

　　（1）稻虾共作、轮作　稻虾综合种养是一种高效生态循环农业种养模式，它使传统产业植入新技术、新业态，具有产地生态、产品绿色、产业融合、产出高效的特点，发展前景广阔。目前，无环沟稻虾轮作的方式发展比较快，并在江西省得到大力推广。

　　（2）稻鳖共作　稻鳖综合种养模式是目前稻渔模式效益比较好的一种模式，养殖企业正转向该养殖模式，是一种发展前景较好的模式。

　　（3）稻鱼共作　该模式养殖品种主要为鲤鱼、鲫鱼等。该技术模式技术简单，效益一般，主要用于发展休闲渔业，可作为发展农村旅游景点模式。

三、组织化、产业化发展情况

（一）规模化、区域化和产业化协调发展

全省稻渔综合种养经营主体以公司、养殖场、家庭农场、合作社为主，占总量的 75% 以上，已建立了百亩以上种养大户 1 500 多个、千亩示范基地 170 余个、万亩示范区 10 个。2020 年创建了省级稻渔综合种养示范县 10 个，现有国家级稻渔综合种养示范区 5 个。已形成了环鄱阳湖区稻虾综合种养产业经济区、赣中稻鳖综合产业经济区、吉泰盆地稻虾综合种养产业经济区、赣南稻虾稻鱼综合种养产业经济区和赣东北稻蛙综合种养产业经济区。大力推动鄱阳湖小龙虾产业集群建设，集群项目县覆盖彭泽、吉水等 16 个县（市、区）。稻渔综合种养产业不断向纵深发展，多功能拓展和新要素价值凸显，产业创新与融合加快，各地结合自身区位因素和资源状况，积极推动发展适合当地的稻渔新业态经营方式，"稻渔＋文化""稻渔＋休闲观光""稻渔＋电子商务"蓬勃发展。

（二）品牌建设不断推进

全省各地积极支持企业、合作社、行业协会等主体开展稻渔水产品和稻米品牌创建，通过组织参加各类品牌认证、展销和评比活动等广泛宣传推介，稻渔产业整体影响力持续提升，全国知名品牌和具有地方特色、影响力较大的区域性品牌不断涌现。品牌推广和建设特别是区域公共品牌的推广和建设会增加市场的认可度和影响力。据估算，"鄱阳湖"品牌仅在江西水产品种应用，其价值将在 100 亿元以上，推广潜力巨大。2021 年，江西继续以鄱阳湖小龙虾产业集群为引领，大力推进"鄱阳湖"品牌建设，加大"鄱阳湖"品牌小龙虾的宣传，取得了较好的效果。江西立足绿色有机农产品示范基地试点省建设，依托"鄱阳湖"区域公共品牌，实施"东进""南下""北上"战略，鄱阳湖品牌小龙虾专卖店达 200 余家，鄱阳湖小龙虾的市场竞争力得到了大幅提升，社会认知度进一步提升。

除此之外，江西省鄱阳湖都昌小龙虾已于 2019 年获得了国家证明商标。据调查，至 2021 年底，小龙虾产品商标获省级著名商标有鄱湖牌小龙虾、绿富美牌虾蟹、吉水清水小龙虾、湖家妹牌小龙虾、赣都正品等。这些省级著名小龙虾商标在国际和国内市场上均有一定影响。鄱阳湖公共区域品牌已开始走进广大消费者心中，深受消费者青睐。与此同时，一批县域公共品牌和企业自主品牌也得到有效推广。2020 年，吉水县在大力推广鄱阳湖省级区域公用品牌的同时，极力做大做强"井冈山"稻米区域公用品牌，创建"吉田""井赣"牌大米等品牌 15 个，全县有 6 家稻渔企业申报或通过了有机产品认证，其中井冈山粮油集团"吉田"牌虾稻米获得绿色食品认证，吉水县盘谷生态农业发展有限公司"井赣"牌稻谷获得有机农产品认证；积极宣传吉水清水龙虾，注册"井赣"螃蟹、"井太狼"龙虾、井冈柚香虾等品牌 9 个。2021 年 3 月，"井赣"龙虾入选中国水产流通与加工协会"2020 年度影响力成长品牌"、吉水县盘谷生态农业发展有限公司荣获 2020 年度中国小龙虾产业十强养殖企业。此外，井冈柚香虾获得 2019 年上海全国乡村美食大赛金奖，2019 年 10 月，吉水县被中国渔业协会授予"中国清水龙虾之乡"称号。

四、科研和技术推广情况

近年来，江西省大力发展稻渔综合种养。召开稻渔综合种养现场推进会，大力推广 6 大综合种养模式，挖掘低洼田、冷浆田、内涝田等宜渔稻田资源，积极引导发展不挖沟的稻虾综合种养技术模式，建立不挖沟的核心示范基地。严格按照农业农村部制定的《稻渔综合种养技术规范　通则》，针对当前江西省规模较大、技术模式相对成熟的稻渔综合种养主导技术模式，制定相关标准，为稻田工程、水稻种植、水产养殖等关键生产环节提供成熟的、适用性强的技术参考和指导，便于广大稻渔从业人员在生产实践中采用，从而达到稳定水稻生产、保护和改善稻田环境、保障产品质量的目的，提高综合效益。初步构建了江西省多层次、全覆盖的稻渔综合种养技术标准体系模式。发布了省级地方标准《莲鳖综合种养技术规程》（DB36/T 1301—2020）、《赣抚平原小龙虾与一季稻连作模式生产技术规程》（DB36/T 1075—2018）。

目前，江西省主要通过开展种养技术培训、水产和农业技术推广等方式展开产业技术服务。组织科技人员分类编印了《江西省稻渔综合种养主要技术模式及案例分析》技术手册，邀请省内外稻渔综合种养专家培训全省种养主体，构建稻渔综合种养产业技术体系，体系专家对重点县进行技术培训、点对点服务。行政主管部门及技术推广部门联合高校成立"绿色高效稻渔综合种养技术协同推广"协作组，全面负责试点示范县（市、区）综合种养标准化、生态化技术的推广应用，确保稻渔产品"绿色化"。水产部门、农业技术推广部门联合推广水稻病虫害绿色防控技术和秸秆还田技术，定期对稻渔综合种养的水源、生产投入品、产品进行监测。

五、产业政策

（一）近年来出台的与稻渔综合种养相关的主要政策、规划

一是始终坚持科学规划。出台《江西省养殖水域滩涂规划（2020—2030 年）》《江西省人民政府办公厅关于加快推进渔业高质量发展的实施意见》（赣府厅发〔2020〕24 号）、《关于加快推进水产养殖业绿色发展的实施意见》（赣农字〔2019〕79 号）等文件。制定《江西省小龙虾产业发展三年行动方案（2020—2022 年）》（赣农规计字〔2020〕16 号），在确保粮食安全的前提下，依托资源禀赋，因地制宜发展稻虾综合种养，科学合理规划布局生产区，做到符合国土空间规划、符合粮食主产区发展。充分挖掘低洼田、冷浸田、内涝田等稻田资源，示范推广不挖沟稻虾综合种养和小龙虾繁养分离模式，引导稻虾区域化、特色化、品牌化发展。

二是加大资金保障。近几年，江西省加大项目资金投入，加快推进全省稻渔综合种养发展。其中，2018—2019 年实施水产业发展工程，重点选择稻渔种养年新增面积 3 000 亩以上的项目县，扶持基地规模集中连片 200 亩以上的项目主体，每亩新建稻渔综合种养基地补助 1 000 元（其中省级财政补助 400 元）；2021—2022 年，专门安排综合种养资金共 4 000 万元，每亩新增面积按 400 元进行补助；2020—2021 年，安排鄱阳湖小龙虾产业集

群项目 1.5 亿，其中投入 1 500 余万，用于支持稻虾综合种养标准化基地建设。

三是始终坚持服务指导。依托国家、省级农业产业技术体系科研力量，创新稻虾综合种养技术模式，实现繁养分离、定量养虾，并逐步推广不挖沟稻虾综合种养技术模式，不断加强科技服务指导，提升农渔民养殖技能。

（二）"十四五"期间发展预期、目标

根据《江西省"十四五"渔业渔政发展规划及 2030 年远景目标》，稻渔综合种养示范推广工程的建设目标：充分挖掘低洼田、冷浆田、内涝田等宜渔稻田潜力，大力推进稻渔综合种养发展，推广不挖沟的稻虾综合种养模式，建设一批稻渔综合种养百亩示范点、千亩示范片、万亩示范区，实现亩产"百斤鱼、千斤粮、万元田"的目标。建设重点：充分利用小龙虾产业集群和农业结构调整项目，建设一批稻（莲）渔综合种养基地，引导发展不挖沟的稻虾综合种养技术模式，重点推广稻虾、稻鱼、稻蛙、稻蟹、稻鳖、稻鳅等六大种养模式，建立稻（莲）渔综合种养产业技术体系、生产体系、营销体系和配套服务体系。拟每年新增稻（莲）渔综合种养面积 30 万亩，到 2025 年，全省稻（莲）渔综合种养面积达 350 万亩。

（三）各地市相关政策及资金支持

吉安市先后以市委、市政府名义印发了《关于大力推进稻虾综合种养产业发展的实施方案》（吉办字〔2017〕191 号）和《吉安市稻虾综合种养产业发展三年行动计划（2018—2020 年）》（吉办字〔2018〕93 号），并成立了以分管副市长为组长的"吉安市稻虾综合种养产业推进工作领导小组"。另外，还专门从市财政划拨产业扶持专项资金 150 万元，连续四年（2018—2021 年）用于支持稻虾产业发展。

抚州市通过对稻渔综合种养实施规划（规划到 2025 年全市稻渔综合种养面积达 20 万亩），对符合政策导向的给予资金扶持，按照省市县配套资金，其中市级从油补资金中切块，按照每亩 400 元进行补助。

赣州市稻渔综合种养主要政策为奖补，如 2019 年、2020 年在渔业油价补贴资金中分别划拨 212.51 万元、166.57 万元支持稻渔综合种养。

南昌市先后出台了多项促进稻渔综合种养产业发展的政策。一是争取项目支持，从 2020 年开始争取了江西鄱阳湖小龙虾产业集群项目，其中新建区、南昌县和市本级正在实施，截至目前，累计获得中央财政 1 800 万元扶持，重点扶持小龙虾冷链、物流一二三产业融合发展。二是实施稻渔综合种养补助，目前已争取 200 万元省级财政资金补助，助力稻渔一产再上新台阶。三是落地实施渔业保险政策。2021 年开始小龙虾养殖（含稻/莲田种养）保险，农户只需缴纳 22.5 元/亩，即可享受全年最高 2 000 元/亩的赔付，该项政策对小龙虾产业发展起到保驾护航作用，化解了可能存在的养殖风险，激发了养殖户的生产积极性。

上饶市于 2018 年出台了《上饶市政府办公厅关于加快发展稻虾共作产业实施方案》（饶府厅发〔2018〕25 号）和《上饶市人民政府关于加快推进农业结构调整的实施意见》（饶府发〔2018〕6 号），将以稻虾产业发展为主的水产业发展工程纳入农业结构调整九大

产业发展体系，成立了产业发展领导小组，制订了具体实施方案，将新增产业发展面积纳入政府奖补范围。同时，还制定了"十四五"期间每年新增 4 万亩稻渔综合种养面积的目标，预计"十四五"末期全市稻渔综合种养面积可超 60 万亩。

鹰潭市委、市政府印发了《关于做好江西重点水域禁捕退捕工作助推长江经济带绿色发展的意见》（鹰发〔2020〕12 号），明确了稻渔综合种养"十四五"期间发展目标。

六、主要做法和经验

（一）坚持政府引导，加大政策扶持力度

政府牵头抓总，以编制规划、落实政策、开展示范、统筹协调主导产业发展，始终坚持强化政府引导，充分调动农民和市场主体积极性。一是制订科学的稻渔综合种养发展规划方案。积极引导并结合实际将稻渔综合种养纳入农业发展规划，并加大政策与资金扶持力度，推进稻渔综合种养模式的发展与农田水利设施的建设。二是积极把稻渔综合种养作为农业改革的重要措施，列入现代农业发展的核心。制定一系列的优惠政策，注重引进人才、保护人才，防止地区人才流失。三是将稻渔综合种养作为巩固脱贫攻坚成果的重要抓手，把稳粮增收作为稻渔综合种养产业脱贫的立业之基，坚持不与人争粮、不与粮争地，确保稳粮与增收双赢，把质量安全作为稻渔综合种养产业扶贫的立命之本，确保稻渔综合种养的产品质量总体安全。

（二）加强稻渔综合种养技术模式以及产业模式创新

确立产业化发展的主导模式，树立"稳粮增收、以渔促稻、质量安全、生态环保"的发展目标，并严格按照产业化的标准要求提出主导模式的标准，着重加强稻蟹、稻鳖、稻虾、稻鳅、稻鲤鱼等主导模式的研究，不仅仅局限于局部地区发展，要不断发展集成，推广适用于不同地区、不同生态条件的发展模式。加快稻渔综合种养产业化的核心技术研发，并切实根据实地状况进行公益推广与科学研究，严格按照标准化、品牌化、规模化的发展要求采用稻渔综合种养技术进行配套种植，重点对提高产量与经济效益、控制质量等集成技术进行创新研究，并坚持以农民根本利益为核心的推广体制。强化产业的发展导向，推进以集约化、专业化、组织化、社会化为特征的新型稻渔综合种养模式。发展品牌管理模式，积极培育专业大户、龙头企业，引领致富道路，进而实现共同富裕，并进行统一品种、统一管理、统一服务、统一销售、统一品牌，发展产业实力，提高产业知名度，建成"种、产、销"一体化产业模式。

（三）积极推进产业示范

产业示范基地可以让种植者直观、切实感受到稻渔种养的优点。因此，在推广稻渔综合种养技术前期，应当建立一批规模大、起点高、效益好的稻渔综合种养试验基地，不断加强工程建设以及基础设施建设、健全推广体制，积极推进产业示范基地，并举办现场交流活动，发挥示范区的辐射作用，优化产业布局，逐渐形成规模化经营、标准化生产的发展格局。全面推进稻渔综合种养产业扶贫，把稻渔综合种养作为巩固脱贫攻坚成果的重要

产业，做好产业规划，突出重点区域、打造典型模式，推进产业融合，争取政策支持，总结取得的成效，为实施乡村振兴战略作出贡献。

（四）做好技术支撑

各地科研部门或机构应针对当地的实际情况进行研究，对现有的稻渔综合种养模式进行优化，不断提高稻渔综合种养技术水平和精深加工技术水平。对稻渔综合种养发展过程中遇到的技术难题和潜在的风险进行深入研究，并制订相应的解决方案。同时，加强宣传和培训，让农户掌握更加先进的综合种养技术和精深加工技术，提升农民的专业技术水平，促进水产养殖和水稻种植的产量、质量的提高，从而带动当地经济的健康快速发展。

（五）推进品牌建设

政府相关部门应该通过整合企业、综合种养农户、合作社等各方力量，加大综合种养相关企业的扶持力度，打造具有当地特色的知名品牌，深度挖掘稻渔综合种养产品的附加值，促进综合经济效益的提高。

（六）推动三产融合

积极引导、鼓励农户以稻渔综合种养为基础，将稻渔综合种养产品加工与文化传承、品牌展示、特色民俗、科普教育、美食餐饮、农业旅游观光、娱乐健身等有机地结合起来，推动三产融合，促进稻渔综合种养产业的可持续发展。

七、存在问题与发展建议

（一）主要模式尚少，需要做好效益测试

目前，江西省虽然在持续引入各种模式，主要以稻虾为主，稻鱼、稻蛙为辅，其他模式都是点状发展。稻虾属主干共性模式，在国内有进一步争先进位、做强做大的空间和潜力。因而，宜从适度规模化、标准化、产业化等方面研究出台省级层面的政策举措，给予积极扶持，同时加以规范约束。

（二）品牌效应不响，缺乏龙头企业

与湖北、浙江、江苏等周边省份相比，江西省在打造"有机稻""生态鱼"品牌方面，急需要培育龙头企业，组建种养专业合作社，建立健全市场运作和品牌保护的机制，保障稻渔综合种养健康发展，实现稻渔产品优质优价。

（三）产业融合需加强

目前，水产品加工流通企业数量少、规模小，精深加工能力差。一旦产量猛增，势必引起产品滞销，阻碍发展。促进产业融合发展可以有效解决产品滞销问题，同时推动水产品加工、流通及休闲渔业、文化、旅游发展可以延长产业链提升附加值，促进渔民增收，是支撑产业发展的核心力量。

八、综合效益分析

（1）稻虾模式　调查对象均为优质水稻品种和克氏原螯虾（小龙虾）。调查的模式主要分为稻虾共作、稻虾轮作、稻虾繁养分离模式，效益分别是常规水稻生产效益的3.9倍、5倍、5.5倍，且亩均成本不高。该模式投资小、见效快，销售渠道要求不高，且目前市场小龙虾供不应求，稻虾宜作为大面积主推模式。

（2）稻蛙共作模式　调查对象均为优质水稻品种和黑斑蛙。该模式效益是常规水稻生产效益的6.8倍，而且减少了农药化肥的用量，水稻充分分解吸收黑斑蛙的食物残渣和排出的粪便，起到生态净化池的作用，解决了养殖污水处理难的问题。

（3）稻蟹共作模式　调查对象是优质水稻品种和中华绒螯蟹（大闸蟹）。效益是常规水稻生产效益的12.2倍。大闸蟹易于品牌打造，江西省的主要品牌有"军山湖大闸蟹""鄱阳湖大闸蟹"等知名品牌，品牌大闸蟹是一般螃蟹价格的2～4倍，也是一种经济效益很高的模式。

（4）稻鱼共作模式　此模式中的鱼主要是鲤鱼、鲫鱼，水稻品种选用优质水稻品种。其产品以本地销售为主，效益是常规水稻生产效益的3.1倍，稻鱼模式不仅减少了部分农药的使用，还增强了土地肥力，改善了农田生态环境。

（5）稻蛙鳅共作模式　在优质水稻中引入合适数量的青蛙和泥鳅，青蛙喜欢弹跳捕食水稻植株中上部的害虫，可以有效减少农药的使用，与泥鳅一起成为稻渔种养系统有机组成部分。该模式效益是常规水稻生产效益的7.1倍。

（6）稻虾鱼共作模式　此模式主要是稻-小龙虾-鲢鱼的共养模式。该模式效益是常规水稻生产效益的4.6倍。

综上所述，稻渔综合种养不仅可以提高农田土地使用率，提高土壤活力，减少虫害，提高单位土地面积的经济效益，助力乡村振兴，还可以减少环境污染，为绿色发展作出贡献。建议在未来的研究中，应该进一步开展稻渔系统生产过程中土壤的物理与化学性质变化的试验，并探究背后的生态学机理；同时关注稻渔系统的水质变化及影响因素，从而为稻渔综合种养发展提供更有力的科学依据。

江西省农业技术推广中心

李小勇　刘文珍

山东省稻渔综合种养
产业发展报告

一、基本情况

"十四五"期间，山东省着力构建沿黄渔业高质量发展带，重点发展绿色节水高效渔业，在适宜地区发展稻渔综合种养，科学拓展水产养殖新空间。初步统计，全省适宜开展稻渔综合种养的面积约 38 万亩，已开展稻渔综合种养的面积约 8.37 万亩，发展潜力较大。综合种养产区主要集中在鲁南、鲁西南和沿黄等低洼易涝或盐碱地区，具体分布在济宁市鱼台县、任城区，临沂市郯城县，淄博市高青县等地。按照水源和地域分布划分为三类稻区，包括济宁滨湖稻区、临沂库灌稻区和沿黄稻区。济宁市稻渔综合种养面积占全省总面积的 70%以上。稻渔综合种养正在发展成为山东生态渔业重要组成部分。

二、技术模式发展情况

稻虾共作为山东省稻渔综合种养主要模式，综合种养面积约为 5.5 万亩，占全省综合种养总面积的 80%以上，平均亩产小龙虾 90~150 千克，主要分布在山东省济宁市鱼台县、任城区，临沂市郯城县，淄博市高青县，枣庄市台儿庄区等地。稻虾共作模式集成应用"三大、两水、两网"配套、稻虾繁养分离高效种养和病害绿色防控等技术，有效降低农药、化肥使用量，显著提升经济效益的同时，促进水产养殖节能减排。"三大、两水、两网"配套技术，有效推进机械化作业和资源高效利用，布设独立的灌排水设施，避免排出水与灌入水源交汇污染，构建防逃防盗"两网"，保障养殖生产安全。稻虾繁养分离高效种养技术，小龙虾成虾养殖与苗种繁育分田进行，促进小龙虾提早繁育、上市，有效增加养殖效益；注重科学施策，提升管理水平；病害防控遵循"预防为主、防治结合"原则，综合运用物理、化学和生物防控技术手段。

稻蟹共作模式约 8 500 亩，主要分布在枣庄市台儿庄区、淄博市高青县和东营市垦利区等地，平均亩产河蟹 40 千克。稻蟹共作模式接力应用稻田幼蟹生态暂养、成蟹养殖技术，利用稻田边水渠、稻田内开挖的养蟹环沟、稻田边小池塘开展中华绒螯蟹幼蟹生态暂养，通过采用移植水草、投放田螺、豆粕等，为实施稻田养蟹培育优质幼蟹；成蟹养殖主要应用稻田改造、优质苗种投放、饲养管理及综合病害防控技术，利用中华绒螯蟹喜食水草和喜爱打洞的生活习性，即减少除草剂的使用又起到松土、肥田的效果，两者互利互补。

稻鳖共作模式在山东省种养面积较少，仅济宁市任城区、临沂市河东区等地有零星分布，平均亩产甲鱼 85 千克。稻鳖共作通过选用大规格苗种、优质饲料、科学搭建投饵晾晒台、生态防病等手段，成功摸索出稻鳖生态种养当年养成关键技术，经过约 100 天养殖，甲鱼平均规格达到 700 克以上，达到商品规格，减少因越冬增加的成本，加快资金回笼。

稻蛙共作模式作为山东省新兴种养模式，在济宁市任城区、嘉祥县等地进行试验性种养，面积约 300 亩，蛙平均亩产 1 000 千克，经济效益显著。稻蛙共作通过稻田改造、搭建饵料台、构建防逃及进排水系统、优质苗种投放和科学管理等技术手段，实现水稻种植与蛙类养殖的良性循环，促进农民增产增收，助力乡村振兴。

三、组织化、产业化发展情况

（一）加强培训和示范基地创建

近三年，全省举办各类稻渔综合种养培训班 30 余期，培训 1 200 人次，通过培训，提高了养殖户的技术水平，对示范推广综合种养起到了积极作用。全省累计培育稻渔综合种养新型经营主体 100 余家，包括农业科技发展有限公司、农民专业合作社和规模个体户等。500 亩以上的规模经营主体 20 个，创建"国家级稻渔综合种养示范区" 5 处，建设稻渔综合种养示范基地 20 余处。充分发挥基地示范带动作用，通过"基地＋农户""专业合作社＋农户""家庭农场＋农户"等模式，以"利益共享、风险共担"方式来实现小生产与大市场的有效对接。同时，实现与旅游产业、水稻产业及其他渔业产业相互促进发展。

（二）持续推进产业品牌建设

山东省牢固树立"品牌就是生产力、质量就是竞争力"的理念，加大综合种养品牌的建设推广力度。培育"湖中鲜""微湖飘香"等水产品牌 9 个、水稻品牌 15 个，组织企业合作社开展"三品一标"认证，赴北京、上海、武汉、长沙、成都等大城市参加展销会，推介优质农产品。2017—2022 年鱼台县连续成功举办了六届"中国·鱼台龙虾节"。2018 年，"鱼台龙虾"入选"济宁礼飨"区域品牌，鱼台县被中国渔业协会授予"中国生态龙虾之乡"称号。2019 年，鱼台县再获"中国生态食材之乡"的美誉。2020 年，鱼台小龙虾特色农产品入选第三批山东省特色农产品优势区；同年"鱼台龙虾"品牌获得中华品牌商标博览会金奖。2022 年，鱼台龙虾被全国名特优新农产品名录收集登录。鱼台龙虾书写了"一虾先行、诸业并进"的喜人篇章。

枣庄市"涛沟人家""邳庄"大米荣获国家地理标志商标，被农业农村部绿色食品发展中心认定为绿色食品 A 级产品，直接带动项目区内 2 000 户群众增收致富。

（三）推进产业协调融合发展

近年来，山东省培育具备加工、旅游、餐饮等融合发展业态的稻渔综合种养主体 11 个。积极扶持规模化企业建设农业生态园区，兼顾餐饮、垂钓等服务行业，提升农业生态园区综合效益。逐步建立健全苗种供应、规范生产、投入品服务、销售、餐饮等多个产业链环节规范发展体系。充分发挥生态资源优势，依托稻渔综合种养基地和本地的乡风民俗、美食餐饮、特色民宿等，发展休闲垂钓、观光旅游、渔事体验等具有本地特色的休闲渔业项目。

济宁市鱼台县进一步完善了"互联网＋小龙虾＋流通"的龙虾全产业链的发展；高标准规划建设了鱼稼里龙虾广场、龙虾科普馆、龙虾美食街以及龙虾交易市场；加快发展龙虾精深加工、美食消费和批发、销售、仓储物流等二、三产业；结合电子商务，发展"物联网＋龙虾产业"，开通了龙虾产业信息化平台，吸引众多企业入驻。同时，建成投产3家龙虾深加工企业，4家酒店被打造成龙虾主题酒店。鱼台县龙虾协会与深圳鑫聚源有限公司合作在全国已签约16家鱼台生态龙虾形象店，计划2022年实现运营50至100家。大力推进龙虾全产业链发展，积极扶持山东孝贤食品有限公司、山东湖中鲜食品有限公司等龙虾加工企业发展，现年加工能力6 000余吨，产值6亿元。

济宁市微山县规模以上小龙虾加工企业4家，年加工小龙虾1万余吨。在产品销售流通方面，借助中国农批全国市场网络体系和供销e家全国电商平台，构建起一个崭新的符合互联网发展趋势的现代化专业农副产品产地市场，优化农产品市场的交易过程和管理方式，提高农产品流通的组织化程度；创建品牌化、包装化、标准化的区域品牌，完善微山湖渔产业链，延长产品周期，拓宽销售渠道，扩大市场占有率，线上线下结合，实现环微山湖地区农产品等融入全国市场大流通，构建微山湖区域农副产品流通新体系，打造全国知名的微山湖农产品品牌，发展微山湖品牌渔业。

淄博市高青县利用龙虾养殖区开展龙虾垂钓、荷花观赏等休闲观光项目，同时配套发展蔬菜采摘区，搭建文化长廊及乡村大舞台，开设餐饮住宿等，有效延伸产业发展链条。现阶段，全省已初步形成龙虾养殖、龙虾垂钓、龙虾加工、龙虾餐饮、龙虾交易市场等龙虾全链条产业格局。

四、科研和技术推广情况

全省累计实施了省农业重大应用技术创新课题、省农业重大应用技术推广项目等各类稻渔生态种养项目10余个。2017—2020年实施的"稻渔综合种养技术集成示范与推广"项目，累计示范推广面积36.8万亩，经济、社会和生态效益显著，获省厅农业技术推广成果单项类优选计划二等奖。

积极开展产学研战略合作，与中国水产科学院淡水渔业研究中心、长江大学、中国海洋大学、山东省淡水渔业研究院、山东省虾蟹类产业创新团队、山东农业大学等科研院所合作，推动产学研融合。建设2处山东省现代农业虾蟹产业技术体系试验示范基地，分别为鱼台通恒辣否龙虾养殖专业合作社、鱼台众汇农业科技有限公司。积极推进标准化建设，探索建立从繁育到种养的技术标准规范和质量控制体系，基于山东省气候和水文特点，发布了省地方标准《稻（藕）田克氏原螯虾养殖技术规程》。

五、产业政策

山东省将稻渔综合种养、藕虾综合种养模式列入水产绿色健康养殖技术推广"五大行动"生态健康养殖模式推广行动，予以政策、资金和技术扶持，打造骨干基地3处，给予上限不超过100万的资金扶持，打造现代水产养殖典型和样板，充分发挥好示范带动作用，促进全省水产养殖业绿色健康发展。"十四五"期间着力构建沿黄渔业高质量发展带，重点发展绿色节水高效渔业，在适宜地区发展稻渔综合种养，科学拓展水产养殖新空间。

济宁市按照省农业农村厅《关于做好2020年渔业成品油价格改革财政补贴一般转移支付项目的通知》(鲁农渔字〔2020〕16号)和《关于在省重点事权综合改革试点县开展农业投资项目直报直管工作的通知》(鲁农计财字〔2019〕32号)要求，对稻虾综合种养制定政扶持标准：每个项目财政补助金额不超过总投资的50%，每个项目财政补助金额每亩1 500元，补助上限不超过300万元。

淄博市高青县人民政府高度重视小龙虾产业发展，2020年出台了《高青县农业产业高质量发展奖励扶持政策》。其中，对新建200亩以上小龙虾养殖基地奖励资金50万元；新建100亩以上小龙虾苗种繁育基地奖励资金30万元；稻田养殖小龙虾按照每亩投放苗种30斤，藕塘、池塘按照每亩投放苗种60斤，每斤苗种补贴5元。通过政策刺激扩大养殖规模，增强养殖户积极性，助力高青县小龙虾产业发展。

临沂市依托基层农业技术推广体系改革与建设项目，积极稳妥地推进稻虾共作养殖，在种苗、饲料、技术等方面给予一定的支持。全市共培植综合种养基地3处，面积400余亩，示范面积2 000余亩。

六、主要做法和经验

一是政策驱动。结合水产绿色健康养殖技术推广"五大行动"，山东省将稻渔综合种养、藕虾综合种养模式列入生态健康养殖模式示范推广行动，持续加大政策、资金和技术扶持，建设"五大行动"骨干基地3处。认真落实国家、省支持龙头企业发展的一系列政策，强化培育壮大龙头企业，积极扶持各类水产龙头企业上规模、上水平。积极推动产学研融合，建设省现代农业虾蟹产业技术体系试验示范基地2处，编制省地方标准1项，初步建立了种养技术规范和质量控制体系。

二是模式促动。主打生态绿色理念，在全省范围内集成创新，示范推广稻虾、稻蟹和稻鳖综合种养等三种模式，成效显著。综合种养模式通过稻虾、稻蟹和稻鳖结合，促进了物质能量循环利用，实现"一水两用、一田双收"，亩增收1 500~3 000元。按照"民办、民管、民受益"的原则，采取政策扶持、项目带动、示范推广等措施，加快稻渔综合种养经济合作组织建设，培育产业发展新模式。

三是链条拉动。坚持双向发力，推动全产业链发展。微山县湖产品加工厂投资1.2亿元，建成集小龙虾养殖、加工与研发于一体的科技产业园；山东孝贤食品有限公司、辣否(鱼台)有限公司2条年产超2 000吨龙虾加工生产线均已投产运营。大力发展"物联网＋龙虾"产业，引进多家知名电商介入小龙虾物流、餐饮、休闲等领域，打造小龙虾主题酒店4家。

四是品牌带动。成功注册"鱼台龙虾""高青龙虾"等地理标志商标，坚持多元立体宣传，结合地域特色，组织各地举办多届"龙虾节"，产生显著节会效应，极大提高山东省小龙虾社会影响力和知名度，"鱼台龙虾"入选"济宁礼飨"区域品牌，鱼台县被中国渔业协会授予"中国生态龙虾之乡"称号。

七、存在问题与发展建议

（一）存在的问题

1. 产业发展、资金投入缺乏长远规划和支持。由于稻渔综合种养产业涉及面广、部门多，各个部门在产业发展规划、项目资金安排、示范基地建设、技术指导培训等方面的政策措施难以形成合力，导致稻渔产业发展规划与乡村旅游等其他产业发展规划契合度不高、适用性不强，跟不上产业发展实际需求。在资金扶持方面，相对于稻渔综合种养基础设施建设需要仍显不足。此外，从稻渔综合种养产业的长远发展来看，除田间工程建设外，路、水、电、交易市场等一系列产业发展的配套基础设施建设亟需提升改造。

2. 综合种养模式和理念有待进一步推广。山东省水稻种植以旱稻为主，虽然稻渔综合种养模式在山东有一定程度的发展，但与水稻主产省份相比，在面积与产量方面均不具有可比性。一些农渔民稻渔综合种养的意识不强，积极性不高；有的开发为稻渔，其间夹杂一些未开发的田块，在进水、防虫害等生产管理上不同步、不协调等系列问题突出，限制了田块集中改造和规模化发展。

3. 稻渔综合种养科技水平有待进一步提高。稻渔综合种养模式所需技术集种植、养殖、工程等于一体，技术集成度高，对于基层养殖主体难以完全掌握。水稻和水产品良种培育、养殖生产、水质管理、饲料投喂、放养密度、病害防控等关键技术有待进一步研究。

4. 土地流转困难，水资源"去渔业化"趋势明显。随着社会发展进步，水域资源的主要功能已由原来的"生产型"逐渐转向了"服务型"，即水域资源要首先服务于生态环境保护、区域气候调控、城镇居民饮水保障、城市建设和工农业生产用水等，渔业生产的从属性趋势明显。部分地市渔业养殖面积大幅下降，渔业资源大幅减少，可供开展稻渔综合种养的面积日趋减少，土地流转困难，导致规模化、产业化不足。

（二）发展建议

1. 做好产业规划及政策扶持。按照生态文明建设、农业供给侧结构性改革及"藏粮于地、藏粮于技"、乡村振兴战略规划中"探索农林牧渔融合循环发展模式"等战略要求，在全面分析市场需求、资源禀赋的基础上，制定科学的稻渔综合种养发展规划，明确发展目标和区域布局，确保产业有序发展，促进稻渔综合种养三产融合，形成完整的产业链。政策方面，一是积极推进稻渔综合种养发展与农田水利设施建设、现代农业产业融合示范园区建设等项目相结合，打造示范典型，引领产业发展。二是充分认识稻渔综合种养在乡村振兴中的巨大潜力，积极推进稻渔综合种养成为地方政府推进乡村振兴、农民增产增收的重要抓手，加大政策和资金的扶持力度。三是积极争取农业领域各项金融政策向稻渔综合种养倾斜，推进稻渔综合种养产品政策性保险、小额信贷，为稻渔综合种养提供风险保障和资金支持，提高抗风险能力。

2. 强化科技支撑，加快技术集成推广。根据稻渔综合种养稳粮增效、节肥减药、种养结合、循环发展的特点以及农业供给侧结构性改革和绿色生态可持续发展的总体要求，进一步加强稻渔综合种养生态机理、技术模式优化创新研究，完善稻渔综合种养模式规范与标准体系。以科技创新作为提高稻渔综合种养生产效率、促进传统稻渔综合种养向高质量发展的稻渔综合种养转变的支撑和动力。建立"科研、示范、推广"为一体的工作体系，加强人员培训，提高专业技术人员服务水平和种养户种养水平。因地制宜地推广适合本地的稻渔综合种养模式的技术和品种，大力培育高素质乡土人才，发挥乡土人才的"技术员"作用，及时解决种养户在生产过程中遇到的问题和困难。发展社会化服务力量，创新技术服务模式，积极引进社会力量参与，为种养户及时提供技术服务。围绕稻渔综合种养产业链，开展多层次技术培训和示范，培育一批以掌握稻渔综合种养技术为主的复合型人才，以点带线、以线带面推动稻渔综合种养新技术、新模式的推广应用。

3. 促进产业融合发展，重视经营主体培育。 进一步整合稻渔综合种养生产资料供应、经营管理、产品加工、品牌营销等产业链各环节，通过产前、产中、产后有效链接和延伸，形成有机结合、相互促进、多元共赢的稻渔综合种养产业化机制。坚持产业联动，鼓励渔米产品加工业、餐饮业发展，支持稻渔相关电子商务、冷链物流体系、大数据中心的建设，充分利用稻渔文化开发休闲农业、举办节庆活动，促进一二三产业加快融合，推进美丽乡村建设。推动农业支持政策向规模经营主体倾斜，鼓励农户将承包经营土地采取转包、出租、互换、转让、入股等方式向稻渔综合种养新型经营主体流转，推进适度规模经营。培育壮大稻渔综合种养专业大户、家庭农场、农民合作社、农业企业等新型经营主体，扶持龙头企业做大规模，推进产业标准化生产，实现品牌化经营，提升标准化生产和经营管理水平，形成区域性优势产业。结合国家级、省级稻渔综合种养示范区建设，培育一批典型示范基地，起好示范带头作用。

4. 强化品牌创建和宣传推介。 以市场为导向，发扬稻渔综合种养产品特点，积极引导经营主体、行业协会、中介组织等参与稻渔品牌创建，把稻渔"优质、生态、无农残"理念融合到品牌宣传、产品包装设计中。开展"三品一标"认证和商标注册，强化源头、过程管控和质量追溯，保障产品质量安全水平。引导地方政府打造水产品、优质稻米区域公共品牌，引导龙头企业打造知名品牌，同时加大品牌宣传力度，在主流媒体、重要展会、重点市场开展强势宣传和多层次推介。大力发展稻渔产品电子商务，拓展产品营销网络，提高稻渔综合种养产品知名度和综合效益。

5. 推进标准建设，规范产业发展。 在全面分析市场需求、资源禀赋的基础上，明确发展目标和区域布局，推动主导技术模式升级，完善田间改造、水稻栽培、水肥管理、病害防治、绿色防控、土壤保护等重点技术环节，形成适宜各地的标准体系。持续大力推进农田水利建设、高标准农田建设等与稻渔综合种养相关的公益性、基础性设施建设，建立稻渔综合种养重大疫病监测预警及土壤、水质监测系统，提高稻渔综合种养的标准化、信息化水平。逐步建立区域公共品牌的共建共享机制，搭建产销一体化平台。

八、综合效益分析

1. 稻蟹共作（成蟹养殖）。 综合种养和水稻单作的稻种/秧苗、田租、产品加工等费用相差不大；人工费用分别为 180 元/亩、78 元/亩，增长约 131%，主要用于养殖管理、收获等用工增加；田间工程、设施改造维护费用分别为 158 元/亩、25 元/亩，增长 532%，主要用于挖掘环沟、构建堤坝等水产养殖用改造投入；综合种养水稻单产较水稻单作下降 10%~18%，稻谷售卖单价最大增幅约为 25%；农药使用量减少 100%，化肥使用量减少 72%，亩均效益增加 132%。综合种养和水稻单作投入产出比分别为 1∶1.8 和 1∶1.08，经济效益有显著提升。

2. 稻虾共作。 综合种养和水稻单作的稻种/秧苗、田租等费用相差不大；人工费用分别为 544 元/亩、208 元/亩，增长约 162%，主要用于养殖管理、收获等用工增加；田间工程、设施改造维护费用分别为 448 元/亩、45 元/亩，增长约 896%，主要用于挖掘环沟、构建堤坝等水产养殖用改造投入；综合种养水稻单产较水稻单作下降 25%~31%，稻谷售卖单价最大增幅约为 50%；农药使用量减少 99%，化肥使用量减少 99%，亩均效益增加 155%。综合种养和水稻单作投入产出比分别为 1∶1.77 和 1∶1.12，经济效益有显著提升。

3. 稻蛙共作。 综合种养和水稻单作的稻种/秧苗费用分别为 100 元/亩、410 元/亩；田租分别为 1 100 元/亩、550 元/亩；人工费用分别为 1 500 元/亩、120 元/亩，综合种养人工投入增长主要为养殖管理、收获等用工增加；田间工程、设施改造维护费用分别为 200 元/亩、0 元/亩，综合种养工程费用增长主要用于挖掘蛙沟蛙溜、构建防逃设施和进排水系统、构建堤坝等水产养殖用改造投入；综合种养水稻单产较水稻单作下降约 30%，稻谷售卖单价增加 114%；农药使用量减少 100%，化肥使用量减少 100%；亩均效益分别为 33 000 元/亩、1 820 元/亩。综合种养和水稻单作投入产出比分别为 1∶2.24 和 1∶1.17，经济效益有极为显著提升。

山东省渔业发展和资源养护总站

景福涛　刘朋

河南省稻渔综合种养
产业发展报告

一、基本情况

河南省全省水稻种植面积 920 万亩,其中适宜稻渔共作面积 420 万亩,涉及开封、新乡、濮阳、洛阳、南阳、信阳、驻马店共 7 个省辖市的 33 个县(市、区)。2022 年,全省共有 17 个县(市、区)开展稻渔综合种养产业发展,全省稻渔综合种养面积发展到 113.48 万亩、水产品产量 5.74 万吨。

二、技术模式发展情况

(一)稻虾共作和轮作

1. 一稻一虾模式。 春季 3 月份稻田投放大规格虾苗,每斤不超过 100 尾,60～80 尾最好,每亩投放 6 000 尾,4 月份开始出虾,5 月中旬卖完,每亩可产 6 钱以上大规格小龙虾 100～150 千克,产值 5 000 元以上。6 月份种植一季水稻,亩产 500 千克以上。该种养模式适合水位不深,没有环沟或环沟不深稻田,养殖效果很好。

2. 一稻二虾模式。 该模式是利用稻田种植一季水稻,其间养 2～3 茬小龙虾的种养模式。即在 9—10 月水稻收割后,对现有稻田进行改造,沿稻田四周开挖环形沟,沟深 1～1.5 米,坡比 1∶1.5,利用开挖环形沟挖出的泥土加固加高加宽田埂,使田埂高于田面0.8～1 米,埂底宽 3～4 米,顶宽 1～2 米。开挖完成后在稻田的两端分别安设进排水管,并沿稻田外埂安设 40 厘米以上的防逃网。改造完成后对稻田进行消毒,消毒后在环沟内栽植水草,栽植面积控制在 10% 左右。在虾种投放前后,沟内再投放一些有益生物,如田螺、河蚌等。然后开始投放亲虾或虾苗,每亩投放 15～20 千克亲虾,亲虾按雌雄比(2～3)∶1 投放。第一年若错过了投放亲虾的最佳时机,则在来年 4～5 月投放虾苗,每亩投放规格为 2～3 厘米的幼虾 1 万尾左右。然后按照虾总重量的 2%～5% 投喂饵料和水草,并经常进行巡查。12 月至次年 2 月,根据气温调控水深,随时注意水质变化,及时调水,做好防冰冻工作。次年的 3 月至 4 月开始收获成虾上市,同时补投幼虾,捕大留小,轮捕轮放。5—6 月初整田、插秧,选择适宜水稻品种进行秧苗栽植,7 月进行环沟水草管理,注水让小龙虾进入稻田生长,8、9 月收获亲虾或成品虾,前期捕大留小,后期捕小留大,留足下一年可以繁殖的亲虾,保证亲虾每亩存田量为 15～20 千克。

（二）稻虾鳖模式

在养好一季虾前提下，不用清干稻田，直接投放鳖苗，每亩投放规格 500～1 000 克/只、数量 250 只左右，亩净产鳖可达 100 千克以上，平时投喂低价值的小龙虾或动物内脏或鳖饲料，通过在稻田饲养几个月，改善鳖体色和品质，使其接近野生鳖品质，每斤售价在 50 元以上，亩均可增收 1 万元以上，效益显著。

（三）稻鳅共作模式

稻鳅共作即通常所说的稻鳅同养型，边种稻边养泥鳅，稻鳅两不误，力争双丰收。水稻田翻耕、晒田后，在环沟底部用有机肥做基肥，主要用来培养生物饵料供泥鳅摄食，然后整田。泥鳅种苗一般在第一次除草以后放养，或插完稻秧后放养。稻鳅共作中，稻子收割后稻草最好要还田。一方面可以为泥鳅提供隐蔽的场所，同时稻草本身可以作为泥鳅的饵料，在腐烂的过程中还可以培育出大量天然饵料。这种模式是利用稻田的浅水环境，同时种稻和养泥鳅。如果不给泥鳅投喂饲料，让泥鳅摄食稻田中的天然食物，每亩可增产 120 千克左右的泥鳅；若科学合理投饲，亩产泥鳅可达 500 千克左右。在养殖过程中要特别注意防鸟，鸟类捕食会对泥鳅产量产生较大影响。

（四）稻蟹共作模式

水稻插秧后，将暂养蟹种放入稻田，一次性放足蟹种，此时，可以通过河蟹吃食水草芽达到替稻田除草的目的。养殖期间按照"两头精、中间粗"的原则，按照河蟹生长和营养需求规律合理投饲，可亩产 25～30 千克，亩增利润 1 000～1 500 元。

（五）稻鱼共作模式

鱼种的放养时间应该在不影响禾苗生长的前提下尽量早放，以便延长鱼的生长期，一般在 4 月中旬至 5 月初投放鱼苗。6 月上旬为方便耕作及插秧，先将鱼集中到鱼沟鱼坑中，将稻田裸露出水面进行耕作，插秧后再将田面水位提高。养殖鱼类达到商品规格后及时起捕上市。

三、组织化、产业化发展情况

截至目前，河南省共创建国家级稻渔综合种养示范区 3 个、国家级水产健康养殖示范场及国家级水产健康养殖和生态养殖示范区（稻渔综合种养类）7 个、省级稻渔综合种养示范区 38 个。同时，依据稻田资源禀赋和经济社会发展水平，积极引导鼓励适度规模经营，扶持培育龙头企业和新型经营主体，推动不同类型稻渔综合种养集群发展，提升产业化水平。

积极发展小龙虾加工企业，实现"三产"融合发展，初步形成产供销、种养加为一体的小龙虾产业发展格局。例如，河南华大水产有限公司加工的虾仁、虾尾等产品长期出口创汇；潢川县农都小龙虾产业园，年加工成品虾能力超过 3 万吨，潢川县成为全省最大的小龙虾养殖、加工基地县；信阳市平桥区平昌八口塘家庭农场建设集亲子活动、旅游、休闲、餐饮于一体的稻渔文化展示基地，拉长产业链，提升价值链，将稻渔综合种养产业不断推向纵深。

通过鼓励引导企业注册商标、培育品牌，提升产品附加值。目前，河南省有一定影响力的品牌有河南宝树水产有限公司的即食小龙虾产品"虾九妹"、黄国粮业有限公司的"稻渔生态米"、光山县青龙河专业合作社的"正礼"虾稻米、甘岸繁高种植专业合作社的"淮河翠"虾稻米、淮滨县联众种植养殖专业合作社"淮之南"品牌生态虾稻米等。其中，光山县新民农业机械化农民专业合作社的"豫南杏山"虾稻米荣获河南省"知名农业产品品牌"，光山县青龙河农业机械化农民专业合作社"正礼"虾稻米荣获河南省"知名农业企业品牌"，光山县东岳村四方景家庭农场"四方景庭"虾稻米获农业农村部绿色食品认证。

河南省稻渔综合种养典型的经营模式主要有以下 4 种：

1. 现代农业产业园辐射带动模式。潢川县现代农业产业园以潢川小龙虾产业园为主核心，打造集加工、商贸、物流、信息、科技、人才等要素于一体的稻虾共作产业核心，形成"一主一副三区两轴多基地"的功能布局：以潢川小龙虾产业园为主核心，打造集加工、商贸、物流、信息、科技、人才等要素于一体的稻虾共作产业核心；以潢川东区小龙虾现货交易中心为基础，建设潢川小龙虾商贸副中心。产业园的建成将带动小龙虾养殖面积增加到 30 万亩，辐射带动农户 4 万户以上，其中二三产业就业人数超过 15 000 人，有力促进当地现代农业发展和农民增收致富。

2. 合作社＋农户模式。罗山县林道静种植农民专业合作社先后从 320 个农户流转承包土地 2 300 余亩用于发展稻渔综合种养，已发展稻虾共作 3 000 余亩。该合作社通过提高土地流转费、提供就业岗位、示范带动农户发展稻渔综合种养、增加农户家庭收入等方式带动种养户脱贫致富，通过加强自身建设、实行科学管理、多模式并举、打品牌战略、创新运作模式等方式实现效益提升，取得了显著的经济效益、社会效益和生态效益。

3. 公司＋农户模式。2019 年，通威股份公司与邓州市政府签订稻渔综合种养项目合作协议，联合打造高标准通威股份邓州丹江口库区稻渔种养生态农业科技园。公司成立以水产专业博士为带头人的南阳市产业领军团队，开展技术攻关，解决稻虾、稻鱼种养过程中的技术难点，改"稻虾轮作"为"稻虾共作"，改"两季虾"为"三季虾"，每亩小龙虾产量提高 100 千克以上，每亩增加经济效益 3 000 元以上。

4. 家庭农场＋农户模式。原阳县太平镇海豪生态家庭农场致力于高端稻米的种植、管理，以"农场＋农户＋基地＋品牌"为主要发展模式，坚持"入自愿、退自由"和"民有、民管、民受益"的原则，通过自愿入股、无偿或低偿服务、市场价或保护价收购、盈余返还等方式，带领农民走产业化道路。通过特聘河南省农业科学院高级农技师及水稻专家定期讲解农业技术，进行田间指导，保障农产品品质稳定。同时，通过开展"稻田抓蟹"等旅游体验活动，不仅带动了农场餐饮服务的发展，还提高原阳大米的知名度，打造了集餐饮、旅游、休闲、垂钓、养生、观光于一体的农业生态农场。

四、科研和技术推广情况

近两年，河南省水产科学研究院开展了"四优四化"优质水产品专项项目，其中"稻渔"项目组在全省指导服务 7 个合作社，辐射周边合作社 40 多家，各有特色，均取得较好效果，有力支撑了全省稻渔产业发展。各县区农业农村局、渔业局、水产局采取集中或分片培训、发放科普手册（资料）、以会代训等多种形式，积极开展稻渔综合种养培训，并组织种养户参观考察、实地学习，切实提高种养户的理论知识水平和技术操作能力。同时，各地政府也纷纷开展"产学研""农科教"合作，注重推广实用技术，并在现有发展基础上不断开展科技攻关，创新发展模式，推进技术集成，推动稻渔综合种养产业稳步发展。例如，潢川县组建国家淡水渔业工程技术研究中心（武汉）稻渔综合种养分中心，与桂建芳院士合作建立院士工作站，并与中国科学院水生生物研究所、河南省农业科学院签订战略合作协议，着力提升产业科技水平，与高等院校、科研院所合作，大力培养小龙虾产业科研人才、骨干技术人才，为产业发展提供人才保障。邓州市成立以通威集团水产专家为带头人的南阳市产业领军团队，与中国科学院水生生物研究所、中国水产科学研究院长江水产研究所、长江大学、通威水产研究所等科研单位联合开展苗种繁育、疾病防控、水环境处理等系列稻渔关键技术攻关，为农户解决稻虾种养中的技术难点。

五、产业政策

河南省渔业发展"十三五"规划中专项制定了稻渔综合种养发展规划，为促进全省稻渔综合种养的快速发展提供了强大动力。

河南省农业农村厅水产局联合计划处、科教处、种植业处成立了省级稻渔综合种养领导小组，建立定期联络机制，共同推进稻渔综合种养和产业扶贫工作；制定全省稻渔综合种实施方案和延伸绩效考核细则，对全省稻渔综合种养发展工作进行指导和绩效考核。并根据《全省水产技术推广体系改革与建设补助项目》的要求，向全省 9 个稻渔综合种养示范县进行倾斜，对稻渔综合种养大户和主体进行经费补贴。2018—2021 年，每年用于稻渔综合种养的财政专项资金平均为 1 000 万元。

为扶持和推动稻渔综合种养产业发展，河南省农业农村厅 2017 年和 2018 年均印发了《关于组织开展省级稻渔综合种养示范区创建工作的通知》，河南省农业农村厅、河南省扶贫开发办公室联合印发了《关于大力发展稻渔综合种养加快产业精准扶贫的意见》。2021年 6 月，依据河南省发展现状，省农业农村厅下达《2021 年河南省稻渔综合种养项目实施方案》，明确规定项目实施范围、项目目标、任务、实施办法和资金使用比例。

各省辖市及省直管县（市）也立足当地资源，相继出台了对稻渔综合种养的扶持政策，建立健全奖励扶持机制。例如，信阳市出台了《关于印发信阳市稻渔综合种养实施方案（2017—2022）的通知》，全市有 9 个县区出台了扶持稻渔综合种养和小龙虾产业扶贫政策。

潢川县先后出台了《潢川县推广"稻虾共作"模式发展小龙虾产业扶持奖励办法》和《潢川县人民政府关于支持小龙虾综合种养产业发展的意见》《潢川县脱贫攻坚指挥部关于实施小龙虾产业扶贫的意见》等文件。对于"稻虾共作"连片种养，根据不同规模给予金额不等的扶持奖励，同时，加大对稻虾种养的企业、合作社、水产加工厂、小龙虾交易市场提供贷款担保。2020 年，该县推出小龙虾养殖政策性保险，对全县所有从事小龙虾养殖的公司、合作社、个人制定了每年 3—10 月期间因重大自然灾害、天气连续高温、重大病害造成的损失，给予最高每亩 1 500 元的赔付，每亩保费 90 元，养殖户只承担 18 元，政府补贴 72 元的优惠政策。在 2021 年遭受严重内涝自然灾害情况下，充分保障了种养户的基本利益，稳定了潢川县小龙虾产业的发展。

固始县出台《固始县人民政府办公室关于印发固始县稻渔综合种养实施方案（2018—2022）的通知》《固始县小龙虾综合种养产业扶贫实施方案》和《关于产业扶贫巩固提升发展的意见》，对贫困户开展稻田小龙虾养殖给予补贴，对养殖大户及农业经济合作组织开展稻田养殖小龙虾，每带一个建档立卡贫困户（同贫困户签订带贫协议、设立工资台账等）使其年收入在 10 000 元以上（收入包括土地流转收入、务工收入、参与分红收入等）的奖励给大户或农业经济合作组织 1 000 元。对加工销售企业与种养企业，当年吸纳 30 个以上贫困户务工，年加工销售产值在 2 000 万元以上的，给予 10 万～20 万元奖励。

淮滨县出台了《淮滨县关于产业扶贫"多彩田园"示范工程的奖补意见（试行）》，对建档立卡贫困户发展稻（莲）渔种养，达标验收后，每年每亩奖补 300 元，连续奖补 3 年；新型农业经营主体发展稻（莲）渔种养，带动 5 户以上建档立卡贫困户发展稻（莲）渔种养并取得较好收益的，或者吸纳贫困人口就业 10 人以上，月工资不低于 1 200 元，年工资收入不低于 1.2 万元，签订 3 年以上就业劳动合同，达标验收后，每年每亩奖补 300 元，连续奖补 3 年。

光山县政府先后出台了《光山县人民政府关于政策扶持稻虾共作发展的实施意见》和《光山县人民政府关于 2018 年稻虾共作生产发展实施意见》，确保稻虾共作生产顺利推进。对发展稻虾共作面积 30 亩以上的新型农业经营主体和贫困户，开展稻田挖围沟等田间基础设施实行奖补，对积极支持稻虾共作生产的乡镇实行奖励，并积极鼓励培育绿色大米品牌。

罗山县印发《罗山县人民政府办公室关于印发罗山县稻渔综合种养实施方案（2018—2022）的通知》，对贫困户每亩补贴 400 元，对种养大户带动贫困户的，按每 8 亩带动一个贫困人口，并增加 1 000 元收入的，每亩另外奖补 200 元。

濮阳市范县县政府出台水产养殖业奖补办法，对集中连片发展稻田、藕田养殖小龙虾100 亩以上的，每亩补助经营主体 1 500 元；发展池塘养殖小龙虾 100 亩以上的，每亩补助经营主体 2 000 元；集中连片达到 500 亩以上的奖补乡镇 20 万元，1 000 亩以上的奖补乡镇50 万元；对新建池塘工程化循环水养殖，补助养殖生产线及其配套设施部分投资的 50%。巨大的优惠政策大大激发了农户的种养积极性，促进了当地稻渔综合种养产业的良性发展。

南阳市桐柏和淅川等县均出台《小龙虾扶贫产业发展实施方案》，制定了优惠奖补政策。桐柏县把水产养殖列入贫困户到户增收项目，发展水产养殖的贫困户给予最高 5 000 元到户增收资金。淅川县财政拿出 3 000 万元，按照每个贫困户 1 户 1 亩的标准，对开挖沟坑每亩奖补 1 500 元，其他投入部分通过到户增收补贴资金、产业扶持资金和移民后期扶持资金予以支持，保障农户的种养热情，促进产业良性发展。

六、存在问题与发展建议

（一）存在的问题

1. 种业发展严重滞后。 种业体系建设滞后于种养发展需求，水产苗种供应及质量问题日益凸显。苗种质量不稳定,捕捞、运输、放养后的成活率较低等问题突出,病害发生率较高,影响了产品品质和效益的提高。

2. 种养标准有待加强。 由于前几年稻渔综合种养的综合效益高,一些地方在地区发展能力与产业发展条件不匹配的情况下,简单复制、强行推广稻渔综合种养,不仅造成资源浪费,还容易出现种养环境不达标、稻米产量偏低、产品抽检不合格等情况。此外,个别经营主体稻田开挖沟凼面积过大,偏离了以渔促稻的发展原则,需进一步明确各种模式在稳粮、生态、环保等方面的技术指标,规范稻渔综合种养的行为,切实做到稻渔互促,持续健康发展。

3. 关键技术有待突破。 河南省稻渔综合种养起步晚、发展快,基础理论薄弱,关键技术落后,现有的稻渔综合种养技术基本是建立在对实践经验的总结上,制约了技术模式的进一步发展。随着养殖集约化水平和放养密度的提高,养殖病害风险呈上升趋势,病害种类增多,发病范围扩大,发病率提高,特别是"小龙虾五月瘟""鱼瘟"等的发生频率越来越高,给种养户带来了较大损失。

4. 生产主体力量薄弱。 河南省稻渔综合种养规模经营主体少,单个经营主体种养规模小。产业发展中,许多生产者认识不足,除少数种植大户对稻渔综合种养有一定认识和种养意愿外,大多数基层干部群众包括种植大户没有真正从思想和工作上把稻渔综合种养作为新形势下农业供给侧结构性改革、转变生产方式、提高产品品质、增加种养收益、推动农村经济发展的重要举措。特别是种植大户等新型经营主体,是未来综合种养的主力军,因资金制约、技术制约、效益波动等因素,种养意愿不强。

5. 品牌建设有待提高。 目前,河南省的稻渔综合种养产品并未实现优质优价,合作社分散,无标准化生产规程,导致产业化能力不足,未形成一个为大众所知的稻渔品牌,产品质量和价值未能得到有效体现,没有市场核心竞争力。在销售渠道建设方面多为种养户各自摸索,稻渔综合种养的生态溢价并未完整体现。品牌建设和宣传有待加强,示范推广和带动能力有待提高。

(二)发展建议

1. 加强种质供给保障。 种质资源是产业的根基,应以科研院所、相关高校为依托,加强苗种生产体系建设,切实做好种质供给保障工作,提高优良水稻和优质水产品品种覆盖率,确保苗种质量安全。因地制宜地在全省建立配套的种源基地、建立标准化稻渔综合种养示范区。通过加强苗种生产与管理,辐射带动周边地区,保障适合稻渔产业的品种生产,提高特色水产苗种的质量及自给率,推动全省稻渔综合种养产业的健康、有序发展。

2. 加大技术培训力度。 组建省、市、县稻渔综合种养技术服务团队,加大稻渔综合种养技术培训力度,加快主导模式和配套关键技术的集成与示范,针对本地水稻种植和水产养殖的实际情况,以市场为导向,以农民增收为目标,形成适合本省的高效综合种养技术规范。多种培训方式相结合为从业者传经授道,培养一批既懂种植又懂养殖的新时代农民。扶持和建设稻渔综合种养专业社会化服务组织,提供种苗引进、病害防治、产品销售和市场渠道拓展等服务,解决农户的后顾之忧,引领稻渔综合种养产业乃至整个渔业、水稻产业的发展。

3. 创新多种发展模式。河南省稻渔综合种养模式较为集中，多数为稻虾共作。随着全国稻渔综合种养面积大规模的扩张，近几年来小龙虾的市场变动较大，价格不稳定，因此应引导、支持部分有条件的稻虾种养户适当调整种养模式，转变稻虾单一模式，向稻鱼、稻蟹、稻鳖、稻鳅等多元模式拓展，由传统的稻渔综合种养向稻虾鱼、稻虾鳖等现代立体复合模式转变，提高市场竞争力，提升经济效益。

4. 强化品牌建设支撑。通过政策扶持、奖补推进、市场开拓、示范带动等方式，培育和建设稻渔综合种养自有品牌，建立健全稻渔综合种养产品标准，加强质量管理。通过加大宣传推广，提高公众对稻渔综合种养产品的认知度和认可度，扩大产品知名度，创建具有地方特色和较大影响力的稻渔知名品牌，切实将本地的资源优势、历史文化优势转化为品牌优势，增强市场竞争力，把稻渔综合种养产出的优质产品推广出去。

5. 促进产业融合发展。扶持水产品加工业，鼓励加工出口，拉长产业链条，以加工业带动生态种养和第三产业，有效提升产业面临的产能过剩问题，提升产品附加值，让企业生产的产品可以占据附加值较高的中高端市场，从而降低市场风险，促进一二三产业融合发展。

七、综合效益分析

（一）总体情况

1. 经济效益。据示范点调查数据，稻渔综合种养每亩稻田综合效益平均增加 2 000 元以上。一是稻渔综合种养在水稻不减产的情况下每亩平均产出水产品 100～150 千克，是传统稻田养鱼产量的 4～5 倍，通过水产品增量实现了增收。二是全省各级政府和行业主管部门积极推进特色稻渔品牌建设，鼓励专业大户、合作社认证绿色食品、有机大米，用品牌引领发展。通过打造优势稻渔品牌，稻米价格能提高 1 倍以上，水产品价格也能提高 30%～50%，农民收益显著增加。三是各地依托稻渔综合种养开展各类节庆活动，积极发展餐饮、旅游产业，通过促进消费实现增收。

2. 生态效益。稻渔综合种养充分发挥生物共生互促作用，有效减少了化肥和农药的使用，减少面源污染，改善生态环境，是实现"一控两减"的重要方式。从调查数据看，稻渔综合种养平均减少农药使用量 70%～100%，减少化肥使用量 50%左右，明显促进了农业投入品的减量控害，显著改善农业生态环境，维护农田生态系统，更好地保障稻谷和水产品的质量安全，提升了稻渔产品品质。同时，稻渔综合种养实施过程中对稻田基础设施进行改造，提高了稻田蓄水保水、抗洪抗旱能力，稻田中鱼虾大量摄食蚊子幼虫、钉螺、水草等，有效减少了血吸虫病等重大传染疾病的发生。

3. 社会效益。稻渔综合种养模式可以有效提高土地利用率。稻渔综合种养不仅稳定了水稻生产，有助于解决土地"非粮化"问题，还增加了水产品产量，丰富了水产品品种，既有效解决了农民"吃鱼难"的问题，还调整了人们的膳食结构，对社会稳定和经济发展具有积极意义。一些政府将其作为产业扶贫的重要手段，通过政策扶持引导、技术支持指导，推广稻渔综合种养模式，从而促进当地农业增产农民增收，在产业扶贫方面取得显著成效。各地组织的具有乡村情趣的各类节庆活动，大大丰富了市民休闲生活，带动了周边休闲旅游业的发展，有力助推了城乡一体化和幸福美丽新村建设。

（二）不同模式综合效益分析

因水产品市场价格差异较大，不同种养模式成本收益差别较大。本次调查以稻鳖共作成本最高，为 3 600～5 000 元/亩，效益也最高，为 5 000～12 000 元/亩；稻鱼共作，成本为 2 000～3 000 元/亩，效益为 2 000 元/亩；稻虾共作，成本为 1 500～3 600 元/亩，效益为 2 000 元/亩。

受种养技术水平和市场行情影响，不同地区稻虾综合种养成本效益也具有较大的差别。在南阳、邓州等地后期发展的稻渔综合种养标准化、集约化程度高，田间工程建设投资大，且在养殖中引入小龙虾精养先进技术，养殖成本和管理成本也较高。商丘地区成本最低，因其稻渔综合种养发展多利用沿黄背河洼地，水资源丰富，土质良好，保水性强，水产苗种多来自当地基地生产，成本较低。信阳市是河南省最早开展稻渔综合种养的地区，不同县区大中小型企业、合作社等发展多样化程度高，种养户养殖水平参差不齐，加之区域条件差异较大，导致成本效益也存在较大差异，总体成本为 1 000～3 600 元/亩，效益为 1 000～3 000 元/亩。

1. 稻虾共作模式。根据本次调查结果，河南省稻虾共作模式每亩平均生产优质稻米 400～500 千克，平均 488 千克；亩产小龙虾 80～200 千克，平均 115 千克；亩均增收 810～3 725 元，平均 2 014 元。化肥用量减少 47.1%，农药使用量减少 75%。

2. 稻虾轮作模式。根据本次调查结果，河南省稻虾轮作模式每亩平均生产优质稻米 600 千克，亩产小龙虾 100 千克，亩均增收 3 536 元。农药使用量减少 50%，化肥（含有机肥）用量减少 38.5%。

3. 稻鱼共作模式。根据本次调查结果，河南省稻鱼共作模式每亩平均生产优质稻米 500 千克，亩产鲤鱼 50 千克、泥鳅 50 千克，亩均增收 1 617 元。基本不使用农药和化肥。

4. 稻鳖共作模式。根据本次调查结果，河南省稻鳖共作模式每亩平均生产优质稻米 400 千克，亩产野生鳖 100 千克，亩均增收 4 850 元。基本不使用农药，化肥用量减少 47.1%。

5. 稻鱼虾共作模式。根据本次调查结果，河南省稻鱼虾共作模式每亩平均生产优质稻米 350～600 千克，平均 508 千克；亩产小龙虾 80～150 千克，平均 115 千克；亩产鲢鳙鱼、鲫鱼 134 千克，亩均增收 1 010～4 210 元，平均 2 363 元。基本不使用农药，化肥用量减少 28%。

稻渔综合种养模式在基本实现水稻稳产的情况下，还可以通过水产品增收提高经济效益。与常规水稻单作相比，河南省稻渔综合种养模式经济收益可以增加 140% 以上。同时，与常规水稻单作相比，稻渔综合种养化肥用量平均减少 52%，农药使用量平均减少 85%。此外，种养模式下生产的水稻具有天然、绿色、无污染等特点，深受市场欢迎，再加上品牌培育，在为消费者提供高质量稻米的同时还为种植户带来了巨大的经济效益。

河南省水产技术推广站

张玲宏

湖北省稻渔综合种养
产业发展报告

一、基本情况

2022 年，湖北省稻渔综合种养面积达到 802.06 万亩，水产品 99.76 万吨，为全省农民创收超过 200 亿元。种养模式以稻虾为主导，稻虾、稻鳅、稻鳖、稻鳝、稻蟹等多种综合种养模式全面发展。截至 2022 年底，除神农架外，其他的市、州均发展了稻渔综合种养产业。稻渔综合种养区域主要分布在武汉、荆州、黄冈、孝感、荆门、潜江、鄂州、黄石、天门、襄阳、咸宁、宜昌、仙桃 13 个市。

二、技术模式发展情况

（1）稻虾模式　面积达到 783 万亩，小龙虾产量 91.19 万吨。主要集中在武汉、荆州、黄冈、孝感、荆门、潜江、鄂州、黄石、天门等 9 个市，9 个主产市产量占全省产量的 95％左右。荆州市养殖规模最大，小龙虾产量 35.87 万吨，占湖北省产量的 39.33％。稻虾模式平均亩产小龙虾约 116 千克，亩产水稻约 550 千克。

（2）稻鳖模式　含鳖虾鱼稻、香稻嘉鱼。模式面积达到 8 万亩左右，中华鳖产量 7 000 吨左右，主要集中在荆门、荆州、襄阳、孝感、咸宁、宜昌、仙桃等市，7 个主产市产量占全省产量的 95％左右。荆门市养殖规模最大，占湖北省产量的 60％以上。稻鳖模式平均亩产中华鳖约 86 千克，亩产水稻约 570 千克。

（3）稻鳅模式　面积达到 5 万亩左右，泥鳅产量 6 000 吨左右，主要集中在天门、荆州、仙桃、潜江、黄冈、黄石、孝感等市，7 个主产市产量占全省产量的 90％以上。天门市养殖规模最大，占湖北省产量的 80％以上。稻鳅模式平均亩产泥鳅约 120 千克，亩产水稻约 560 千克。

（4）其他模式（稻蟹、稻蛙、稻鳝、稻鱼、稻龟等）　面积达到 6.3 万亩，主要集中在荆州、荆门、孝感、仙桃、黄石、潜江等市，6 个主产市推广面积占全省的 90％以上。荆州市养殖规模最大，占湖北省产量的 70％以上。

（5）新兴模式　湖北省围绕"稻虾＋"开展了养殖技术的探索与创新，目前相对成熟的模式为"稻-虾-土憨巴（沙塘鳢）"模式。该模式于 2021 年在湖北省武汉市、仙桃市、黄冈市、潜江市、荆州市、黄石市的 11 个示范点进行了示范推广，示范推广面积达到

1 100亩，小龙虾亩产约120千克，土憨巴亩产约15千克。目前，该模式处于小规模推广阶段，大规模推广受到了土憨巴苗种供应不足的制约。

三、组织化、产业化发展情况

（一）新型经营主体培育、示范基地创建情况

培育省级以上农业产业化龙头企业24家，省级以上农民专业合作社示范社24家。结合主推技术、七钱虾工程、五大行动、515行动等相关工作，在全省创建了稻渔综合种养示范基地50家。

（二）品牌培育

依托稻渔种养的优质产品，打造了一批知名品牌。培育小龙虾商标37个，包括"楚江红""良仁"2个中国驰名商标、"德炎"中国名牌农产品、"巴厘龙虾""虾皇""小李子""利荣""聚一虾"等餐饮连锁品牌、"虾小弟""虾滋味""楚江红"等电商品牌。重点打造了"潜江龙虾"区域公用品牌，获农产品地理标志产品、"2017中国百强农产品区域公用品牌"等称号，是首批中欧互认免检35个农产品地理标志产品之一，入选北京冬奥会唯一小龙虾供应品牌，在全国品牌农产品推介活动（湖南卫视"乡村乡味"节目）、中央七套"年年有鱼"上精彩亮相，知名度、影响力大幅提升。2023年，"潜江龙虾"品牌价值350.8亿元。另外，在稻米品牌培育了"香稻嘉鱼""虾乡稻""洋泽"等名牌。

（三）融合发展

通过小龙虾产业带动旅游，又通过旅游给产业带来新的机遇。2019年4月26日，全国首家小龙虾主题旅行社在潜江市正式运营，对外发布3条小龙虾主题旅游线路，分别是小龙虾美食、玩乐、游学之旅。通过这3条小龙虾主题旅游线路，游客不仅能体验钓虾、捞虾、吃虾的乐趣，对于想深度了解潜江小龙虾产业或通过旅游寻找创业项目和商机的游客，还可以到国家重点龙头企业华山公司、莱克公司的国家虾稻共作示范基地参观，参与小龙虾养殖、销售、餐饮主体分享行业发展经验的专场活动。

四、科研和技术推广情况

近年来，湖北省科学技术厅、湖北省农业农村厅、湖北省农业事业发展中心等政府部门针对制约产业发展的技术难题，先后设立了多个重点技术研发项目。（1）湖北省技术创新专项重大项目"稻-渔耦合农业关键技术研发与集成示范"（2016—2018年），项目经费280万元。（2）湖北省技术创新专项重大项目"虾-稻高效养殖与质量安全控制关键技术研发"（2018—2021年），项目经费200万元。（3）湖北省重点研发计划项目"小龙虾生态养殖技术集成创新与高效模式构建"（2021—2023年），项目经费100万元。（4）湖北省农业重点技术研发项目"大规格小龙虾养殖技术攻关"（2021—2022年），项目经费200万元。（5）湖北省农业重点技术研发项目"稻-虾-憨模式技术研究攻关"（2021—2022

年），项目经费100万元。依托重点技术研发项目，取得多项科研成果，并出版《稻虾优质高效绿色生产模式与技术》《彩色图解小龙虾高效养殖技术大全》；参与制定《稻渔综合种养技术规范　第4部分：稻虾（克氏原螯虾）》《稻渔综合种养技术规范　第1部分：通则》《稻渔综合种养技术规范　第5部分：稻鳅》3项行业标准，制定《克氏原螯虾稻田生态繁养技术规程》《螯虾鱼稻生态种养技术规程》《"稻-鳝"生态种养技术规范》地方标准3项。

五、产业政策

（一）发展规划

2018年，省政府办公厅出台《湖北省推广"虾稻共作稻渔种养"模式三年行动方案》。该方案提出：到2020年，在品牌建设方面，"潜江龙虾"成为全国一流的水产区域公用品牌，湖北稻米品牌在中高端消费市场的影响力和占有率得到提升。在引导规范发展方面，全省稻渔种养产业实现区域化、特色化发展，主产带、优势区基本形成。在统一技术标准方面，全省稻渔种养模式的生产技术标准进一步完善，在主产区全面普及；稻渔种养模式对生态保护、水体改善、地力提升的促进作用进一步发挥；"生态小龙虾""生态虾稻米"等优质农产品的供给能力进一步提升。在良种培育方面，全省选育推广2～5个稻渔种养模式优质专用稻品种；小龙虾等良种选育、规模化繁育有效开展，保种供种能力显著提升。在促进产业融合方面，全省虾稻共作、稻渔种养综合产值达到1 500亿元，比2017年增加50％；小龙虾、稻米等加工产品科技含量显著提高，现代物流设施不断完善，销售网络覆盖全国主要城市，电子商务年销售额超过10亿元、比2017年翻一番；建成龙虾特色小镇和稻渔文化休闲示范区。

2021年，湖北省发布了《湖北省小龙虾产业"十四五"发展规划》（2021—2025年）。该规划从多个方面出台了支持小龙虾产业链发展壮大的措施，提出到2025年，全省小龙虾养殖面积稳定在850万亩左右，产量力争达到120万吨，选育小龙虾品种1个、创新3～4种养殖模式、研发6～7种加工工艺，培育3家年营业收入20亿元以上的企业和1家上市企业，打造2个头部交易市场，培育1个核心区域公用品牌，小龙虾良种选育、健康养殖、加工流通、餐饮电商、文化旅游等全产业链取得明显拓展，综合产值突破2 000亿元，其中第二产业产值突破500亿元。逐步形成以江汉平原地区、鄂东地区、鄂东南地区及鄂西地区的小龙虾产业链优势区，形成各有优势、各具特色的小龙虾产业发展格局。

2022年，湖北省财政厅在《特色水产品（小龙虾）产业链2022年工作计划》中提出以小龙虾产业链奖补资金为引导，统筹特色产业集群、农村电商示范、现代渔业高质量发展、财政贴息等项目资金，集中支持小龙虾产业全产业链发展，形成"1＋1＞2"的效果。

（二）资金投入

省市县各级财政统筹安排资金支持稻渔种养产业发展，形成财政资金引导、社会资本踊跃投入的良好局面，各类经营主体年投入资金超过50亿元。

2022年，湖北省争取中央财政资金约6 000万元，创建了潜江小龙虾国家级特色优势产业集群。截至 2022 年底，湖北省有 40 多个市县成立了稻渔综合种养推进工作领导小组，20 多个市县出台了发展规划，30 多个市县出台"以奖代补"扶持政策，积极推进适宜区域发展稻渔综合种养。例如，武汉市级财政每年出资 800 万元用于奖补全市稻渔综合种养示范区建设，对验收合格的稻渔综合种养示范区按照每亩 600 元给予补贴。洪湖市级财政每年出资 600 万元精准扶持新增稻渔综合种养，其中连片面积 40～500 亩的，每亩奖补 200 元；连片面积 500 亩以上且有流转合同的，每亩奖补 300 元。孝昌县统筹资金 289.64 万元，对稻渔综合种养连片基地和分散式养殖农户给予政策补贴，对稻渔综合种养连片基地给予 900 元/亩的建设补贴，对贫困户和普通农户分别给予 1 000 元/亩和 100 元/亩的补贴。通城县把发展小龙虾稻渔综合种养作为精准扶贫的一个重要产业措施来抓，采取以奖代补的形式，对虾稻综合种养面积达到 100 亩的，每亩奖补 1 000 元。天门市把发展小龙虾产业作为当前农业产业结构调整的主攻方向，对实施虾稻共作模式的有关对象予以奖补，奖补标准分为三类：第一类为面积连片 20～100 亩（不含 100 亩），每亩奖补 200 元；第二类为面积连片 100～500 亩（不含 500 亩），每亩奖补 300 元；第三类为面积连片 500 亩以上，每亩奖补 1 000 元。

六、主要做法和经验

（一）科学制定规划

近年来，湖北省领导高度重视稻渔综合种养产业的发展，多次作出重要批示，省委、省政府相继发布了系列稻渔综合种养产业发展规划，推动稻渔综合种养发展。其中，2010 年湖北省发布了《湖北省小龙虾产业发展规划（2010—2015 年）》，2016 年湖北省政府发布了《湖北省小龙虾"十三五"发展规划》，2018 年湖北省出台了《湖北省推广"虾稻共作稻渔种养"模式三年行动方案》，2021 年湖北省发布了《湖北省小龙虾产业"十四五"发展规划（2021—2025 年）》。

（二）加强组织领导

湖北省建立了省推广稻渔种养模式联席会议制度，召集单位为省农业农村厅，成员为省委农工部、省发展改革委、省科技厅、省民政厅、省财政厅、省自然资源厅、省商务厅、省旅游委、省工商局、省质监局、省粮食局，定期召开联席会议，安排部署工作，推动各项措施落实。同时，要求各地各部门要迅速组建工作专班，制订具体方案，分解落实目标任务，实施绩效考核管理，确保各项工作有序开展。

（三）加强政策引导

省财政统筹相关资金，按照全省农产品品牌创建规划，集中用于小龙虾、稻米区域公用品牌的良种选育、服务体系建设、行业标准制定、质量监测、品牌打造等工作，加大对稻渔种养产业的支持力度。省农业农村厅制定指导意见，引导市县统筹使用相关资金用于稻渔种养产业发展及品牌建设。各地也加大政府引导和财政补贴力度，扩大小龙虾、稻米等品种的政策性保险实施范围，推行稻渔种养小额金融贷款，省农业信贷担保有限公司加大对有关经营主体的担保力度，积极引入基金等金融资金，做好各方面金融服务工作。各地充分发挥财政、金融资金的引导作用，积极通过奖补、贴息等方式激励各类经营主体投入稻渔种养产业，形成多元化投入格局。

（四）加强指导服务

持续开展农业投入品专项整治行动，加大小龙虾、稻米等产品抽检力度。推进稻渔种养质量安全可追溯体系建设，搭建综合信息服务平台。积极创建稻米、小龙虾"三品一标"产品。开展稻渔种养全产业链标准制定，提高行业标准化水平。加大人才培养力度，培育既会种稻、又懂养虾（鱼）的技术推广人员和生产示范户，定向培养一批科研和经营管理专业人才。

（五）成立湖北省虾稻产业协会

省农业农村厅邀请华中农业大学"双水双绿"研究院等 5 家单位发起成立湖北省虾稻产业协会，具体负责全省小龙虾、稻米区域公用品牌，推动打造具有湖北特色、有影响力的小龙虾和优质稻区域公用品牌。湖北省虾稻产业协会通过加强品牌管理，制定全省小龙虾、优质稻米区域公用品牌管理办法，实施品牌产品标准，搭建产销一体化平台，在全省逐步建立区域公用品牌的共建共享机制，推动全省小龙虾、优质稻区域公用品牌的市场影响力和占有率不断提升。

（六）构筑小龙虾产业链

湖北省构筑了小龙虾产业链，省人大常委会党组书记、常务副主任任湖北小龙虾产业链"链长"。把发展小龙虾全产业链作为推进乡村振兴、建设农业强省的重要途径。多年来，湖北省委省政府高度重视小龙虾产业的发展，先后投入 20 多亿元，将监利、潜江、洪湖、仙桃、沙洋、应城、汉川串联起来，通过"规划引领，政府引导，部门联动，市场主体"，打造小龙虾特色产业集群，大力发展小龙虾产业。目前，湖北小龙虾产业链条完善，已形成小龙虾苗种繁育、养殖生产、加工出口、流通物流、餐饮娱乐、电子商务的产业链条。

七、存在问题与发展建议

（一）存在的问题

一是先进技术模式普及程度慢。随着养殖模式不断推陈出新，从当前生产的实际效益看，总体上存在模式落后的情况。"稻虾轮作"模式的小龙虾种质退化，养殖密度难以控制，生产出来产品规格较小。"稻虾轮作"已滞后于产业发展的进展，极大地制约了生产效益。以"繁养分离"为代表的先进模式虽然能够避免小龙虾种质退化并显著提升商品虾规格，但受到技术成熟度、稻田条件等多种因素制约，普及程度不高。二是加工装备亟待升级。当前，湖北省小龙虾加工业仍然是劳动密集型产业，去虾头、剥虾等操作仍然依赖大量的人工进行，加工旺季工人难招的问题突出，导致企业生产管理难度和运营成本居高不下。分析原因，主要是小龙虾加工自动化设施、设备研发滞后，企业运用新技术不足所致。

（二）发展建议

一是筑牢种业根基。依托华中农业大学、中国科学院水生生物研究所等科研院所，开展小龙虾基因测序、良种选育和基础性研究，培育选育出生长速度快、抗病能力强、遗传性状稳定的小龙虾新品种。同时，进行虾稻育种创新，加快"稻虾模式"专用稻试验研究，推行食味特优、兼备营养、抗主要病虫害和抗倒伏的优良品种，开展小龙虾遗传育种和新品种选育。

二是创新种养模式。转变传统生产模式，引导养殖端由"大养虾"向"养大虾"转变。一要抓好技术研发。在近几年探索试验的基础上，大力总结完善小龙虾"繁养分离"模式生产技术，形成标准化技术操作规程。大力开展"稻虾憨（沙塘鳢）"模式和"七钱虾"生产技术研究攻关，尽快形成养殖技术要领。二要抓好技术推广。根据小龙虾养殖区域布局，建设一批养殖模式转型升级示范基地，从田间改造、投放苗种、投饵用药到捕捞上市，形成一整套技术要点的实践学习基地。推行线上技术服务，通过"省渔业科技超市"等服务平台，开展小龙虾"繁养分离模式"云上课堂，使农户拿起手机即可跟着学、照着做。培育一批"农民讲师""养殖示范户"，激励养虾高手与农户建立技术顾问机制，手把手教农民用好新技术。三要打造产业集群。在稻渔综合种养面积超过1万亩的乡镇，建设一批小龙虾产业集群和产业强镇。

三是优化市场布局。目前，湖北省小龙虾养殖面积已基本稳定，要根据小龙虾养殖分布，科学规划全省流通体系建设。针对一些明显产量大、流通设施弱的地区，要加大扶持力度，按照每3万亩建1个产地市场的标准，推动流通基础设施建设，确保虾农卖虾时有"竞价机制"。要抢抓近年来电子商务销量大幅增长的机遇，推动小龙虾电商营销，联合权威媒体和电商平台，持续开展"买光湖北货"等网络促销活动，积极开展直播带货、拼单团购等活动，举办湖北小龙虾线上交易会与线下订货会，增大湖北小龙虾电商市场占有率。针对外贸出口的新形势，要落实农产品出口专项金融支持措施，在外经贸资金中加大小龙虾出口企业支持力度，稳住小龙虾出口渠道、开辟新的出口市场。充分发挥湖北省小龙虾产业全国"龙头"优势，打造中国（湖北）小龙虾交易会，构建全国性小龙虾产业链市场。

四是升级加工设施。加工业是小龙虾产业的"压舱石"。要结合国内市场需求，研发应用适应市场的小龙虾加工新设备和新工艺，支持企业技改升级，加快推动小龙虾加工业向机械化、自动化、现代化转型。科学推动甲壳素等精深加工的研发与生产，加快优化虾粉提炼技术，坚持推进将一只虾"吃干榨尽"的环保型加工产业链。建立小龙虾加工业标准体系，制定从收购、清洗、烹煮、剥壳、调味、包装、运输到机械设备、产品工艺、质量控制的整套行业标准，推动小龙虾加工业标准化发展。

五是拓展产业链条。支持打造"潜江龙虾"省级核心大品牌。支持地方政府、龙头企业加大品牌宣传力度，创新举办农民丰收节、龙虾节等品牌节会，组织开展专题推介营销、产品品牌路演等活动。推动"小龙虾＋旅游业"发展，结合美丽乡村建设，打造一批小龙虾文旅、休闲结合示范区，促进小龙虾美食与休闲农业、观光旅游、餐饮民宿产业深度结合。支持小龙虾职业院校建设，打造小龙虾养殖、加工、餐饮、流通服务业的人才培养基地。

六是加大政策支持。重点扶持小龙虾规模经营主体发展，以加大补贴力度、提高直补比例、减免税费等政策，对发展稻虾种养给予适当补贴。将小龙虾产业纳入"十四五"规划主要内容调整和重大工程项目调整范围，支持打造小龙虾产业发展集群。整合农业综合开发、农田整治等项目资金，支持 500 亩及以上小龙虾标准化基地建设和 1 000 亩稻渔综合种养尾水处理工程，推进"七钱虾"养殖工程示范区建设和良种选育、科技研发等公益性项目。同时，加快推行小龙虾政策性养殖保险和小额贷款金融产品，积极引入社会资本投入小龙虾产业发展。

八、综合效益分析

（一）总体情况

根据调研结果，稻虾种养模式亩均纯收入均比水稻单作模式增加 1 892.1 元，增幅为461.5%，经济效益大幅增加。通过稻虾种养方式，小龙虾粪便、残饵等物质经水稻吸收后可促进水稻生长，减少了各种化肥的使用。秸秆还田也提升了土壤肥力，避免了秸秆焚烧造成的环境污染。根据调研，稻虾种养模式亩均化肥费用支出比水稻单作模式减少30.4 元，降幅为 26.2%。稻虾种养模式中，小龙虾可以为稻田除草、除害虫，田块中安装的频振式杀虫灯减少了害虫繁殖，农药使用量也大幅减少。稻虾种养模式亩均农药费用支出比水稻单作模式减少 21.5 元，降幅为 22.5%。

（二）不同模式综合效益分析

1. 稻虾连作模式

（1）经济效益　稻虾连作模式亩均纯收入比水稻单作模式增加 1301.5 元，增幅为325.2%，经济效益大幅增加。

（2）生态效益　稻虾连作模式亩均化肥费用支出比水稻单作模式减少 32.0 元，降幅为 27.8%；亩均农药费用支出比水稻单作模式减少 19.2 元，降幅为 19.4%。

（3）水稻产量　稻虾连作模式亩均水稻产量为 536.9 千克，对照组水稻单作模式亩均水稻产量为 588.9 千克，产量减少 52.0 千克，降幅为 8.8%。

2. 繁养一体模式

（1）经济效益　繁养一体模式亩均纯收入比水稻单作模式增加 1 826.2 元，增幅为422.2%，经济效益大幅增加。

（2）生态效益　繁养一体模式亩均化肥费用支出比水稻单作模式减少 33.1 元，降幅为 28.1%；亩均农药费用支出比水稻单作模式减少 22.5 元，降幅为 24.5%。

（3）水稻产量　繁养一体模式亩均水稻产量为 547.4 千克，对照组水稻单作模式亩均水稻产量为 607.3 千克，产量减少 59.9 千克，降幅为 9.9%。

3. 繁养分离模式

（1）经济效益　繁养分离模式亩均纯收入比水稻单作模式增加 2548.8 元，增幅为

641.9%，经济效益大幅增加。

（2）生态效益　繁养分离模式亩均化肥费用支出比水稻单作模式减少 26.1 元，降幅为 22.8%；亩均农药费用支出比水稻单作模式减少 22.8 元，降幅为 23.9%。

（3）水稻产量　繁养分离模式亩均水稻产量为 550.4 千克，对照组水稻单作模式亩均水稻产量为 602.0 千克，产量减少 51.6 千克，降幅为 8.6%。

4. 稻-虾-土憨巴模式

（1）经济效益　稻-虾-土憨巴模式亩均纯收入比水稻单作模式增加 2 094.4 元，增幅为 489.9%，经济效益大幅增加。

（2）生态效益　稻-虾-土憨巴模式亩均化肥费用支出比水稻单作模式减少 21.7 元，降幅为 18.5%；亩均农药费用支出比水稻单作模式减少 46.6 元，降幅为 47.8%。

（3）水稻产量　稻-虾-土憨巴模式亩均水稻产量为 540.6 千克，对照组水稻单作模式亩均水稻产量为 605.8 千克，产量减少 65.2 千克，降幅为 10.8%。

湖北省水产技术推广总站

汤亚斌

湖南省稻渔综合种养产业发展报告

一、基本情况

湖南省水域滩涂资源丰富，有可养水域面积 1 110 万亩、宜渔稻田 1 050 万亩，洞庭湖区更是全国重要商品鱼生产基地、小龙虾主产区域。2022 年，湖南省稻渔综合种养总面积 534.02 万亩，水产品总产量 53.38 万吨。

区域分布上，稻虾种养模式主要分布在环洞庭湖区域；稻鱼种养模式主要分布于怀化市、湘西自治州、永州市、郴州市等丘陵山区；稻鳖种养模式主要分布在益阳市、常德市和怀化市等地；稻鳅种养模式集中于祁东县、桂东县、汝城县、绥宁县、永州市零陵区等湘南地区。

二、技术模式发展情况

湖南省稻渔综合种养主要模式有四种：

(1) 稻虾模式　主要集中在洞庭湖区域，利用水源充足、水质条件较好、地势低洼的一季稻田养虾。主要采用稻虾共作和稻虾轮作两种模式。一般在 3—4 月投放苗种或 8—9 月投放亲虾，水稻在 5 月底至 6 月初移栽。稻虾模式技术要点主要在苗种数量把控，水草的丰度把控，水质管理，饲料投喂以及捕捞策略等方面。近年来，通过对传统稻虾轮作模式的创新与改良，形成了稻虾育养分离模式，使传统的自繁自养稻虾轮作转变为育苗、养成分离的综合种养模式，有效降低了种养户苗种成本以及养殖风险，目前在洞庭湖区已大量推广且取得了较好的成效。据调查，益阳市、岳阳市和常德市稻虾种养面积 253 万亩，水稻平均亩产 500 千克，水产品平均亩产 140 千克。

(2) 稻鱼模式　以湘西、湘南丘陵山区为主，养殖的品种主要有鲤鱼、鲫鱼、乌鳢、金背鲤、合方鲫和罗非鱼等，主要采用沟式、沟凼式和宽沟式田间工程养殖。稻鱼结合上主要有"一季稻＋鱼""双季稻＋鱼"和"再生稻＋鱼"等模式。稻鱼模式的技术要点主要在苗种、饲料质量、放养密度、科学投喂以及水质管理等方面。据调查，各地区的情况分别是：湘南地区的永州市稻鱼养殖面积 41.39 万亩，水产品总产量 1.53 万吨，水稻平均亩产 500 千克。湘西地区的湘西自治州稻鱼养殖面积 8.9 万亩，水稻平均亩产 440 千克，水产品平均亩产 13～16 千克。

(3) 稻鳖模式　多为稻鳖共生模式，主要分布在益阳、常德和怀化等地。水稻间距采用宽窄行稀疏种植，宽行可达普通水稻的 3 倍。稻、鳖均采用有机生产标准。一般亩产稻谷 500 千克左右、鳖 80 千克左右。

（4）稻鳅模式　主要养殖品种为台湾泥鳅，集中在祁东县、绥宁县、永州市零陵区、郴州市等地。一般亩产稻谷 500 千克左右、泥鳅 120 千克左右。

此外，还有稻蟹、稻蛙等种养模式。随着多年发展和技术积累，各地不断创新，主推地方特色品种和新技术新模式，益阳市和岳阳市推广稻虾育养分离模式，益阳市资阳区推广稻虾鱼模式和池塘鱼稻轮作模式，湘潭市重点推广莲鱼（虾）模式。还有部分地区和企业积极开发、推广新模式，如利用稻虾田套养鳜鱼、鳙鱼，开发"小龙虾＋澳洲淡水龙虾＋一季稻"种养模式，稻-虾-蟹（鳖）、稻-虾-鳝轮作共养模式，"莲（稻）＋澳洲淡水龙虾"等模式。

三、组织化、产业化发展情况

（一）组织化情况

据不完全统计，湖南省规模以上稻渔综合种养主体共 4 060 余个，其中平原地区 500 亩以上种养主体 880 个以上，丘陵、山区 200 亩以上种养主体 3 000 个以上，全省创建了省级示范区 9 个、市县级示范区 89 个。目前，全省具备加工、旅游、餐饮等融合发展业态的稻渔综合种养主体 1 200 个，创建了水稻品牌 21 个、水产品品牌 18 个。

近年来，各县市通过规范农村土地管理制度，制定农村土地经营权流转奖励办法等举措，引导农民以土地承包经营权入股稻渔种养合作社，提升产业集中度。按照"政府引导、民间组织、市场运作"的方式，大力培育新型经营主体。据统计，环洞庭湖区从事稻虾种养的公司 108 家、专业合作社（协会）826 家、家庭农场 773 家，经营稻虾种养面积近 90 万亩，占洞庭湖区稻虾总面积的 70% 以上，从业人员达 5.6 万人，小龙虾经纪人 6 000 人，带动就业岗位 1.6 万个，入社农民人均年增收 3 000 元以上。

（二）产业化发展情况

全省目前已建成以长沙马王堆、岳阳海吉星、南县供销城等批发市场为龙头，主产区乡镇分拣中心或收购点、重点县市小龙虾物流园于一体的销售网络。全省有 30 余家小龙虾加工企业，其中南县顺祥食品、益阳国联水产、沅江金江水产、华容新富水产品、华容华誉食品、岳阳市进利食品、岳阳市新宏食品、君山正源食品等 10 多家规模以上加工企业。2021 年，全省小龙虾加工量 10.2 万吨，年产值 56.9 亿元。品牌建设方面，形成了以湘南"郴州高山禾花鱼"、湘西"辰溪稻花鱼"、湘北"南县小龙虾"为代表的农产品地理标志品牌；打造出顺祥"渔家姑娘"、长沙"文和友""金江""都想""虾闯洞庭""旺旺侠""洞庭裕"等自主加工区域品牌。各县市每年举办"稻（禾）花鱼节""小龙虾产业博览会""龙虾美食节"等节庆活动，有力带动了田鱼及小龙虾的市场消费。

四、科研和技术推广情况

全省已形成环洞庭湖区的"稻虾＋"模式、丘陵山区的"稻鲤（鲫）＋"模式，重金属污染耕地安全利用区的"莲（茭）渔＋"模式，以及池塘"稻-鱼-瓜（蔬）"轮作模式。"稻虾＋"模式方面，开展系列科研攻关，包括苗种选育改良、荷虾生态种养模式实验、大虾养殖技术集成、鲜活屯养技术创新，积极探索和推广育养分区、温室大棚育苗、稻田轻简生态寄养、虾田养鳖/鳝/蟹和"一稻三虾"等新型高效种养模式。"稻鱼＋"模式重在遴选出金背鲤、瓯江彩鲤、合方鲫等鱼类品种和农香 32、农香 42 和美香占 2 号等系列适宜稻渔综合种养的水稻品种。湘西州减少田间工程建设，最大限度保留了稻田的原始风貌，采用"合作社＋基地＋脱贫户和监测户"的推广模式，注重产品品质和效益最大化。先后制定了《稻虾菇综合种养技术规程》（DB43/T 2322—2022）、《荷花虾综合种养技术规程》（DB43/T 2323—2022）和《常德市稻虾种养技术规程》，引领稻渔产业规范发展。

五、产业政策

湖南省委省政府先后出台《关于加快推进水产养殖业绿色发展打造优势特色水产产业的实施意见》《湖南省水产千亿产业发展规划（2020—2025 年）》《湖南省养殖水域滩涂规划（2021—2030 年）》《关于全面推进乡村振兴 加快农业农村现代化的实施意见》，将稻渔综合种养列入打造特色农业产业、助推水产千亿产业的重要内容。与此同时，洞庭湖区各县市相继出台扶持政策，在基地建设、种苗繁育、品牌培育推广、养殖保险等方面给予资金支持。2018—2019 年省级投入资金 8 000 万元启动 10 个"稻渔综合种养示范县"建设。2020—2021 年，安排 2 200 万元建设 16 个稻渔综合种养示范基地进行引导，并在衡阳、郴州重金属污染耕地安全利用区发展稻渔综合种养。近两年，湖区各县整合涉农资金 3 亿元以上扶持稻渔产业发展，仅南县累计投入各类扶持资金 1.2 亿元，有力推动了稻渔产业的快速发展。

六、主要做法和经验

（一）坚持因地制宜，积极进行规划引导

立足湖南区位条件、资源禀赋、经济发展，因地制宜、精准施策，以市场为导向，进行科学定位和规划，积极发展。例如，湘潭市出台《湘潭市莲（稻）渔综合种养五年行动方案》，岳阳市发布《岳阳小龙虾产业发展规划（2021—2024）》，2021 年成立岳阳市小龙虾产业化工作领导小组办公室，统筹政策科技支持，全力推进稻虾综合种养发展。南县成立了稻虾产业发展领导小组，沅江市成立了稻渔综合种养产业领导小组。衡阳成立县稻渔综合种养技术推广专家工作组，建立跨部门、多层次联合推广机制，制定稻田养鱼发展重点乡（镇）和特色村名录，划定稻田养鱼规划发展区，并列入政策扶持框架。

（二）坚持生态优先，积极推广绿色模式

牢固树立"绿水青山就是金山银山"理念，发展绿色产业，创设绿色政策，推广绿色模式，切实夯实生态环境基础，建立绿色、低碳、循环、集约发展长效机制，全面推进种

养循环发展，实现"实力强、人民富、生态美"的有机结合。近年来，湖南省结合水产绿色健康养殖技术推广"五大行动"工作、水产种业建设、水产养殖场尾水治理、国家级水产健康养殖和生态养殖示范区创建等项目，投入大量资金扶持稻渔产业绿色健康发展。目前，全省已建立9家国家级稻渔综合种养示范区（示范场）。南县推进5万亩小龙虾种苗繁育基地建设，以项目扶持为抓手，全市共发展小龙虾养殖市级以上龙头企业12家，小龙虾养殖合作社45家，带动种养大户3万余户，初步形成了"公司（农民合作社）＋基地＋农户"的规模化经营模式。

（三）坚持补链延链，积极促进三产融合

大力发展深加工、精加工，仓储物流、延长产业链，多次举办小龙虾和禾花鱼美食文化节等，营销小龙虾和禾花鱼消费热度，提升市民消费热情，促进小龙虾和禾花鱼产品消费。益阳市以南县为中心，全市已逐步形成"种养加、农工贸"一体化、一二三产业融合发展格局。在顺祥食品、泽水居、食安天下、国联水产等龙头企业的带动下，小龙虾产业链进一步延伸。南县小龙虾年加工量达1.8万吨，商品率达96％；年加工优质稻虾米20万吨，90％以上销往福建、广州、长沙等地；从业人员达13万人，经纪人达3 000余人。以小龙虾产业为依托的休闲农业和乡村旅游业呈火热态势。岳阳市创建国家级休闲渔业示范基地5家，休闲渔业年产值6.5亿元。2021年全市有小龙虾餐饮4 000多家，餐饮和物流等服务业产值达59亿元。华容、君山已建成小龙虾加工产业园，全市小龙虾加工企业12家，产能10万吨。冷链物流仓储体系初具雏形，以海吉星水产交易集散中心为平台（年交易量在20万吨以上）。郴州市北湖区、苏仙区、桂东县通过连续举办禾花鱼美食文化节等活动，已成为当地乡村旅游的一大亮点。

七、存在问题与发展建议

（一）制约稻渔综合种养高质量发展的主要问题

一是基础研究亟需进一步深入。存在基础理论研究碎片化和不系统、不深入的问题，如共生系统良性发展的临界条件、物质能量的利用效率和转化规律以及稻田长期淹水可能导致土壤潜育化等方面研究有待深化。

二是良种选育和基础建设亟需进一步投入。小龙虾和水稻良种选育还需加大投入，攻关突破。稻渔综合种养基础设施亟待改良完善。

三是技术配套亟需进一步加强。湖南省生态类型多样，不同地区品种搭配、水稻栽插方式、水产品放养方式以及稻渔田间生产农机配套等方面还不够完善。

四是全产业链亟需进一步延长。稻渔综合种养具有绿色、生态、安全的特点，但不少地方在优质稻、生态米、优质水产品的开发力度不大，地理标志产品的开发和品牌创建才刚刚起步，特别是水产品深度加工转化还有待加强。

（二）发展建议

一是全面优化生产布局。加快种业创新，着力构建商业化育种体系。引进原产地良种

亲本，加大良种选育技术攻关，定向培育创制良种品系；建立"良种良养良销"运营机制，推广"育种企业＋合作社＋养殖户"经营模式，提高良种覆盖率。

二是加强科技攻关推广。根据当地资源禀赋与环境承载量，合理布局产业，引导适度、有序发展。坚持"一水两用、种养循环、以鱼促稻、生态高效"原则，制定生态高效种养技术标准。严格规范投入品管控，强化疫病生态化防控，科学调控水质，推进养殖尾水生物净化、达标排放。

三是推进产业融合发展。坚持全产业链闭合发展思路，培育稻鱼（虾）文化品牌、区域公用品牌、名优企业品牌。加大养殖、科研、加工、流通、餐饮、金融、保险等公共服务和政策支持，完善养殖生产体系、技术推广体系、疫病防治体系、质量安全监管体系、加工物流销售体系，推动全产业链转型升级，打造一二三产业高关联融合体。

八、综合效益分析

（一）总体情况

湖南省大部分稻渔种养模式，技术难度低、投资少、风险低、回报利润率高，适宜小农户、合作社和家庭农场经营，是农民增收的一大利器。稻渔综合种养推动各地促进土地流转，通过培育新型经营主体，推动规模化生产、品牌化经营、产业化发展，提升产业的质量效益，实现了对乡村产业振兴的有力支撑。同时，一些脱贫地区将稻渔综合种养作为巩固拓展脱贫攻坚成果的重要产业，通过政策引导和示范推广激发了农民种粮积极性，有力稳定了水稻种植面积。

（二）不同模式综合效益分析

从调查结果分析，稻虾模式亩均成本 1 901～5 528 元，亩均收益 590～9 765 元；与之对应的纯种稻的稻田亩均成本 578～1 530 元，亩均收益 1 050～1 457 元。洞庭湖区稻虾模式扣除成本后亩均纯收益比纯种稻的要增收 1 500 元以上。综合比较，稻虾模式适合在洞庭湖区域示范推广。

稻鱼模式亩均成本 1 990～7 276 元，亩均收益 1 850～5 120 元；与之对应的纯种稻的稻田亩均成本 622～2 553 元，亩均收益 725～3 061 元。湘西丘陵地区扣除成本后稻鱼模式亩均纯收益比纯种稻的要增收 2 000 元以上，适合在丘陵地区示范推广。

稻螺模式（怀化市）亩均成本 2 204 元，亩均收益 4 402 元；纯种稻的稻田亩均成本 1 346 元，亩均收益 1 810 元。亩均纯收益比纯种稻的要增收 1 700 元左右。

稻鳖模式（湘潭市）亩均成本 3 932 元，亩均收益 6 250～31 390 元；纯种稻的稻田亩均成本 1 150～1 400 元，亩均收益 1 295 元。亩均纯收益比纯种稻的要增收 2 000 元以上。

湖南省畜牧水产事务中心

刘俊杰　何东波　蔡汉华

广东省稻渔综合种养
产业发展报告

一、基本情况

近年来，在各级农业农村主管部门的大力扶持和推广下，广东省稻渔综合种养产业稳步发展，产业规模持续扩大，新发展模式不断涌现，组织化、产业化水平不断提高，科研和技术推广力量不断增强，产业政策扶持力度持续增大，产业发展质量和效益同步提升。

根据 2022 年度各市稻渔综合种养产业发展情况数据显示，截至 2022 年 12 月，广东省稻渔综合种养面积为 6.75 万多亩、水产品产量达 2 136 吨；现已建成国家级稻渔综合种养示范区 1 个，省级稻渔综合种养示范区 2 个，创建了 26 家市级水产绿色健康养殖技术"五大行动"示范基地，打造国家级示范性渔业文化节庆 1 个。共有韶关市、清远市、梅州市、江门市、中山市等 11 个市发展了稻渔综合种养产业，其中韶关市、清远市稻渔综合种养面积共 6 万亩，占全省稻渔综合种养面积的 85% 以上，平均水产品亩产量在 20～40 千克，水稻产量 400～500 千克。

二、技术模式发展情况

广东省稻渔综合种养的模式有稻鱼共作、稻虾共作、稻虾轮作、稻蟹共作、稻蛙共作、稻鳖共作、稻蚕共作和稻鱼果共作等地方特色品种模式和新兴发展模式，其中，以清远市、韶关市的稻鱼（禾花鲤）模式为主，种养面积有 4 万多亩，水产品产量超 1 200 吨。稻虾轮作模式，主要分布在韶关市的南雄，推广面积约 3 500 亩，该模式利用冬闲的稻田、辅助人工措施加深水环境养殖小龙虾，一季稻、一季虾，以提高稻田单位面积效益。江门市的稻蚕（沙蚕）、稻蟹（大闸蟹）、稻虾（小龙虾）和蟹（青蟹）稻（海水稻）等稻渔综合种养模式，推广区域集中在新会区和台山市，综合种养面积 3 400 亩。此外，还有佛山市的稻-小龙虾-鲤鱼共作模式，广州市的"高端丝苗米＋禾虫"种养模式、稻-渔-花（果）和梅州市的烟-稻-渔等立体种养模式。

三、组织化、产业化发展情况

（一）组织化规模化情况

"十三五"期间，广东省共创建 1 个国家级稻渔综合种养示范区，即韶关市乳源瑶族自治县大桥镇中冲村；8 个省级稻渔综合种养示范区，即韶关市南雄富农源生态农业开发有限公司三佳农业公园、韶关市乳源龙源水产养殖场、清远市连南县海龙水产科技发展有限公司、清远市连南县大坪鱼乡稻田生态养鱼专业合作社、清远市连南县稻鱼茶产业园、清远市连南县天机稻农业科技有限公司、梅州市蕉岭县建丰粮业发展有限公司和梅州市五华县悯农农业科技发展有限公司；10 个市级稻渔综合种养示范区；已建成以稻渔综合种养产业为主的示范园区（产业园）3 个，即广东省节地节水高质高效渔业示范园区、广东省稻鱼茶省级现代农业产业园区和广州市增城区丝苗米现代农业产业园。

（二）渔米和水产品生态产品认证情况

广东省共有稻、鱼有机认证 5 个：分别是龙岗千亩丝苗米文化公园（广州市农业公园）1 个、龙新千亩丝苗米育繁推一体化基地 1 个、连南县大坪鱼乡稻田生态养鱼专业合作社 2 个、连南县天机稻农业科技有限公司 1 个。清远市连南县大坪鱼乡稻田生态养鱼专业合作社获无公害稻鱼认证 1 个。

（三）产业带动情况

以清远市为例，已形成稻渔综合种养产业融合利益联结机制。一是订单带动。2021年，清远市稻渔综合种养产业化组织中采取订单方式带动农户的占 45%，订单总额较上年增长 9.7%。二是已经建设稻渔模式化工程的有 4 500 亩。三是获得粤字号名牌产品或著名（驰名）商标和"三品一标"认证的龙头企业数量占比均超过 40%。四是市级以上龙头企业中农业技术推广服务人员 4.7 万人，各企业培训农民平均投入近 0.5 万元。五是新增经营主体 93 个，其中规模 50 亩以上 60 家，以务工就业、土地流转、代养包销、供苗包销、入股分红等方式带动从业人员 5 310 人，户均增收 2 100 元。

（四）全产业链融合发展情况

广东省清远市和梅州市举办了"稻渔"相关文旅产业融合活动。其中，清远市连南县举办了多届"稻田鱼文化节"并开展了稻渔种养示范基地发放稻田鱼苗活动；梅州市通过"龙头企业＋基地/合作社＋农户"，推动农业规模化、集约化发展。基地搭建集农耕文化、田园观光、农事体验于一体的农旅平台，定期举办"稻渔节""丰收节"等活动，吸引广大市民和外来游客前来捕鱼、品鱼汤、吃靓米，推动农业和文旅产业融合。

（五）品牌培育情况

广东省共创建稻渔品牌 6 个，其中清远市 3 个、韶关市 2 个、梅州市 1 个；国家地理标志农产品 1 个，即韶关乳源瑶族自治县大桥镇"大桥石鲤"；通过了国家水产原良种审定委员会审定品种 1 个，即禾花鲤"乳源一号"。

四、科研和技术推广情况

为推动稻渔产业发展，全省推广部门联合中国水产科学研究院珠江水产研究所、广东省农业科学院等科研单位开展了一系列的技术创新、品种优化和模式探索，选育出了石鲤、南岭禾花鲤等禾花鱼新品系，构建了"稻鱼、稻虾、稻鳖"等多项综合种养模式，形成了"连南稻田养鱼""韶关稻渔养殖"等典型的广东稻渔模式。

对乳源土著品种"石鲤"进行提纯复壮。经过多年的选育，如今已经选育出第七代石鲤。选育出来的石鲤头小、腹部饱满圆润，生长速度比原来快4倍，成活率高，具有不易逃逸、体色不易受鸟类攻击、方便捕捞等特点，非常适合当地稻田养殖。韶关市渔业技术推广总站从2017年推广示范稻渔综合种养模式以来，就开始用华南鲤选育南岭禾花鲤，目前已选育到第三代；清远市绿之源渔业科技有限公司选育的"金元鲤"则保存了清远禾花鱼的血脉。

珠江水产研究所、乳源县畜牧兽医水产事务中心、一峰生态农业有限公司和中冲富民合作社共同制定了《稻田养鱼技术规范》，成为全县养殖户稻田养鱼的技术指南。连南县制定了地方标准《连南禾花鱼标准化生产技术规程》。据初步统计，稻渔综合种养相关重要科技成果获广东省农业技术推广奖1项。

五、产业政策

"十三五"期间，广东把稻渔综合种养作为扶贫攻坚、乡村振兴的重要产业，出台相应的扶持政策大力发展稻田养鱼、稻田养虾等稻渔综合种养模式。

韶关市2020年印发了《韶关市水产绿色健康养殖实施方案》，2021年印发了《韶关市水产绿色健康养殖技术推广"五大行动"实施方案》，其中生态健康养殖模式推广行动要求各县（市、区）要因地制宜，结合当地实际情况，加强规划引导，大力开展稻渔综合种养技术模式示范推广。2017年，市、县级共安排国内渔业捕捞和养殖业油价补贴调整资金210万元用于扶持稻田养鱼事业的发展；2018—2020年，省、市级共安排专项资金1 000多万元用于推广稻渔综合种养。

清远市印发了《清远市2020年省级渔业成品油价格改革补贴资金（第一批）实施方案的函》《清远市农业"3个三工程"专项发展资金使用方案的通知》，每年安排专项资金支持稻渔特色农业发展。连山县政府印发《连山壮族瑶族自治县扶持农业产业发展实施意见（试行）的通知》，文中明确提出拨付专项资金，支持禾花鱼繁育基地建设和鱼苗经营，积极推动禾花鱼产业的发展。连南县开展稻渔种养示范基地发放稻田鱼苗活动，还举办多届"稻田鱼文化节"，促进农业和旅游业融合。清新区发布《2021年发展稻渔综合种养项目实施方案》，鼓励稻渔产业发展。

梅州市将《壮大特色现代农业，推广"稻鱼共生"生态种养技术》写入2019年的政府工作报告，成为"市十件民生实事计划"之一，广泛推广"稻鱼、稻虾、稻鳖"等综合种养模式。

"十四五"期间，在全面实施乡村振兴战略和确保国家粮食安全的时代背景下，稻渔综合种养发展的政策环境将更有保障、更有力度。广东省稻田总面积大约1 300万亩，目前全省只有5万多亩在进行稻渔综合种养，发展潜力巨大。随着地方政府出台的各类规划，广东省稻渔综合种养产业规模将继续扩大，产业链得到进一步延伸，价值链进一步提升，产业政策扶持力度持续增大，产业发展质量和效益同步提升。

六、主要做法和经验

"十三五"以来，广东省按照农业农村部的决策部署，积极践行绿色发展理念，把稻渔综合种养作为扶贫攻坚、乡村振兴的重要产业，出台相应的扶持政策大力发展稻田养鱼、稻田养虾等稻渔综合种养模式。主要做法和经验是：发挥政策引导，突出示范引领，加强技术指导，推动产业融合，抓好品牌创建。

七、存在问题与发展建议

（一）存在的问题

1. 稻渔综合种养技术模式缺乏研究。 一是专门的水稻品种和水产品种严重不足。目前，广东稻渔综合种养模式主要以韶关市、清远市的"稻-禾花鱼"为主，其他稻-虾、稻-蟹等模式多数处于探索试验阶段，尚未形成成熟的技术模式。二是在广东省占主导的"稻-禾花鱼"模式，鱼苗没有繁养分离，而且受鲜活鱼的打包存活时长、运输不便、收捕鱼苗规格不一、产量偏低等因素的限制，稻渔产品未能通过二次加工增值和销售，进一步打开市场。

2. 农田基础设施设备水平低下。 由于现代化、标准化的田间工程投资大，受资金限制及部分地区国土部门管控，目前，开挖简单的沟坑仍在稻渔综合种养工程中占主流。稻渔综合种养由于田间工程和茬口衔接等问题，对稻田机械提出了新的要求，目前尚没有开发出与稻渔综合种养相配套的农机，因此，部分稻渔综合种养田块甚至放弃水稻机械化收割，不符合农业机械化发展趋势。

3. 规模化、组织化程度不高。 首先，稻渔综合种养企业、专业合作社和养殖大户占比不高，多以一家一户经营为主，且连片规模少，导致粗放式种养占主导，生产及管理成本高，缺乏规模效应。其次，经营主体分散，难以在生产和销售等方面形成合力，难以形成品牌，产品优质优价无从体现。此外，田块面积越小，稻田开挖沟凼面积越容易超出标准，偏离以渔促稻的发展原则。

（二）发展建议

1. 研究制定发展规划。 按照"藏粮于地、藏粮于技"的战略要求，开展稻渔综合种养摸底，全面掌握广东省稻渔综合种养分布情况，在全面分析市场需求、资源的基础上，研究制定出一批适合广东省稻渔综合种养产业发展的规划，明确发展目标和区域布局，确保产业绿色健康发展。建议将稻渔综合种养纳入农业综合开发、高标准农田建设和农田水利建设补贴范围，设立专项资金扶持稻田养殖基础设施建设、苗种补贴、农机购置补贴等，简化申请审批手续，为稻田养殖户获得资金支持创造便利。

2. 充分发动农业技术推广体系和科研院校"产学研推用"的优势。 构建跨学科、跨领域的专家团队和联合协作机制，针对稻渔综合种养产业发展中的关键问题，开展联合科技攻关，加快主导模式和配套关键技术的集成与示范。加强水产行业标准《稻渔综合种养技术规范》宣贯，确保模式发展不走样。积极培育稻渔综合种养专业大户、家庭农场、农民合作社、农业企业等新型经营主体，做大产业规模，推进产业标准化生产，实现品牌化经营，形成区域性的优势产业。

3. 加强示范培训和融合发展。整合技术资源和信息资源，搭建稻渔综合种养技术经验交流平台，促进新型综合种养模式、稻田养殖技术、用药技术、质量安全管理技术和苗种等信息的交流传授和示范推广，做好国家级和省级稻渔综合种养示范区创建工作。在积极发展二三产业的同时，促进产业融合，推动稻渔综合种养与休闲渔业、旅游业有机结合，不断延长产业链，提升价值链，打造现代田园综合体样板。

八、综合效益分析

（一）总体情况

稻渔综合种养是一种高效的生产模式，真正实现了"一田多用、一水两用"，具有稳定粮食、增加收益、改善生态的作用。在经济效益方面，稻渔综合种养模式里稻米价格是普通稻米的2～3倍，水产品亩均收入1 000元以上。在社会效益方面，发展稻渔综合种养，既是山区开拓水产养殖可持续发展空间，保障优质水产品供给的有效方法，也是减少耕地抛荒保障粮食安全和促进农民脱贫奔小康的有效措施。在生态效益方面，通过稻渔综合种养，水稻为鱼类提供了丰富的饵料，鱼类为水稻生长提供天然肥料，并且能消灭害虫和杂草，减少了农药的使用；同时，鱼类在田间活动松土，可以增大土壤孔隙度，有利于水稻对营养元素吸收，形成良好的生态循环，达到提高品质、降低生产成本、减轻环境污染的良好效果，且稻谷病害明显减少。总的来说，稻渔综合种养经济、社会、生态效益显著。

（二）不同模式综合效益分析

根据综合效益调查结果，广东省共有稻鱼、稻虾、稻蟹等共7种稻渔综合种养模式，经收集、汇总各模式的数据，与水产单作进行对比，现将各模式的综合效益情况分析如下：

1. 稻鱼共作模式。水稻平均亩产为415千克，稻谷平均售价为8元/千克，水稻平均销售额为3 320元。水产品平均产量为32千克，平均售价63元/千克，水产品平均销售额为2 016元。稻鱼共作模式的平均总收益额5 336元，稻鱼共作模式平均成本3 280元。综上所述，稻鱼共作模式平均利润为3 056元。而水稻单作对照组中，水稻平均亩产473千克，平均售价为4元/千克，稻谷平均销售额为1 892元，水稻每亩单作平均成本为1 380元，其利润为512元。通过对比，稻鱼共作模式亩均利润是水稻单作亩均利润的6.0倍，农药和化肥使用量分别减少80%、20%以上。

2. 稻虾共作模式。水稻平均亩产为300千克，稻谷平均售价为6元/千克，水稻平均销售额为1 800元。水产品平均产量为100千克，平均售价57元/千克，水产品平均销售额为5 700元。稻虾共作模式的平均总收益额7 500元；稻虾共作模式平均成本2 955元。

综上所述，稻虾共作模式平均利润为 4 545 元。而水稻单作对照组中，水稻平均亩产 473 千克，平均售价为 4 元/千克，稻谷平均销售额为 1 892 元，水稻每亩单作平均成本为 1 380 元，其利润为 512 元。通过对比，稻虾共作模式亩均利润是水稻单作的 8.8 倍多，农药和化肥使用量均减少 90% 以上。

3. 稻虾轮作模式。水稻平均亩产为 375 千克，稻谷平均售价为 6 元/千克，水稻平均销售额为 2 250 元。水产品平均产量为 113 千克，平均售价 57 元/千克，水产品平均销售额为 6 441 元，稻虾轮作模式的平均总收益额 8 691 元，平均成本 6 430 元。综上所述，稻虾轮作模式平均利润为 2 261 元。而水稻单作对照组中，水稻平均亩产 488 千克，平均售价为 3.8 元/千克，稻谷平均销售额为 1 854.4 元，水稻每亩单作平均成本为 1 520 元，其利润为 334.4 元。通过对比，稻虾轮作模式亩均收益是水稻单作的 6.8 倍，农药使用量减少 40% 以上。

4. 其他稻渔种养模式。广东省其他稻渔综合种养模式包括稻蛙、稻鳖、稻蟹和稻蚕等模式，但由于多数处于探索试验阶段，尚未形成成熟的技术模式。虽然这些模式规模较小，但效益显著，推广潜力巨大。例如，稻蛙共作模式，亩均收益达 46 200 元，利润约 18 000 元/亩；稻鳖共作模式，亩均收益达 50 520 元，利润约 28 600 元/亩。稻蟹（大闸蟹）共作模式，亩均成本为 8 500 元，亩均效益为 11 500 元，亩均利润 3 000 元；蟹（青蟹）稻（海水稻）共作模式，亩均成本为 9 185 元，亩均效益为 11 800 元，亩均利润 2 615 元。"稻-渔-果/花"种养新模式，每亩每年产稻谷 800 千克、禾花鲤 120 千克，年亩均成本 5 500 元，年亩均收入 7 000 元，年利润 1 500 元/亩。稻蚕（沙蚕）共作模式亩均成本为 6 065 元，亩均利润 1 953 元。

广东省农业技术推广中心

符云　郭晓奇　杨雪　马志洲　殷广平　蔡云川

广西壮族自治区稻渔综合种养产业发展报告

一、基本情况

"十三五"以来，广西农业农村厅按照农业农村部的部署要求，进一步创新工作思路，强化工作措施，以创建院士工作站和工作基地为技术支撑，以建设示范县、示范区和示范基地以及创立总结推广"广西三江模式"等十大模式为工作抓手，加快推动广西稻渔综合种养高质量发展。截至2022年，全区稻渔种养面积84.59万亩，水产品产量4.59万吨。技术模式上形成标准化、现代化、产业化的发展态势，由传统天然"稻鱼共生"到"稻渔共生和轮作"多种模式发展的趋势，涌现出一大批优秀的稻渔种养企业及品牌，稻渔产业的发展取得了显著成效。

二、技术模式发展情况

（1）稻鱼共作模式　广西80%稻渔种养为稻鱼共作模式。截至2019年，全区稻鱼共作面积90万亩以上，水产品产量3.18万吨、水稻产量34.80万吨。稻鱼共作在全区13个市均有分布，其中桂林市稻鱼共作面积40万亩，占全区稻鱼共作总面积的45%。广西稻鱼共作的养殖品种主要是全州禾花鲤、三江稻田鲤鱼、百色那坡田鲤，主要分布在桂林市、柳州市等地。目前，该模式由传统平板田模式逐渐发展成"坑沟式"养殖模式，将传统的平板田养殖通过田埂硬化和坑沟固化，开挖鱼沟鱼坑，提升蓄水能力，提高养殖产量。其中，有2种代表性模式：全州县"稻＋高产禾花鱼"模式和三江县"一季稻＋再生稻＋鱼"模式。

（2）稻螺模式　广西稻螺模式发展迅速，发展最快的是柳州市和梧州市，分别达5.4万亩、1.2万亩。特别是柳州市为发展螺蛳粉产业，提出实施螺蛳粉产业升级"六个一"工程，即编制一个规划、讲好一个故事、严格一个标准、建设一批产业集聚区、培育一批龙头企业和知名品牌、设立一个螺蛳粉检测中心；印发了《关于印发加快推进柳州市螺蛳养殖产业发展实施方案的通知》，明确了2018—2022年加快推进螺蛳养殖产业发展的目标任务、建设方案、财政补助标准等；2018年，全市完成螺蛳养殖面积12 947亩，其中主养1 890.4亩、套养11 056.6亩，共投放螺种61.8万千克，共下达专项资金616.8万元。稻螺模式主要是对稻田加高夯实，建设微流水系统，在投放田螺种苗前施放有机肥在田中发酵培育基肥，养殖过程中根据田螺生长情况进行追肥。一般亩产田螺 500 千克以上，亩收入 6 000 元以上。

（3）稻虾模式　近几年广西各地引进小龙虾进行稻田养殖，发展规模不断扩大。充分利用广西发展稻虾生态养殖产业的基础条件和天然气候优势，重点发展错季节和反季节小龙虾养殖，填补华南地区小龙虾市场供给空白和北方冬春季节性市场供给的稀缺。首次创建了适宜华南地区的小龙虾浅围沟养殖模式和冬闲田平养模式。在保证水稻种植面积和高产良田稳定生产两季水稻的前提下，充分发挥广西气候优势，实现小龙虾提前上市。目前，广西已形成了贵港市的桂平市、港北区，来宾市的兴宾区，南宁市的上林县和隆安县等县区以稻虾养殖为特色的主产区。养殖面积已达到 8 万多亩，稻田养殖小龙虾一年可养 3 造，亩产小龙虾 150～250 千克，每亩稻田可增收 8 000 元以上。稻田除养殖小龙虾外，百色、崇左等市还开展了稻田养殖罗氏沼虾试验示范，也有获得成功的实例。近年来，稻虾种养在广西发展迅速，已成为广西稻渔综合种养主要种养方式之一，南宁、贵港等市发展较快。目前，贵港市主打稻田小龙虾养殖，已成为广西稻田养殖小龙虾核心发展区。

稻虾模式近年来拓展了冬闲田养殖模式和丘陵稻田小龙虾低成本早繁＋养殖模式。冬闲田养殖模式是指水稻种植期间不养殖小龙虾，只利用水稻收割后到次年整田之前的时间开展冬养，由于不涉及水稻种植管理，因此无需挖掘虾沟，仅需将连片稻田的外围田埂加高加固，安装防逃设施，即可蓄水进行冬养。丘陵稻田小龙虾"低成本早繁＋养殖"模式，通过土地流转和"小改大"，将稻田改造为 10 亩左右的养殖单元，在四周开挖浅围沟，围沟面积占比 10% 以内，中间田块种植水稻。具有对稻田原始田埂破坏小、无漏水现象、易推广、出苗早、无需捕捞苗种、省人工、苗种成活率高等优点。

（4）稻鳖模式　该模式主要分布在桂平、港北、玉林、横县等地。主要是通过规范稻田养殖设施改造，开挖稻田坑沟，设置围栏等田间工程，利用稻田的水资源、杂草资源、水生生物资源构成复杂的生态系统，为黄沙鳖创造适宜生境条件，生态放养黄沙鳖，科学饲养管理及病害防治。利用改造后的稻田底质无淤泥，病原少，降低黄沙鳖发病，提高成活率；稻田阳光充足，活动空间大，晒背方便，鳖的体表光滑、色泽好，与野生鳖相似，提高黄沙鳖的品质。鳖的排泄物成为水稻肥料，起到肥田作用，鳖的活动有效改善稻田土壤的理化性状，有利于肥料和氧气渗入土壤深层，增加水稻对氮的直接吸收，同时通过对杂草等的遏制作用，减少了肥料流失，提高了肥效。

三、组织化、产业化发展情况

由自治区渔业主管部门牵头，在三江、全州等县成立了院士工作站基地，组建稻渔专家团队，将关键技术集成和创新模式在广西多地进行示范验证和推广应用。技术示范采用集成创新、典型示范及辐射带动相结合的方式，在项目技术支撑单位与示范单位的密切配合下，边试验、边示范、边调整、边推广，逐步集成适应不同生态条件的稻渔生态种养的新技术和新模式，同时在支撑服务上构建广西渔业健康养殖示范综合信息服务平台。2019年，成立了广西稻渔生态种养产业技术创新战略联盟，助推稻渔产业发展，为稻渔生产提供保障。

连续举办四届广西稻渔丰收节，指导创建国家级稻渔综合种养示范区 2 个，以稻渔为主要产业的国家级水产健康养殖和生态养殖示范区 2 个，实现广西"零的突破"。创建农产品地理标志产品 3 个，生态原产地保护产品 1 个，稻米品牌 50 多个、水产品牌 20 多个，桂西北多民族山地田鱼复合系统入选第六届中国重要农业文化遗产。

（一）稻渔企业不断壮大

2017 年以来，广西涌现出一批成功的稻渔种养企业，先后 6 家单位荣获"全国稻渔综合种养模式创新大赛绿色生态奖"。其中，桂林绿淼生态农业有限公司等 20 家有代表性的企业被自治区农业农村厅列为扶贫产业成功案例，并汇编成《广西新型稻渔种养 20 例》在广西全面示范推广，进一步壮大全区稻渔生产经营企业，从而推动产业化发展。

（二）打响了广西稻渔品牌

一是广西稻渔丰收节成为全国知名稻渔品牌。2019 年，广西创立了稻渔丰收节，并连续举办四届。活动内容丰富多彩，有乡村文体节目表演"庆丰收"，有优质农产品展示"晒丰收"，有摸螺、捕鱼、抓鸭等农事体验"享丰收"，有专家学术讲座"促丰收"。通过开展丰富多彩的活动，增强群众参与互动，展示产业发展新成就、乡村振兴新面貌。二是广西稻渔品牌走向全国。各地积极参加中国稻渔综合种养产业协同创新平台举办的全国稻渔综合种养模式创新大赛和优质渔米评比推介活动。各地非常注重打造区域公共品牌，全州禾花鱼、桂平黄沙鳖、三江稻田鲤鱼、融水田鲤、柳州螺蛳都获得农产品地理标志保护产品。各地注册的商标有：融水县"融水禾花蟹"和"大苗山金边鲤"，柳江区"壹螺一米"和"里高泉水螺"，全州县"禾花"禾花鱼商标和"桂全"牌稻鱼、大米商标，贵港市"荷城小龙虾"和"龙涡稻虾米"，钟山县"有机农夫"，梧州市"渔螺汇"和"桂螺师"，河池市"清月荷韵"牌熟食小龙虾以及荷花酒、荷叶茶等品牌。

（三）推动三产融合发展

各地因地制宜，创新产业经营模式，将种养、餐饮、垂钓、农事体验融为一体，实现标准化种养、有机稻米、水产品加工、创意农业体验和休闲观光农业发展于一体，助力稻渔综合种养一二三产业融合发展。全州县结合红色旅游文化元素及传统农耕文化，打造美丽田园综合示范区，建成的全州县大碧头田园综合体，成为全国有名的旅游景点，接待游客 15 万多人，带动农产品消费。阳朔县依托遇龙河旅游资源，将传统农耕文化保护传承和乡村旅游相结合，发展田园综合体，通过融入旅游、文创等元素，赋予了传统稻渔产业新的现代发展活力。三江县通过建立三江稻田鲤鱼繁殖场，对基地建设、生产、管理等实行"统一建设、统一稻种、统一购苗、统一管理、统一销售"的"五统一"管理运营模式，在全县推广稻渔种养，统筹原种场、产业示范园、以稻田养鱼为主的粮食生产功能区建设，形成了"一核多点"的产业发展模式，实现了稻渔增产、农民增收、企业增效和三产齐头并进、融合发展。融水县发展稻田养螺，通过举办香糯泉水螺美食文化节，开展评选"田螺姑娘"、抓螺比赛、美螺烹饪大赛，每年吸引周边群众1万多人参加，促进消费，产生了明显的经济和社会效益。河池市宜州区依托稻虾种养和"清月荷韵"牌熟食小龙虾以及荷花酒、荷叶茶等品牌，开通电商平台，打造线上交易、线下配送，结合小龙虾繁育、种养以及农旅休闲，形成了"产业＋互联网＋流通＋终端＋服务"的全产业链融合发展新业态，让基地产业链得以延伸，把产品卖到全国各地。

四、科研和技术推广情况

广西形成了以广西水产科学研究院、广西水产技术推广站等单位为主的一批自治区级稻渔综合种养研发团队。2016年，聘请中国科学院院士桂建芳为自治区主席院士顾问，其带领的中国科学院水生生物研究所科研团队在桂林市、柳州市建立"广西桂建芳院士工作站"稻渔综合种养指导站2个以及三江、绿淼公司、田中公司、五关公司、融荣合作社、绿之源公司、德沁公司示范基地等7个。2019年，成立了"广西稻渔生态种养产业技术创新战略联盟"。2018年，广西5个稻渔种养科研项目（《红螯螯虾稻田生态养殖关键技术研究与示范》《克氏原螯虾稻田生态种养关键技术研究与示范》《田螺稻田生态养殖技术创新研究与示范》《禾花鲤稻田生态养殖技术创新研究与示范》《山区"稻＋罗非鱼＋浮萍"模式》）获广西科技厅"广西创新驱动专项"支持，项目经费达1 600多万元，建立示范基地10多个，示范面积0.2万亩，推广面积2万多亩，申请发明专利5项、实用新型专利2项。《三江稻田鲤鱼养殖生产技术规程》《田螺稻田生态养殖技术规范》《固化坑沟稻田生态养殖技术规范》等3个稻渔种养标准获颁布或立项为广西地方标准。

五、产业政策

广西农业农村厅按照农业农村部的部署要求，创新工作思路，强化工作措施，编制发展规划，谋划发展目标，出台扶持政策，进一步促进稻渔产业的发展。广西农业农村厅在2019年联合10个厅委局联合印发《关于加快推进广西水产养殖业绿色发展的实施意见》（桂农厅发〔2019〕128号），提出要在全区大力发展稻渔综合种养，加快建设稻渔综合种养示范基地，促进传统稻渔综合种养方式转型升级，提高稻田综合效益，实现稳粮促渔、提质增效。2020年，印发《自治区农业农村厅关于加快推进稻渔综合种养产业发展的实施意见》（桂农厅发〔2020〕59号）明确了加快推进稻渔综合种养产业升级，促进农业绿色高质量发展的目标和任务。

"十四五"期间发展目标：全区稻渔综合种养以"稳面积、增效益"和"促生态、强品牌"为目标，进一步规范发展稻渔综合种养，基本形成布局科学合理、生产规范有序、产业融合发展的现代产业发展新格局。

"稳面积、增效益"：到2025年，全区稻渔综合种养面积发展到150万亩，旱改水地块、撂荒地、低洼田、低产田利用水平显著提升；稻渔综合种养渔产量12万吨以上、产值 50 亿元以上，稻产量 75 万吨以上、产值 25 亿元以上，稻渔综合种养产业经济总产值 120 亿元以上，亩产 500 千克以上稻谷、100 千克左右水产品，亩增收 2 000 元以上，平均亩产经济效益稳步提升。

"促生态、强品牌"：到 2025 年，化肥、农药使用量与周边地区同等条件水稻单作相比分别减少 30%、40% 以上；稻米和产地水产品质量安全抽查合格率达到 99% 以上。稻渔产业化水平进一步提高，产业链进一步拓展，品牌知名度、美誉度、市场影响力大幅提升。打造一批粮食生产面积稳定、产品质量安全放心、生产效益稳步提高、水质土壤有效保护的现代特色农业核心示范区。

重点打造螺蛳粉原料供应产业，力争到 2025 年，柳州市螺蛳养殖（套养）面积超过 10 万亩，辐射周边市县螺蛳养殖（套养）面积 10 万亩，柳州螺蛳粉全产业链综合产值超过 1 000 亿元。

六、主要做法和经验

（一）领导高度重视，部门合力推进

自治区党委政府高度重视稻渔综合种养业发展，自治区政府主席陈武在 2017 年政府工作报告中提出"抓好现代生态种养，扩大稻田生态综合种养规模"，多次对稻渔综合种养做出重要指示和批示，并亲自部署有关工作，充分肯定稻渔综合种养取得的成绩，认为这既是解决广西农村脱贫致富和农民增收，又是有利于生态保护的办法，是当前助推打赢脱贫攻坚战、解决农村可持续发展问题的一条很好的路子。鼓励要加紧摸索总结经验，加快在全区推动推广。时任自治区政府副主席方春明在"广西稻田综合种养十大模式"上批示"类似经验很值得进一步总结推广"。自治区农业农村厅认真贯彻自治区领导有关指示精神，进一步加大了全区稻渔综合种养业发展的力度，推动全区稻渔综合种养业实现从传统产业向现代产业的跨越，取得了新发展和新成效。

（二）加强顶层设计，谋划发展目标

自治区农业农村厅立足广西农业发展全局，以推动产业化发展为出发点，牵头组织自治区十厅局委印发《自治区农业农村厅关于审定加快推进广西水产养殖业绿色发展的实施意见》（桂农厅报〔2019〕85 号），实施意见把稻渔综合种养提升为下一阶段渔业发展的重点。文件强调各市要加强规划引领，完善政策支持体系，促进稻渔综合种养产业发展，助力脱贫攻坚、促进乡村产业兴旺。2020 年，自治区农业农村厅出台《关于加快推进稻渔综合种养产业发展的实施意见》（桂农厅发〔2020〕59 号），实施意见指出到 2025 年，全区发展稻渔综合种养面积 180 万亩，稻产量 90 万吨以上、产值 30 亿元以上；渔产量 15 万吨以上、产值 60 亿元以上，稻渔综合种养产业经济总产值 150 亿元以上。各市县也积极响应，如桂林市印发《桂林市发展稻田生态渔业工作方案》，梧州市龙圩区出台《发展稻螺生态综合种养扶贫产业实施方案》，全州县出台《全州县农业产业结构调整工作实施方案》，把稻田养殖禾花鱼作为一项农民增收的重要产业来抓，使稻渔综合种养成为今后乡村振兴、产业兴旺、经济发展的一条好途径。

（三）出台扶持政策，注入发展动力

在广西渔业油价补贴政策调整总体实施方案中，将稻渔综合种养列为重点支持发展的项目之一。2016年以来，自治区级累计投入资金3.2亿多元，全区建成200亩以上连片高标准稻渔种养示范基地110多个。其中，2017年自治区水产畜牧兽医局部门预算安排3 000多万元，用于开展良种体系建设、技术模式研发与示范推广等；2018年自治区海洋和渔业厅安排4 500多万元，在36个县区实施稻渔综合种养开发项目；2019年农业农村厅安排1.2亿元，支持20个多县区实施以稻渔种养为主的健康养殖示范区建设。各地也加大投入力度，如柳州市对进行稻田标准化改造的农户给予1 000元/亩的补助；三江县投入稻渔综合种养专项补助资金累计5 000多万元，对田基硬化改造、鱼坑建设、鱼苗放养、再生稻种植都给予一定补助；全州县财政近几年每年拿出专项经费100万元创建稻田禾花鱼养殖示范点，面积达到6.6万亩，每年免费发放禾花鱼种2 000万尾，为发展稻田养鱼提供有力支撑。

（四）构筑科技支撑，增添发展活力

广西与中国科学院水生生物研究所桂建芳院士创新团队签订了共建广西现代生态渔业院士工作站框架协议，并在广西水产科学研究院成立了院士工作站，在三江、全州等县成立了院士工作站基地，在人才、技术等方面为产业发展提供科技支撑、增添动力。多次邀请桂建芳院士深入三江、全州等县生产第一线现场开展稻渔综合技术指导工作。各级农业农村主管部门及技术推广部门积极采取科技合作、建立示范点、科技特派员、开展培训班等形式，全面开展稻渔综合种养科技创新和技术推广工作。

（五）开展示范带动，创建示范园区

2016年以来支持50多个县区各建设1个以上示范基地，通过加强组织领导和部门沟通，争取政策支持，加强创新引领，推动工作落实，支持指导三江、全州、桂平、灌阳等4个县创建国家级稻渔综合种养示范区，其中，全州、桂平两县（市）被农业农村部评定为国家级稻渔综合种养示范区。同时，支持19个县建设自治区级稻渔综合种养示范园区，其中支持三江县实施种稻养鱼"3721工程"（利用3年时间推广标准化种稻养鱼7万亩，打造"三江高山稻鱼"和"三江高山鱼稻"2个绿色生态品牌，使项目实施农户年人均增收1 000元以上），目前已在全县15个乡（镇）全面铺开，稻渔综合种养总面积达7.5万亩，占全县稻田面积12万亩的62.5%。

（六）宣传推广模式，创新发展格局

在多年指导三江县工作的基础上，总结提炼出稻渔综合种养"广西三江模式"，即"一季稻＋再生稻＋鱼"模式。随后及时在全区大力宣传推广该模式，很快在全区掀起了一股总结提炼、创立推广新模式的热潮。广西从实际出发，因地制宜，先后总结创立了具有广西地方特色的十大新模式，即三江"一季稻＋再生稻＋鱼"，灌阳"稻＋鱼鳅龟鳖等品种混养"，全州"稻＋禾花鱼"，融水"稻＋河蟹"，横县"稻＋鳖"，钦南"稻＋南美白

对虾"，融水、龙圩、陆川"稻＋螺"，宁明"稻＋蛙"，覃塘"藕＋鱼"，桂平、田东"稻＋小龙虾"等，形成了各显神通、各具特色的产业发展格局。

（七）注重产业融合，提高发展质量

支持引导各地开展农产品地理标志申报登记工作，先后有"全州禾花鲤""三江稻田鲤鱼""融水金边鲤鱼"等稻渔综合种养产品获得了农产品地理标志申报登记；组织广西稻渔综合种养十大模式的示范单位（企业）参加全国稻渔综合种养模式创新大赛，广西桂林绿淼生态农业有限公司荣获 2017 年全国稻渔综合种养模式创新大赛金奖，该公司又和广西灌阳绿之源生态农业综合开发有限公司、广西融水元宝山苗润特色酒业有限公司、梧州市水产畜牧试验场等 4 家企业荣获大赛绿色生态奖；通过一系列活动，增强"稻渔＋文旅"在全区创新能力，把种稻养鱼与文化传承、旅游观光结合起来，宣传推介各地稻渔或渔稻产品品牌，提高影响力；支持引导各地发展稻渔或渔稻产品深加工和农村电商，走一二三产业融合发展的路子，延长产业链，提升价值链，提高发展质量。

七、存在的问题

（一）基础设施较为薄弱，技术标准水平较低

广西稻渔综合种养整体上基础建设薄弱，田间设施工程发展相比发达地区依然滞后，设施不规范，缺乏与广西实际情况相符的高水平技术标准与行业标准。全区大多数地方的稻田主要是以种植水稻为主，水稻种植对田间工程的建设标准和要求不高，田埂一般不加高也不加固，蓄水量小，抗洪能力比较差，无法达到发展稻渔生态综合种养所需要的水容量、进排水系统要完善、防洪灾防逃措施要到位等基础设施条件。缺乏高标准稻渔综合种养田间工程示范引领，加上不完善的基础设施，导致养殖品种的放养量小，缺乏管养技术，"人放天养"现象比较多，产量和效益不高。

（二）扶持政策创设滞后，资金支持力度不大

广西大规模、大范围推动发展稻渔综合种养起步晚、起点低，存在配套扶持政策缺失或不完善的现象，各地方支持力度不足。2019 年以前，广西农渔分家的行政管理体制导致稻田的种与养联动较少，缺少农业、渔业、国土等相关部门在产业发展规划、项目资金安排、示范基地建设、技术指导培训等方面整体规划及统筹的政策措施，各级财政虽然每年都有支持稻田种植的资金，但是财政资金支持的重点只限于水稻良种补贴、病害防控和以稻田片区为主的水利建设等，缺少支持稻渔综合种养田间工程建设方面的专项资金。

（三）整体产业规模偏小，组织化程度偏低

广西 2020 年稻渔综合种养发展面积仅占全区宜渔稻田的 12％左右。部分地区生产经营组织形式主要以分散农户为主，专业合作组织和龙头企业数量少。此外，目前广西稻渔综合种养经营分散，以农户为主体的从业者种养面积在 10 亩以下，以企业、合作社为主体的从业者种养面积在 100～500 亩，1 000 亩以上的极少。分散农户发展的面积绝大多数

从几亩到几十亩不等。大市场和小生产的矛盾比较突出，全区稻渔综合种养生产经营的自发性、随意性、盲目性和盲从性比较普遍。对稻田养殖区域化布局、标准化生产、产业化运营、社会化服务等均构成制约。

（四）基础理论研究不足，模式集成创新滞后

由于长期缺乏稻渔综合种养基础理论研究，如水质、土壤与稻田生物群落间相互作用研究，缺乏对不同种养模式、养殖品种（虾、螺、鱼、鳖、鳅等优势品种）生产性能和经济效益优势的研究解析，更多停留在经验水平，抗风险能力弱，不能充分挖掘养殖生产潜力；稻渔综合种养模式集成创新滞后，种养技术成熟度不高，其水稻栽培技术、水产养殖技术、种养茬口衔接技术、施肥技术、病虫草害防控技术、水质调控技术、田间工程技术规范化程度不高，养殖从业者缺少规律性的认识，导致生产的水稻和水产品品质参差不齐，产量也不稳定。

（五）稻田养殖品种发展滞后

种业处于农业整个产业链的源头，是国家战略性、基础性核心产业。目前，面临着水产种质资源保护不力、过度开发，环境破坏严重，种质资源衰退明显，各地方稻田特色养殖品种分布区域缩小，甚至呈现片段、孤岛化，野生物种种群数量下降严重。例如，"全州禾花鱼""融水田鲤"和"三江稻田鲤鱼"等稻田传统养殖品种退化严重，严重影响了稻渔综合种养苗种供应；稻田特色品种选育科研创新不足，成果转化效率不高，加上缺乏现代育种观念，现有地方品种繁殖单位大多数是农户自繁自育，存在规模小、产能低、技术落后等问题，供应能力连年下降。小龙虾、田螺、石螺等品种基本依赖区外购进，稻田养殖良种的供应瓶颈问题严重制约了自治区稻渔产业发展。

（六）三产融合有待提升，产业化价值链较短

全区稻渔综合种养缺乏整体统筹规划和布局，产业化市场导向作用不明显。全区稻渔种养主体以农户为主，大多数是自给自足的传统种养模式，各地区缺乏种养大户、集体合作社和龙头企业，如全州、三江、融水等广西稻渔综合种养大县多年来没有形成主产优势区。由于缺乏整体规划，各地区往往重一产轻二三产，稻渔产品加工一直没有发展起来，稻渔的流通业也不大，没有形成"成行成市"的市场销售渠道，有些地区养殖品种出现"产得出，卖不了"现象，阻碍产业化发展；各地政府相关部门没有很好把种稻养鱼与文化传承、旅游观光结合起来，各地稻渔产品品牌缺乏宣传推介，影响力、知名度低，导致稻渔产业链、价值链短，三产融合发展水平不高。

八、综合效益分析

（一）总体情况

广西稻渔综合种养发展迅速，形成以点扩面、从局部扩展到全区的新格局。目前，全区稻渔种养总产值 30 亿元以上、稻谷产量 50 万吨、水产品产量 7.2 万吨，产量及产值实

现了大幅度增长，养殖品种多样化，养殖模式不断创新发展，在全区开展多种模式稻渔综合种养试验、示范和推广，形成了各有优势、各具特色的稻渔综合种养产业发展格局，提升技术水平，起到了稳粮增收、助力脱贫攻坚，为乡村振兴产业兴旺打下坚实基础。

1. 经济效益。据调查测算，广西稻渔综合种养主要养殖模式（稻鱼、稻螺、稻虾、稻鳖模式）平均单位产值 10 400 元/亩以上，单种水稻亩平均产值为 2 108 元以上，稻渔综合种养经济效益比单种水稻平均增加 4 倍左右。其中，广西三江模式采用"一季稻＋再生稻＋鱼"模式的增收效益十分明显，亩产值提高 50％以上，亩产值 6 500 元以上；"稻＋小龙虾"模式亩产值 12 000 元以上，稻螺模式亩产值 9 100 元以上，稻鳖模式亩产值 15 000 元以上。

2. 社会效益。稻渔综合种养对广西产业扶贫贡献巨大。2018 年，广西获得稻渔种养项目支持的贫困县有 44 个，贫困县稻渔种养项目支持覆盖率达到 90％以上。广西是典型的山地丘陵性地貌，许多农户特别是贫困户发展农业生产就靠门前的 1 亩多田地，稻渔种养是他们脱贫致富的主要项目之一。以三江县为例，广西三江县是国家扶贫开发工作重点县，全县有贫困户 2.89 万户，2018 年发展稻渔种养的贫困户达 2.2 万户，占全县贫困户总数的 76％；稻渔综合种养较高的经济效益，吸引青年人回乡创业和脱贫致富，解决了"谁来种粮"以及"留守儿童""空巢老人"等贫困地区无人撑起扶贫产业的突出问题。

3. 生态效益。稻渔综合种养设施可以提升水田的蓄水量，有效缓解稻田的旱情，促进生态环境的优化，增强抵御自然灾害能力。稻渔综合种养还大大减少农药化肥的使用量，据测算，广西稻渔综合种养农药使用量减少 60％左右、化肥使用量减少 30％左右。

（二）不同模式综合效益分析

1. 稻鱼模式。稻鱼模式通过标准化稻田工程建设，实施鱼沟＋鱼道＋瓜果棚工程建设，投放大规格鱼种，投喂发酵秸秆饲料，实现稻鱼瓜果生态共作，基本上不使用化肥或者农药。其中，三江模式种植再生稻，"一季稻＋再生稻＋鱼"模式的增收效益十分明显，如"一季稻＋再生稻＋鱼"模式水产品产量 108 千克以上，稻谷 800 千克以上，由于高山稻鱼和高山鱼稻的品牌效益，稻谷的价格 7 元/千克，鱼的价格 60 元/千克以上，亩均产值 6 000 元以上，在保证水稻产量不减产的前提下比单种稻亩产值提高 4 倍以上。种植再生稻，使每亩稻谷增加 200 千克以上，比"一季稻＋鱼"亩产值提高 20％以上。

2. 稻虾模式。稻虾模式是针对广西稻田耕作层偏薄的问题，通过胁迫促熟、水质调控和早造苗冬养等技术，实现商品虾上市时间较长江中下游省份提前。由于实现错峰上市，销售价格高出 50％～80％，水稻产量比单种稻亩产略有下降或保持平稳。"稻＋小龙虾"模式由于气候适宜小龙虾最佳生长温度，广西小龙虾养殖可一年两造，亩产量平均 180 千克以上，年均价格 60 元/千克，水稻产量 500 千克以上，亩产值 11 000 元以上，比单种稻亩产值提高 5 倍以上。稻虾模式基本上不使用化肥或者农药，属绿色生态养殖模式。

3. 稻螺模式。广西稻螺模式主要利用山区稻田和当地山泉水资源，通过稻田工程建设构建多级微流水养殖条件，结合晒田促繁、发酵饲料制备与投喂、青苔防控等技术的实施，提升田螺繁育效率和生长速率，构建稻田养螺高产模式。稻螺模式水稻平均亩产量为

676千克，稻谷的年均价格3.32元/千克，螺产量为亩均750千克以上，平均价格为10.6元，亩均产值8 500元，比单种稻亩产值提高4倍以上。

4. 稻鳖模式。稻鳖模式将池塘养殖与稻田仿生态养殖相结合，通过稻田工程建设、大规格鳖苗（400克左右）投放、益生菌发酵饲料投喂等技术的实施，实现轮捕轮放，一年上市。水稻平均亩产量为312千克，稻谷的年均价格3.5元/千克，鳖产量为亩均48.7千克以上，平均价格为280元/千克，亩均产值15 000元以上，比单种稻亩产值提高7倍以上。该模式的优点是实现了稻田鳖生态养殖，减少农药化肥使用，提升鳖产品品质，从而提高经济效益和生态效益。

广西壮族自治区水产技术推广站

罗璇

重庆市稻渔综合种养产业发展报告

一、基本情况

近年来，重庆按照"稳粮增效，以渔促稻"的总要求，集成配套稻渔综合种养关键技术和设施设备，建立稻渔综合种养产业化发展技术体系和配套服务体系，加大政策资金扶持力度，推广稻渔多样化综合种养模式，建立"稻鱼（鳅、蛙、虾、蟹、鳖等）"等多种综合种养模式基地。2022年，全市稻渔综合种养面积39.90万亩。重庆市稻田面积1 000多万亩，其中宜渔稻田近400万亩，稻渔综合种养发展潜力巨大。

二、技术模式发展情况

结合实际，重庆现已形成稻鱼共作、稻虾轮作或共作、稻鳅共生、稻蟹共作、稻鳖、稻蛙等多种种养模式，重点发展稻虾、稻鱼、稻鳅、稻蟹等模式。其中，稻虾（小龙虾）7万亩、产量9 400吨，主要分布在潼南、铜梁、大足等区县；稻鱼（鲤鱼、鲫鱼）18万亩，产量7 500吨；稻鳅3万亩、产量1 200吨，主要分布在武隆、黔江、巴南等区县；稻蟹2万亩、产量1 000吨，主要分布在永川、铜梁等区县；其他（稻鳖、稻螺等）0.1万亩、产量40吨。此外还在探索创新"稻田＋"生态种养模式，2022年在长寿示范"稻田＋高位池"的"设施养鱼＋稻渔共生"模式，计划实施面积1 000亩以上，目前项目正在扎实推进中；在合川区探索创新稻青虾生态种养模式，实施面积1 000亩，已完成基础设施改造并投产。

三、组织化、产业化发展情况

2022年5月，在合川召开了全市稻渔综合种养发展座谈会，大力推进全市稻渔综合种养产业发展；近两年全市投入市级以上稻渔综合种养示范推广项目资金2 000万元，每亩补助资金1 000元。建设全市标准化稻渔综合种养示范基地2万余亩，500亩以上示范基地13个；其中1 000亩以上示范基地3个，主要分布在荣昌区成渝现代高效特色农业示范园、大足区季家镇石桥村、大足区棠香街道和平村。示范基地稳粮增收、化肥农药减量效益明显。指导建成"潼南小龙虾""武隆鳅田米""忠县晨帆稻鱼米"等特色品牌4

个，显著增加产业附加值。2022 年，重庆市以川渝毗邻区域为重点，选择有较好资源和工作基础的长寿、梁平等 12 个区县集中连片打造标准化稻渔综合种养示范基地 1.2 万亩。每个区县实施 1 000 亩，补助资金 1 200 万元用于坑沟、道路、给排水、农旅融合建设以及品牌打造等。

重庆市稻渔综合种养一二三产业融合发展的企业较少，主要是一二产业融合，将生产的稻渔综合种养稻谷加工成品牌优质大米销售，形成了潼南区崇龛"蟹田大米"、武隆"凤来谷"大米、鳅田米、稻田蛙等品牌。其中，武隆区比丰水产养殖专业合作社稻鳅模式生产的凤来谷、鳅田米每斤 10 元还供不应求。大足区稻渔种养殖股份合作社谢云灿开展稻小龙虾综合种养模式，在 280 亩的稻虾共生示范基地内，稻田养虾实现每亩收获水稻 450 千克、小龙虾 170 千克，稻虾田的亩产值超过 1 万元，与往年单种水稻相比，每亩田新增纯收入 4 000 多元。在渝北区打造了一个近城区的体验式稻渔综合种养智慧渔业示范基地，该基地注重打造体验式休闲旅游，通过搭建物联网智慧渔业平台开展生态养殖，构建集休闲垂钓、家庭渔趣体验及农家乐文化于一体的模式，具有较好的示范带动作用。

四、科研和技术推广情况

联合西南大学等在渝科研院所成立了重庆水产科技创新联盟和重庆市生态渔产业技术体系，以体系生态模式岗位专家和联盟创新工作组为依托，开展稻渔种养对水环境和土壤氮磷等营养元素的影响及其对微生物组结构和功能的影响研究，逐步构建具有山地特色的稻渔综合种养关键技术质保体系。2018 年，重庆市农业综合开发办公室项目——稻渔综合种养技术示范项目，在重庆市渝北区兴隆镇开展稻虾、鳅、鱼综合种养模式试验示范，面积 200 亩。依托重庆稻田地形主要为浅丘、平坝、半山区地形，土壤类型包括红壤、沙土、黏土类型情况，探索示范稻田工程化技术，沟坑包括环形沟、十字沟、回字沟等，沟坑平均占稻田面积 10%；示范稻米品种包括 Q 优 5、宜香优 1108、宜香优 2115、深两优 5814、丰优香占等；筛选适宜养殖品种包括鲤鱼、鲫鱼、罗非鱼、大闸蟹、中华鳖、青虾、牛蛙、泥鳅等。为推动稻渔综合种养新技术、新模式的研发与推广，在加强稻渔综合种养技术的基础与应用研究的同时，加快制定技术标准进程，2018 年在原稻田养鱼地方标准的基础上，重新修订发布了《稻渔综合种养技术规范》（DB 50/T 864—2018），明确稻鱼、虾、鳅和鳖的综合种养技术，同时，加大技术培训和推广应用力度。

五、产业政策

2015 年，重庆市政府将生态渔产业链列入农业七个百亿级产业链，稻渔综合种养被确定为八大主推模式之一；该技术连续多年被评为全国渔业主推技术，在重庆市持续进行推广，制定发布了《稻田综合种养技术规范》地方标准；2015—2018 年全市渔业工作要点将推广稻渔综合种养生态养殖技术作为全市渔业的主要工作，并在全市开展稻渔综合种养试验示范工作；2015—2020 年《重庆市渔业"十三五"规划》提出按照"稳粮增效，以渔促稻"的总要求，集成配套稻渔综合种养关键技术和设施设备，建立稻渔综合种养产业化发展技术体系和配套服务体系。全市有武隆、黔江、彭水、荣昌、长寿、永川、忠县、酉阳等 8 个区县对稻渔综合种养模式实施有政府项目支持和资金补助。荣昌区与四川省隆昌市签订合作协议，计划共同发展 40 万亩稻渔综合种养产业带，加快推进内江荣昌现代农业高新技术产业示范区"双昌"稻渔综合种养示范带建设。

根据《重庆市渔业发展"十四五"规划》，稻渔综合种养被列为十大工程之一，要求配合农田基本建设项目，开展稻渔综合种养设施建设。畅通生产道路，加高加固田坎，疏通水源通道，建造实用防洪设施，进行标准化、规范化、特色化和实用化改造。到 2025 年，全市稻渔综合种养模式发展到 100 万亩，综合产值达到 30 亿元以上。创建市级示范基地 500 亩以上 25 个，区县示范基地 300 亩以上 100 个，总示范面积达到 6 万亩以上。

六、存在问题与发展建议

（一）存在的问题

一是资源利用率低。目前，全市宜渔稻田的资源利用率仅为 8.7%；养殖产量 1.27 万吨，较 1996 年的 4.16 万吨，下降 69.5%；平均单产 23.65 千克/亩，与 1996 年 23.91 千克/亩相比，下降 1.1%。过去传统的稻田养鱼区虽呈现恢复性增长态势，但总体规模不大，且以小规模、分散型为主，规模达到 500 亩的稻渔综合种养大户仅 10 户左右。重庆境内江河 1.8 万千米，有鱼类 8 目 19 科 180 种，全市现有繁育物种 45 个、养殖品种 169 个，可开发利用的稻渔专用鱼类种质资源库丰富。

二是认识还不到位。部分区县没有很好地将耕地保护与有效利用、粮食安全与水产品有效供给结合起来，农田建设、粮食生产与稻渔综合种养统筹谋划推进得不够。

三是投入相对较少。多年没有安排专项资金（仅 2021 年、2022 年，利用中央成品油价格调整对渔业补助资金分别安排 555 万元、1 200 万元），与国内发展得较好的省份及周边地区相比，投入严重不足。

四是经营主体弱小。农户分散经营为主，种养企业、合作社、家庭农场占比较低，缺乏专业社会化服务组织，难以在生产、管理、销售和品牌打造上形成合力，难以实现优质优价。

五是基础条件较差。重庆市多山丘、少平坝，田间基础设施配套不足，田间工程改造、生产管护成本相对较高，限制了规模化发展，田间基础设施配套严重不足，电力设施、田间道路、规范沟池等基础设施缺乏，尤其是水源工程、输排水工程不完善不配套，缺少养殖尾水净化装置，严重制约产业发展。

六是苗种繁育体系不健全。小龙虾种苗基本靠养殖户自繁自养，种质资源退化严重。

七是科技支撑不足。技术模式多依赖于经验总结，缺乏长期、系统地监测、集成和熟化。稻鱼综合种养科研体系薄弱，缺乏种养复合型技术人才，技术推广和服务不到位，经营主体普遍存在懂种植的不懂水产养殖、懂水产养殖的缺乏种植知识等情况。

（二）发展建议

一是强化科技创新支撑，提高产业发展水平。组建"产、学、研"协同攻关专家团队，针对稻渔综合种养中的关键核心问题，开展联合攻关。加快种养结合模式和配套技术、安全高效人工配合饲料和鱼病绿色防控技术的研究、集成与示范。加快研究制定操作规程、技术标准，提高标准化种养水平。构建以企业为主体的商业化繁育体系，实现工厂化繁育，提高种苗质量。引进、筛选、培育适合种养结合的新品种，提高综合种养技术水平。

二是强化融合发展，延伸产业链条。推动加工业发展，培育加工龙头企业，优先开展小龙虾、泥鳅等水产品加工，积极推进小龙虾副产物的资源综合利用和精深加工。促进特色餐饮发展，支持有机米、稻田鱼菜品创新和连锁经营，组织餐饮企业参加国内外行业展会和产销对接活动，开展虾王、虾皇、名菜、名厨评选，培育一批稻田鱼、小龙虾餐饮名店、名街。强化农旅结合，充分发挥稻田养殖的资源优势，建设渔业小镇，挖掘农俗乡味，发展休闲垂钓、农事体验、特色餐饮、乡村民宿等产业。

三是强化品牌培育，引领市场消费。优先选择基础条件好，市场信誉度高，辐射带动力强的新型经营主体，创建水产品品牌。强化顶层设计，融入区域文化和健身元素，彰显产品特征，统一规划、统一标识、统一包装。建立区域公用品牌的准入条件和共享机制，推动全产业高质量发展。

四是加大政策支持，增强发展动力。一是强化基础设施建设。将稻渔综合种养基础设施纳入高标准农田、"田园综合体"、乡村振兴以及特色效益农业等国家投资范畴，统一规划，加快补齐水源供给、排灌设施、电力保障、道路通畅等短板。有条件的地方，可以加大基础设施投入，实行"设施养殖＋稻渔共生"，提高水产品的单产和效益。二是扶持稻渔综合种养社会化服务组织。探索建立社会化服务组织开展稻渔综合种养技术服务财政补贴机制，对提供种苗繁育、疫病防治等社会化服务的主体给予适当补贴。三是推进稻渔综合种养农业保险，化解养殖风险，提振养殖户信心。

七、综合效益分析

测产结果显示，不同稻渔综合种养模式下水稻平均产量 435.46 千克/亩，平均单价 5.41 元/千克，平均产值 2 355.84 元/亩，但受多种因素影响，同一模式下，水稻产量有一定波动。由于稻渔综合种养模式下水稻品质更好，稻田米大量减少化肥和农药的使用，因此产量均较传统单作有所减少，但是稻渔综合种养大米价格一般会比水稻单作高 1 倍左右，经济效益显著。水产品亩均产量约 109 千克，水产品产值 4 539.70 元/亩。相比传统水稻单作，稻渔综合种养亩均收益增加了 4 394 元。全市多地充分发挥稻渔种养优势，成为产业扶贫的重要抓手和保供增收的重要渠道，能有效确保粮食稳产、提升渔稻品质和促进农民增收，有效改善人民的膳食结构，提高优质水产品的供应，带动农村劳动力就业，充分发挥了良好的经济、社会和生态效益。

1. 稻鱼模式综合效益分析。稻鱼种养模式下水稻平均单产量为 430.91 千克/亩，水稻平均产值为 2 391.55 元/亩，传统水稻单作模式下水稻平均产值为 1 455 元/亩，稻鱼种养模式下水稻亩产值同比水稻单作模式下水稻亩产值增加 64.37%。通过稻渔综合种养，平均收益达到 4 083.60 元/亩，经济效益远高于传统稻作。

2. 稻虾综合种养经济效益分析。稻虾综合种养生产的稻米产量为 440 千克/亩，平均价格为 5.28 元/千克，是传统水稻单作稻米单价 2.91 元/千克的 1.8 倍。另外，稻虾综合种养亩均收获小龙虾 159.67 千克且单价为 38.33 元/千克，与稻米共同创造的收益为 8 443.35 元，高出传统水稻单作仅产出的稻米收益的 4 倍以上。

3. 其他综合种养模式经济效益分析

稻蛙种养模式下，水稻平均产量 173 千克/亩，单价 6 元/千克；蛙平均产量达 1 500 千克/亩，单价 37 元/千克；创造总收益为 56 538 元/亩，而水稻单作收益为 712.50 元/亩，亩均增收 55 825.5 元，收益增长了 7 835.16%。

稻鳅种养模式下，水稻平均产量 415 千克/亩，单价 6.50 元/千克；泥鳅平均产量 150 千克/亩，单价 30 元/千克；创造总收益为 7 197.5 元/亩，而水稻单作收益为 1 400 元/亩，亩均增收 5 797.5 元，收益增长了 414.11%。

稻蟹种养模式下，水稻平均产量 461.43 千克/亩，单价 4.79 元/千克；蟹平均产量 63.70 千克/亩，单价 23.75 元/千克；创造总收益为 3 723.13 元/亩，而水稻单作收益为 945 元/亩，亩均增收 2 778.13 元，收益增长了 293.98%。

稻螺种养模式下，水稻平均产量 450 千克/亩，单价 4.40 元/千克；螺平均产量 350 千克/亩，单价 12 元/千克；创造总收益为 6 180 元/亩，而水稻单作收益为 1 500 元/亩，亩均增收 4 680 元，收益增长了 312.00%。

重庆市水产技术推广总站

翟旭亮　薛洋

四川省稻渔综合种养
产业发展报告

一、基本情况

截至 2022 年底，全省共有稻渔综合种养面积 494.42 万亩、产量 49.28 万吨。据四川省 2022 年度稻渔综合种养专项调查，主要模式有稻鱼共作、稻虾共作和稻虾轮作，分别占稻渔综合种养面积的 71.6%、18.8% 和 7.8%，其余模式（稻鳅、稻鳖、稻蟹等）占 1.8%。

二、技术模式发展情况

（一）主推模式

四川省具有一定规模的稻渔综合种养模式有稻鱼共作、稻虾共作和稻虾轮作。其中，稻鱼共作模式主要分布在内江、南充、巴中、达州等地；稻虾共作模式主要分布在宜宾、泸州、内江、自贡等地；稻虾轮作模式主要分布在广安、成都、遂宁等地。

（二）新发展模式

近年来，四川省将设施渔业与稻渔综合种养结合，创新探索了"高位池＋稻渔综合种养""流水槽＋稻渔综合种养"等新模式，具有尾水资源化利用、养殖集约化管理等优势，该模式已推广 1.05 万亩，主要分布在遂宁、巴中、成都、达州等地；泸县等地创新探索了稻-罗氏沼虾-稻-小龙虾"两季虾两季稻"轮作模式，既解决了铁壳虾、病虾多的问题，又显著提高了种养效益。什邡市与四川农业大学、四川省农业科学院开展稻渔种养循环科研试验，该模式能有效降低稻米中镉含量，保障粮食安全。

三、组织化、产业化发展情况

（一）示范创建

目前，四川省有国家级现代农业产业园（稻渔）2 个，国家级稻渔综合种养示范区（基地）16 个，"五大行动"骨干基地（稻渔）12 个，省五星级现代农业园区（稻渔）3 个，省级稻渔综合种养示范区（基地）19 个，省级"鱼米之乡"10 个。

（二）主体及品牌培育

根据调查数据，四川省从事稻渔综合种养的经营主体共 6 621 家，其中企业有 336 家、合作社 932 家、村集体经济组织 2 276 家、家庭农场或个体 3 077 家；从种养规模来看，千亩以上的有 36 家，主要分布在宜宾、南充、广元、自贡等地，如四川百岛湖生态农业开发有限公司、泸县海翔水产专业合作社、自贡荣鑫小龙虾养殖专业合作社等。四川省有"王家贡米""贯福香稻""弯哥鱼米"等渔米绿色有机品牌 18 个，有"川穗鱼""富利香鳅""小龙侠""川滇红"等水产品品牌 10 余个；各级政府或主管部门牵头创建"隆昌稻田虾""三家大米""崇耕""兴文石海小龙虾"等稻渔相关区域公共品牌、地理标志产品 11 个。

（三）融合发展

各地多措并举积极推进稻渔产业融合发展。例如，南充市顺庆区打造了渔耕源农业科普教育示范基地，占地 320 亩，年接待游客 8 万人次，年产值 1 500 万元；广汉市依托稻渔产业开发了半程马拉松赛、健身绿道、农家乐、垂钓、油菜花观赏等活动；昭化区开展了有机稻认购、生态田鱼休闲垂钓、农家餐饮娱乐等项目，提升稻渔产业附加值；内江市打造了普润镇印坝村、圣灯镇三台村、响石镇青龙村、古湖街道古宇村等稻渔产业省级主题公园等；兴文县引进四川悦琦食品有限公司开展精深加工，生产开袋即食麻辣小龙虾，年产量 50 吨；崇州市围绕 10 万亩稻渔综合种养基地和川西林盘打造了稻香旅游环线，吸引大量游客旅游消费。

（四）节庆活动

2022 年，全省共举办了小龙虾节、抓鱼比赛、龙虾品鉴会等节庆活动 19 场。例如，开江县"小龙虾美食节"、大竹县"稻虾丰收节"、兴文县"龙虾品鉴会"、隆昌市"小龙虾美食文化旅游节"、安居区"抓鱼大赛"等，主题涵盖美食品尝、垂钓体验、文化娱乐、农事体验等。

四、科研和技术推广情况

（一）科技成果

四川省稻田综合种养技术集成创新与应用技术（成都市农林科学院等单位），获得范蠡科学技术科技推广奖二等奖；稻渔生态种养提质增效关键技术集成与推广应用（四川省农业科学院水产研究所等单位），获得农业技术推广成果奖二等奖；山区稻渔综合种养技术集成创新与应用（成都市农林科学院等单位），获得四川省政府科技进步奖三等奖。

（二）技术标准

省农业农村厅发布了《四川省稻渔综合种养技术指南》，明确规定了稻鱼、稻虾、稻蟹、稻鳅、稻鳖等模式田间工程、水草种植、苗种放养、病害防治、捕捞运输等内容。四川省农业科学院水产研究所、四川省水产学会、成都市农林科学院、四川百岛湖生态农业有限公司等共同起草发布了《稻渔种养技术规范 稻虾》（DB51/T 2754—2021），指导全省稻虾养殖标准化发展。广元市昭化区农业农村局牵头起草发布了《山区稻渔综合种养技术规范》（DB51/T 2750—2021），是四川首个山区稻渔综合种养省级地方标准。

（三）示范推广项目

四川省承担了《2020 年农业农村部农业重大技术协同推广计划试点项目》，在邛崃、隆昌、大竹、安岳、昭化和江油 6 个示范县（市）建立了 7 个稻渔综合种养核心示范基地，开展技术培训和交流 67 次，培训 5 000 余人，观摩和现场指导 66 次，指导 500 余人，发放技术手册 2 000 余册。项目示范集成田间工程优化、水产品健康养殖、水稻高效栽培、水质调控、稻田内循环生态养殖、"稻-虾-菜"繁养分离等 6 项关键技术，创新研究了"稻-鲫鱼-虾"共作、"稻-虾-菜"和稻田种养内循环等新模式。

五、产业政策

2021 年、2022 年省委农村工作会议都对发展稻渔综合种养提出明确要求，省委 1 号文件连续两年作出具体部署，省政府把建设"鱼米之乡"纳入《全省"十四五"推进农业农村现代化规划》，从 2021 年起设立省级财政专项，每年安排 1 亿元，力争"十四五"期间，在全省建设以稻渔综合种养为"鱼米之乡"100 个以上。截至目前，省级财政已投入 2 亿元，建立"鱼米之乡"30 个。《四川省"十四五"渔业发展推进方案》中提出在全省稻田资源丰富的地区，发展稻渔综合种养 60 万亩以上，新增优质水产品 5 万吨以上；积极支持隆昌市与重庆荣昌区共建 40 万亩稻渔产业示范带，合江县、泸县与重庆江津区、永川区共建 100 万亩"巴蜀鱼米之乡"。随着稻渔综合种养产业蓬勃发展，各地相继出台支持政策，兴文、隆昌、南江、开江、恩阳、昭化、游仙、北川等县（市、区）对稻渔综合种养基础设施改造、鱼种稻种等每亩补助 400～1 500 元。

六、主要做法和经验

一是强化政策引领。省政府把建设稻渔综合种养纳入《全省"十四五"推进农业农村现代化规划》，把稻渔综合种养摆在保障粮食安全的战略高度部署，纳入实施乡村振兴战略、成渝地区双城经济圈建设、"十四五"规划统筹布局，高位推动稻渔综合种养产业发展。二是整合资源投入。大力实施"鱼米之乡"建设，整合水产园区、粮油园区、产业强镇、高标准农田建设、宜居乡村建设、文化旅游康养等项目资金，全面改造提升稻田基础设施，积极培育新型经营主体，引导社会各方力量共同参与，形成多元长效投入机制。三是打造产业集群。根据区域稻田资源禀赋的差异，探索不同类型的稻渔综合种养模式，打造形成了以成都、德阳、眉山等为核心的平原稻渔产业集群，以内江、资阳、自贡等为核心的川南稻渔产业集群和以德阳、广元、达州为核心的川东北稻渔产业集群。四是促进融合发展。紧密结合"美丽四川·宜居乡村"建设，促进稻渔综合种养与美食餐饮、特色民宿、渔事体验、休闲垂钓和科普教育等旅游业态充分融合，举办以稻渔综合种养为主题的休闲渔业节庆，打造优质大米、水产品品牌，提高稻渔共生产品知名度和美誉度。五是抓好品牌培育。大力开展优良品种引进、示范、推广，扶持和引导有实力的合作社和龙头企业着力打造优质大米、水产品品牌，把稻渔共生"优质、生态、无农残"理念融合到品牌宣传、包装设计中，结合各类展会和推介会，重点宣传和推介，提高稻渔共生产品知名度和美誉度。

七、存在问题与发展建议

（一）存在的问题

一是产业化发展路径还不完善。除稻-小龙虾外，其他养殖品种因起捕易伤、不耐运输、集中上市等问题，并未体现出稻渔产品的优质优价，资本进入少，产业化发展路径受阻。二是规模化发展水平不高。据调查数据统计，100 亩以上稻渔养殖基地有 1 646 个，养殖面积为 42.53 万亩，仅占全省稻渔综合种养面积的 14.2%，绝大部分稻渔综合种养仍以小散养殖、家庭经营为主。三是个别业主仍然存在重渔轻粮倾向。从调查情况来看，个别业主未按《四川省稻渔综合种养技术指南》严格控制沟坑比例，片面追求经济效益，与稳粮为基础的粮渔共赢政策初衷相背离，需要加强监督和严格管控。

（二）发展建议

一是推动产业化发展。创新研究和大力推广"高位池＋稻渔综合种养""流水槽＋稻渔综合种养"等适应产业化发展要求的新兴稻渔综合种养模式，吸引社会资本投入，提高稻渔综合种养组织化、标准化、产业化程度，打造稻渔综合种养新的经济增长点；立足川南气候及冬水田资源优势，大力推广稻虾养殖，积极创建区域公共品牌，推动稻虾产业体系高质量发展。二是推动融合发展。推动种植、养殖、加工、冷链物流相互融合、协调发展，延伸产业链，提高价值链；推动稻渔综合种养和休闲渔业的融合发展，大力推进农事栽培、渔事体验、农家乐、旅游观光等产业，不断提高稻渔综合种养附加值。三是推动规范发展。严格执行《四川省稻渔综合种养技术指南》，确保沟坑占比、粮食产量、产品质量等方面符合有关要求，防止"重渔轻粮""非粮化"倾向。四是推动品牌化发展。大力挖掘稻渔综合种养生态价值，推动各地按无公害、有机、绿色食品的要求组织稻田产品的生产，主打生态健康品牌提升稻田产品的价值，用效益引导农民参与稻渔综合种养。

八、综合效益分析

（一）总体情况

本次调查了稻鱼共作、稻虾共作、稻虾轮作、稻鳅共作、设施＋稻渔、稻蟹共作、稻罗氏沼虾共作 7 种稻渔综合种养模式，共收集了 73 个经营主体生产销售数据，其中稻渔综合评估组 55 个（国家级示范基地 12 个、省级示范基地 13 个、普通养殖户 30 个），水稻单作对照组 18 个。从经济效益来分析，55 个稻渔综合评估组中 52 个赢利、3 个亏损，亩均收益为 6 608.3 元、成本为 3 779.3 元、利润为 2 829 元；18 个水稻单作对照组中 14 个赢利、4

个亏损，亩均收益为 1 565.3 元、成本为 1 249.5 元、利润为 315.8 元，稻渔综合种养评估组亩均效益约是水稻单作对照组的 9 倍。从生态效益来分析，稻渔综合评估组亩均化肥费用 20.4 元、有机肥费用 87.8 元、农药费用 5.2 元；水稻单作对照组化肥费用 100.3 元、有机肥费用 73.9 元、农药费用 41.9 元，稻渔综合种养评估组亩均化肥、有机肥和农药投入费用分别是水稻单作对照组的 0.28 倍、1.19 倍和 0.12 倍，稻渔综合种养评估组有机肥投入费用增多，化肥和农药投入费用大幅减少，有利于农产品质量安全、生态环境保护和耕地质量提升。从社会效益来看，稻渔综合种养评估组在田间工程、仓储、产品加工和营销等方面投入远大于水稻单作对照组，有效延伸了产业链条，提升了产品附加值；稻渔综合种养还与旅游、教育、文化等深度融合，带动当地农文旅产业发展，吸纳劳动力就近就业和社会创业。

（二）不同模式综合效益分析

55 个稻渔综合评估组中，有稻鱼共作 18 个、稻虾共作 19 个、稻虾轮作 8 个、稻鳅共作 4 个、设施＋稻渔 3 个、稻蟹 2 个、稻罗氏沼虾 1 个。

1. 稻鱼共作。 18 个评估组中 17 个赢利、1 个亏损，亩均收益为 5 650.1 元、成本为 2 999.3 元、效益为 2 650.8 元；评估组亩均化肥、有机肥投入费用分别为水稻单作对照组的 0.06 倍、4.72 倍，评估组均未使用农药。该模式主要以鲤鱼、鲫鱼、草鱼等养殖为主，苗种、饲料成本投入小，管理技术要求不高，种养效益较为稳定。

2. 稻虾共作。 19 个评估组中 17 个赢利、2 个亏损，亩均收益为 6 494.3 元、成本为 4 113.3 元、效益为 2 381.0 元；评估组亩均化肥、有机肥和农药投入费用分别为水稻单作对照组的 0.18 倍、0.22 倍和 0.16 倍。该模式一次性投种后小龙虾自繁自育，后期仅补充少量亲本或苗种，相对稻虾轮作苗种投入成本低，上市期主要集中在 4—8 月，种养效益相对稳定。

3. 稻虾轮作。 8 个评估组均实现赢利，亩均收益为 6 715.5 元、成本为 4 322.3 元、效益为 2 393.2 元；评估组亩均化肥、有机肥投入费用分别为水稻单作对照组的 0.6 倍、0.25 倍。该模式实现了小龙虾繁养分离，每年需要补种或重新放种，小龙虾苗种和饲料成本占总成本投入的 41.9%，因为上市时间和养殖技术差异，亩均效益差别较大。例如，宜宾、泸州等地采用稻虾轮作方式实现小龙虾错峰上市，平均销售价格可达 50~60 元/千克，种养效益显著。

4. 稻鳅共作。 4 个评估组中 3 个赢利、1 个亏损，亩均收益为 6 150 元、成本为 3 640 元、效益为 2 510 元；评估组亩均化肥投入费用为水稻单作对照组的 1.17 倍，评估组有机肥亩均投入费用为 137.5 元，对照组未使用有机肥，评估组均未使用农药。该模式相对稻田养鱼投资成本高（覆盖天网防鸟），近年来价格回落后比较优势不明显，在全省推广规模逐年萎缩。

5. 稻蟹共作。 2 个评估组均实现赢利，亩均收益为 12 800 元、成本为 6 802.5 元、效益为 5 997.5 元；2 个评估组均未使用化肥、有机肥和农药。该模式在德阳、泸州、遂宁等地有养殖成功经验，取得了良好经济效益，但由于养殖管理技术要求较高，推广规模不大。

6. 设施＋稻渔综合种养。 3 个评估组均实现赢利，亩均收益为 5 980 元、成本为

2 770元（设施成本只算折旧和维护费用）、效益为 3 210 元；评估组亩均化肥、有机肥和农药投入费用分别为水稻单作对照组的 0.86 倍、0.19 倍和 1.17 倍。该模式是近年来在四川省研究推广的一种新型稻渔种养模式，具有集约化管理、尾水资源化利用和渔稻亩产量提升等优势，解决了传统稻渔养殖周期短、集中上市、不易捕捞等问题。

7. 稻罗氏沼虾。1 个评估组实现赢利，亩均收益为 16 500 元、成本为 4 670 元、效益为 11 830 元；评估组未使用化肥、有机肥和农药。该模式是在稻虾轮作基本上发展的两季稻（再生稻）两季虾（早春季小龙虾、秋季罗氏沼虾）的新型稻渔种养模式，目前仅在宜宾、泸州等地有推广，因小龙虾错峰上市和罗氏沼虾价格优势，养殖效益显著。

四川省水产局

王俊　莫茜　肖玲娜

贵州省稻渔综合种养产业发展报告

一、基本情况

截至 2022 年底，贵州省稻渔综合种养约为 277.09 万亩，水产品产量约 7.42 万吨。从分布情况看，主要分布在黔东南州、遵义市、铜仁市、黔南州等地，其他市（州）也均有零星分布。

二、技术模式发展情况

贵州省坚持以"种稻为主、种养结合、稳粮增效"原则，因地制宜，主要发展稻鱼、稻虾、稻蛙、稻＋鱼＋鸭等生态种养模式，大幅度提高稻田综合效益。就本次调查，主要模式情况如下：

（1）稻鱼模式　贵州省从 2017 年网箱养殖被全部取缔后，稻鱼模式为省内主推生态养殖模式之一，贵州省成立有 12 个产业专班，稻鱼产业是贵州省生态渔业专班主推模式之一。

（2）稻虾模式　目前，小龙虾在我国已成为重要的水产经济养殖动物，是最畅销的鲜活水产品，特别是夜市经济市场销量和价格都处于中上水平。

（3）稻蛙模式　目前，贵州主要以稻田养殖黑斑蛙为主，市场批发价格在 15～20 元/千克，主要市场是餐饮业。

（4）稻＋鱼＋鸭模式　面积约 3.2 万亩，鱼和鸭的产量在 2 000 吨左右。目前，该模式主要分布在黔东南，鸭的市场批发价格在 10～20 元/千克。

三、组织化、产业化发展情况

贵州稻田养鱼的历史文化发展悠久，主要以黔东南为主。黔东南州居民历来有喜好饮食稻田水产品（酸汤鱼、鱼酱和腌鱼等）的习惯，具有稻渔种养示范的人文条件。就本次抽样调查来看，大多发展个体户。

（一）组织化情况

目前，贵州省有 4 个国家级稻渔综合种养示范区（场），主要在遵义和黔东南，其他经营主体约有 240 个，其中 82 个是合作社、21 个是公司。

（二）产业融合发展情况

一是打造农旅融合产业。结合中国农民丰收节，在稻田渔业农旅结合上做文章，在铜仁、遵义、黔东南等地举办了丰富多彩的摸鱼文化节，参与群众达 5 万人以上。打造了具有贵州省特色的休闲渔业品牌，极大促进了渔业一二三产业融合。二是提升品牌质量，大力推广稻渔生态健康养殖技术，多地创建品牌，如"苗侗山珍""剑河稻花鲤""从江田鱼"等；培育认证"黔渔""青瓦寨""鱼嬉""白果贡米""贵卓大米""仙乡谷"等渔米品牌，经调查走访，部分稻渔综合种养主体产出的大米售价可达 20～30 元/千克，极大地提升了产品附加值，但因为总体规模相对偏小，品牌化之路还有待发展。

四、科研和技术推广情况

贵州省各地水产技术推广部门与高校、科研院所共同努力，在稻渔综合种养方面成果如下：

一是编写《贵州山区稻田综合种养技术手册》《贵州省生态渔业高效养殖技术读本》《贵州山区稻渔综合种养技术集成与示范推广》《鳅、虾、菜池塘共生生态养殖关键技术研究》《黔东南地方鲤改良与稻鱼技术推广》等资料。二是《高效稻田种养关键技术的研究与应用》荣获贵州省科技进步奖三等奖；《铜仁市稻田渔业综合种养技术集成与示范推广项目》荣获贵州省农业丰收奖三等奖。三是根据贵州省实际，针对贵州稻田渔的形态特点、生长特性、遗传多样性、营养学特点等情况进行研究，发表多篇学术文章。四是编写《贵州省稻渔综合种养技术规程》《稻田鲤鱼养殖技术规程》等技术标准。五是编写《一种山区田间稻鱼共生养殖的田间结构》《一种提高稻田养鳖成活率的营养辅料定期投喂装置》《一种山区稻鱼水位调控的田间结构》等实用新型专利。

五、产业政策

州省各地按照因地制宜、生态优先、科学发展、协调衔接的原则，结合各地水域滩涂分布情况，编写各地《养殖水域滩涂规划（2019—2030 年）》，合理划定了禁养区、限养区和养殖区，推动水产养殖与生态环境协调，促进经济效益和生态效益有机统一。贵州省预期在"十四五"期间稻渔发展 280 万亩，主要在黔东南、遵义、铜仁、黔南等地发展。

六、主要做法和经验

一是因地制宜，选定主推模式。根据稻田、资金、养殖技术和市场需求等具体情况，选定一至两个稻渔综合种养主要推广模式。二是加强苗种繁育体系建设。摸清全省鱼种场生产现状，对传统池塘改造升级，强化智能化信息平台建设，提高苗种产量。三是做好市场产销衔接。通过媒体宣传、微视频、抖音等加大贵州稻渔品牌宣传力度。四是推广"龙头企业＋合作社＋农户"组织模式，企业负责提供苗种及回收商品鱼，合作社组织饲养管理，渔业部门加强技术培训，充分调动农户种养积极性，延伸产业链，多渠道打开稻田鱼销售通道。五是培育渔业新型经营主体，建立符合市场经济规律的投入机制。积极扶持专业合作经济组织，发展和壮大农民专业养殖协会。培育稻渔综合种养龙头企业，支持引导企业和种养大户等多种生产经营主体，通过土地流转，实现标准化生产、产业化经营、规模化发展。六是加大技术培训力度，培育一批有文化、懂技术、善经营、会管理的新型职业"渔民"。七是多渠道争取和整合资金加大投入，采取"政府引导＋企业（合作社）＋农户"等多种组织方式，以项目为载体，积极争取各级乡村振兴产业项目、东西部协作项目、财政项目等涉农资金的支持，充分利用高标准农田项目支持稻渔综合种养示范点推广。

七、存在问题与发展建议

（一）规模化较低

贵州省是典型的喀斯特地貌，八山一水一分田的现状是导致稻渔综合种养无法实现规模化发展主要原因。在推广稻渔综合种养过程中，依靠人工开挖鱼沟、鱼凼，每年都要重新开挖，这就导致人力资源需求较高，加之贵州苗种价格相对较高，一般稻鱼苗在13元/斤左右，养殖成本无形增加。所以，一是要优化稻渔综合种养模式，由追求覆盖面转为集中优势发展；二是从粗放管理到精细化集中管理转变，不断提升稻渔综合种养质量，走一条稻渔高质量发展之路。

（二）发展动力不足

贵州省稻渔种养主要以个体户为主，产品销售渠道都是在本省本地区进行自销，没有固定的销售渠道，加工产品几乎为零，稻渔综合种养产业链较短，产品附加值不够高。因此，一是要建立健全苗种供应、加工、物流、销售、餐饮等多个产业链环节规范发展。二是要充分发挥生态资源优势，积极推进农旅深度融合。结合"稻鱼节""丰收节"等节日，把稻渔综合种养产业与休闲旅游产业有机联动起来，让游客体验乡村稻渔综合种养农耕文化的乐趣，既丰富了旅游内涵，又增加了稻渔综合种养产业的附加值，推动产业增效、农民增收。

（三）品牌效应不足

目前，贵州省稻渔品牌在各地均有创建，但品牌知名度不高，没有竞争优势。所以，一是要聚焦各地特色，立足市场需求创建优势品牌，不断加大市场开拓力度。二是鼓励经营主体利用新媒体开展"线上线下"宣传，组织企业参加各类展销会、博览会、产销对接会，拓宽省内外经销商渠道，拓展生态鱼市场销售空间。

八、综合效益分析

(一) 总体情况

1. 经济效益。"稻+"种养模式不仅是一种传统文化,更是人们对生态产品的追求。它既可实现水稻增产,还可以通过水产品增收提高农民经济效益。根据种养模式不同,其亩产水产品在20~150千克,均价在10~25元/斤,亩产水产品效益在600~7 000元。

2. 生态效益。从化肥使用量上来看,稻渔综合种养项目亩均投入70元,周边水稻单作投入100元,化肥使用量约减少30%。从农药使用量上看,稻渔综合种养项目亩均投入农药费30元,周边水稻单作田农药费50元,示范田农药使用量约减少40%。

3. 社会效益。稻渔综合种养具有稳定粮食生产的作用。根据多年来的测产结果分析,在沟凼占比低于10%的条件下,稻渔综合种养不仅不影响水稻单产,每亩还可增加水产品的经济收入,大大调动了农民种稻积极性,促进粮食稳产。

(二) 不同模式综合效益分析

1. 稻鱼模式。根据往年调查数据显示,贵州省稻鱼模式平均亩产水稻300~550千克,单价在3~20元/斤;产出水产品20~150千克,单价在10~25元/斤;实现亩均收益0.2万~1.9万元,相较水稻单作收益更高。稻鱼模式投入成本相对较低,适宜家庭式生产,具有较强的可推广性和可复制性。

2. 稻虾模式。根据往年调查数据显示,贵州省稻虾模式平均亩产水稻400~450千克,单价在4.5~10元/斤;水产品产量在100~150千克,单价在20~30元/千克;实现亩均收益0.6万~1.6万元,较水稻单作产量未见明显下降。但是,稻虾养殖投入成本相对较高,亩投入达6 000余元,同时对于养殖技术有一定要求,适宜适度规模化、标准化养殖。

3. 稻蛙模式。调查数据显示,贵州省稻蛙模式平均亩产水稻400~450千克,单价在4.5~10元/斤;蛙的产量在500~750千克,单价在15~20元/斤;实现亩均收益1.8万~4万元,稻蛙模式增收效果显著。但是,稻蛙养殖投入成本高昂,亩投入达1.8万余元,且黑斑蛙等稻蛙养殖品种对养殖技术和养殖环境要求高,经常会出现存活率低、饵料系数高等情况,养殖风险较大。相比稻鱼、稻虾模式而言,更适宜于具有较成熟技术和一定资金实力的公司或合作社开展养殖。只有在技术服务及产业基础相对成熟后,才可覆盖小规模家庭农场发展。

4. 稻+鱼+鸭模式。该模式主要在贵州省黔东南地区开展。通过"三变"改革,合作社将村里集中连片土地进行流转,因地制宜发展稻渔综合种养"稻鱼鸭"产业。由合作社建立示范基地,农户到合作社"寄种"的管理模式。合作社负责提供优质稻种、优质鱼苗和鸭苗,统一水稻集中育苗并进行技术指导,社员负责种植、养殖和田间管理。农户收获的优质稻按不同品种每斤1.8~2元进行回收,稻田鱼按每斤20元回收,鸭子按每斤15元回收,鸭蛋按每个1.2元回收。合作社将回收的优质稻加工成大米,按每斤 7~8 元的价格进行销售，稻田鱼按每斤 25~28 元的价格销售，鸭子按每斤 20 元销售，鸭蛋按每个 1.5 元进行销售。通过创新模式，实现增产增收，提高稻田效益，增加农民收入。

贵阳市农业农村局

秦国兵

贵州省水产技术推广站

杨曼　熊伟　冯浪

云南省稻渔综合种养
产业发展报告

一、基本情况

据统计，2022 年云南省稻渔综合种养的平均面积稳定在 137.48 万亩，平均总产量 4.46 万吨，平均亩产水产品 40.3 千克，亩均纯收入最高可达 5 500 元左右，最低也达 1 000 元左右。养殖品种从单一的鲤鱼、鲫鱼、罗非鱼、草鱼等，发展到以福瑞鲤、芙蓉鲤鲫、泥鳅、蟹、罗氏沼虾、土著鱼等新品种养殖。目前，已覆盖全省 16 个州市的 80 多个县（市、区）。在全省 16 个州市中，推广面积 10 万亩左右的州市有红河、保山、德宏、曲靖、楚雄、文山、普洱，推广面积占了全省稻渔综合种养面积的 75% 以上，稻田水产品产量占全省稻渔综合种养的 75% 左右。

二、技术模式发展情况

稻鱼模式分布于全省 16 个州（市）105 个县（市、区），是云南省主要模式；稻虾模式主要分布于德宏、红河、西双版纳、曲靖、保山、普洱；稻蟹模式主要分布于曲靖、红河、大理、昭通；稻蛙模式主要在曲靖；稻＋鱼＋鸭模式主要分布于红河州；稻＋土著鱼模式主要在昆明、玉溪、大理、丽江、红河、曲靖、临沧。

1. "稻渔共作"综合种养模式。 该模式覆盖全省，是最主要、最基本的稻渔综合种养模式。主要养殖鲤鱼、鲫鱼，以及近年主要推广的新品种福瑞鲤、芙蓉鲤鲫、松浦镜鲤、异育银鲫、罗氏沼虾等。

2. 元阳哈尼梯田"稻鱼鸭"综合种养模式。 主要栽种高产、优质、抗病、耐寒、适应强的中熟品种红阳 2 号、红阳 3 号、红稻 8 号等水稻品种，出产优质梯田红米，养殖鲤鱼、鲫鱼以及近年来推广的大宗新品种福瑞鲤、芙蓉鲤鲫及本地麻鸭（蛋鸭）。

3. 西双版纳"塘田式"稻渔综合种养模式。 主要分布在西双版纳、普洱等地，主要养殖罗非鱼，适当搭配鲤鱼、草鱼、鲢鱼、鳙鱼等。

4. 德宏"土著鱼"稻渔综合种养模式。 主要养殖本地胡子鲇（挑手鱼）。

5. "稻虾""稻蟹""稻鳅"综合种养模式。 在德宏州等地有部分稻田开展。

6. 农旅结合的稻渔综合种养模式。 以昆明市宜良县、寻甸县，曲靖市马龙区，红河州元阳县，保山市龙陵县，德宏州梁河县为典型，将稻渔综合种养与休闲旅游结合形成的稻渔综合种养模式。

三、组织化、产业化发展情况

云南省渔业部门大力支持发展稻渔综合种养农民专业合作组织，提高组织化程度，培养了一批掌握水稻种植、水产养殖、市场营销等技能的复合型人才队伍。建设了一批以品牌为导向、龙头企业为核心、合作社为纽带、种养大户和家庭农场为基础，一二三产融合、产加销紧密联系的稻渔综合种养产业化联合体。

四、主要做法和经验

（一）提升规范化和标准化水平

根据 2019 年《农业农村部办公厅关于规范稻渔综合种养产业发展的通知》、2020 年《农业农村部办公厅关于印发稻渔综合种养生产技术指南》的通知要求，提出在坚持"稳粮增收"根本前提和"不与人争粮，不与粮争地"基本原则下，按照《稻渔综合种养技术规范　通则》（以下简称《通则》）制订了《云南省 2022 年稻渔综合种养实施方案》，并要求各州（市）要把《通则》作为产业发展的压舱石，认真做到按标生产、有序发展，根据各地自然条件和模式科学制定产业发展规划，推动建立长效管理机制，并在示范创建、资金补助等方面加强政策引导，稻渔产业规范化水平进一步提升。标准化建设方面，《通则》实施后，针对云南省养殖规模较大、技术模式相对成熟的稻渔综合种养技术模式，积极支持各地牵头组织编制了稻渔综合种养地方标准或技术规范，鼓励稻渔综合种养企业制定企业标准或技术规范。通过标准和规范的制定，为不同种养模式的稻田工程、水稻种植、水产养殖等关键生产环节提供成熟的、适用性强的技术参考和指导，便于广大稻渔从业人员在生产实践中采用，从而达到稳定水稻生产、保护和改善稻田环境、保障产品质量的目的，提高综合效益。

（二）稻渔综合种养的经营方式要由分散式、小规模、副业型经营，向集约化、规模型、专业化种养方向转变

通过规模效益的驱动作用，调动农民对稻渔综合种养的积极性，通过增加劳动投入、物资投入和科技投入，提高和发展好稻渔综合种养产业。

（三）要多方筹措资金，加大对稻渔综合种养工程的建设力度

稻渔综合种养工作的推广重点在于稻渔综合种养工程的建设，工程一年建设终身受益。稻渔综合种养集生态、环保、可持续发展于一体，给农民的生产生活带来了巨大的便利，是一项农民乐意、市场需要、符合自然科学规律的好项目、好产业。业务部门要多方筹措资金，采用国家扶持与市场引导相结合，有偿和无偿相结合，使稻渔综合种养工程建设得到更大范围的推广。

（四）采取多种措施，做好稻渔综合种养的水产苗种供应服务工作

按照云南省的鱼苗生产实行集中繁殖、分散培育、就地供应的布局规划，一是挖掘现有苗种场站的生产能力，增加生产，除向库、塘养鱼提供苗种服务外，有组织地向坝区和山区、半山区开展稻渔综合种养的稻田提供苗种服务；二是对苗种调运距离较远、交通不便的边远地区，结合乡村振兴项目统筹规划，合理布局，配套建设苗种培育基地，以解决山区、半山区农民购买稻渔综合种养苗种难的问题；三是有选择性地扶持水产技术推广部门、渔业科研单位和鱼种场站，积极开发利用省内丰富的土著鱼类，作为稻渔综合种养的水产苗种来源。

（五）要着力促进稻渔综合种养产品的特色品牌创建

稻渔综合种养产业应充分运用"互联网＋"思维，进行互动式的品牌建设与传播，在重点区域着力抓好标准化稻渔产品的生产，加强全程质量监督管控，打造绿色有机产品品牌，以绿色、有机、无公害的优质农产品取信于消费者。

（六）要进一步加强稻渔综合技术的推广及渔政管理工作，推进稻渔综合种养的健康发展

各级渔业技术推广部门要结合农业科技进村入户活动，把推广稻渔综合种养技术作为渔业科技的工作重点，加强对山区、半山区稻渔综合种养的技术推广工作；并结合全省发展稻渔综合种养的丰富实践，不断总结完善稻渔综合种养的建设模式和配套的养殖技术，逐步形成具有云南特点的稻渔综合种养技术规范，为农民提供实用的技术服务。各级渔政管理部门，要加强对稻渔综合种养的渔政管理工作，加大对稻渔综合种养中发生的偷、盗、电鱼行为的打击力度，按照渔政管理工作的有关规定，帮助稻渔综合种养区制定好可行的村规民约，切实维护好农渔民的权益。

五、存在的问题

（一）产业化程度低，养殖规模小

目前，云南省稻渔综合种养模式主要还是一家一户小规模的经营方式，种养较分散。由于缺乏种养茬口衔接，在稻谷收获时，往往容易造成稻田养殖的水产品上市时间过于集中，不仅无法体现价格优势，有时还容易造成恶意竞争、产品贱卖的现象，影响稻渔综合种养户的积极性。如何加强引导，改变以散户和家庭为主的小规模经营方式，是目前稻渔综合种养推广亟待解决的问题。

（二）缺乏科技支撑，稻渔综合种养技术普及推广不够

稻渔综合种养是两类生物共同生存于同一空间，与单纯种植水稻和单纯水产养殖相比，在稻渔设施、品种选择、种养密度、肥水管理、饲料投喂等方面都有根本的不同。目前，全省基层水产技术人员及稻农，缺乏跨行业和学科的复合型技术，虽然经过近几年的示范推广

取得了一定进展，但是对于技术的集成不够、技术到位率低，制约了稻渔综合种养技术在全省范围内的大面积推广应用。

（三）稻渔综合种养基础设施薄弱，提质增效不明显

近年来，云南省借助高标准农田建设的契机，不断加强稻田田间水、电、沟、渠、路等基础设施的建设，但是，养殖效果好、标准化程度高的永久性稻鱼工程设施建设滞后，稻渔综合种养永久性工程设施的面积占稻渔综合种养总面积的比例不高。稻渔综合种养稻田的基础设施建设较弱，抵御自然灾害的能力较低。

（四）项目资金投入不足

目前，对稻渔综合种养的扶持主要针对示范地区的技术层面，覆盖面有限，缺乏足够的推广稻渔综合种养资金的扶持。稻渔综合种养田间工程改造费和苗种购置费较高，农户得不到项目资金的支持，影响了农民参与稻渔综合种养的积极性。

（五）稻渔综合种养技术服务工作滞后

推广稻渔综合种养技术，面对千家万户、涉及面广、工作量大，部分县乡由于技术推广服务体系薄弱，稻渔综合种养的产前、产中、产后的服务工作跟不上，制约了稻渔综合种养的发展。稻渔综合种养过程中的苗种供应、病害防治、市场信息等技术服务工作，不能满足农民的需求。

六、综合效益分析

（一）总体情况

云南省水稻种植面积1 270万亩左右，适合稻渔综合种养的面积达500万亩以上，此外还有大量的冬水田、圩田、秧田、藕田、茭白田等水田，也完全可以发展稻（藕、茭白）渔综合种养，在全省稻渔综合种养的发展潜力较大。近三年来，全省稻渔综合种养面积平均在121.02万亩、平均亩产鱼40.3千克。

近年来，随着社会的不断发展和人们生活水平的日益提高，人们对水产品的需求已从"量"到"质"发生变化。云南省稻田鱼（当地称"谷花鱼"），由于其品质优、口感好，越来越受到消费者的喜爱。从近年来的市场分析，池塘养殖的鲤鱼在12元/千克左右，而稻渔综合种养的鱼产品价格保持在30~80元/千克，较池塘养殖的同类水产品高出2.5倍以上，且供不应求。

（二）不同模式综合效益分析

1. 云南稻渔综合种养模式。 主要特点是按照《稻田养鱼技术要求》（SC/T 1009—2006）及《稻渔综合种养技术规范通则》（SC/T 1135.1—2017）的规定，在稻田中开挖鱼沟、鱼凼，建好防逃设施，稻渔综合种养的水产品种以大规格大宗淡水鱼或水产新品种为主。

昆明、曲靖、大理、普洱、保山、临沧等地区，气候温和，稻田耕作习惯于种植一次稻谷和一次小春（小麦、蚕豆或油菜等），为充分挖掘土地生产力，常利用稻田开展以稻渔共作为主要模式的综合种养。该模式是云南稻渔综合种养中最主要、最基本的模式，覆盖面积最大，主要以大规格大宗淡水鱼养殖为主，在水稻不减产的前提下，提高稻渔综合种养效益。通过调查，每亩稻田增加水产品产量50千克左右，按市场价每千克水产品35元计，产值1 750元/亩，扣除成本750元/亩（鱼种费、开挖鱼沟、鱼凼费、饲料费、人工费等），每亩稻田增加收入1 000元左右，同时每亩稻田可以减少稻谷生产过程中的施肥和农药成本150元左右。

2. 哈尼梯田"稻鱼鸭"综合种养模式。 梯田养鱼是哈尼族人民的传统生计之一，也是当地人民因地制宜、资源合理循环利用的体现。历经上千年的演化，哈尼梯田形成了"森林-村寨-梯田-水系"四度共构的农业生态系统，是哈尼梯田文化的核心。元阳哈尼梯田"稻鱼鸭"综合种养模式是稻鸭共生技术与稻田养鱼技术的科学有机结合，即在梯田里种植水稻（梯田红米）的同时养鱼、鸭，稻田中的害虫作为鱼、鸭的饵料，鱼和鸭的粪便又作为水稻生长的肥料，三者互利共生。其主要效益不仅体现在梯田红米、鲜鱼和鸭、鸭蛋的产值上，更重要的是通过稻鱼鸭综合种养，实现稳粮增效，传承千年农耕文化，增加梯田景观效果，促进旅游产业发展，保护红河哈尼梯田世界文化遗产。该稻渔综合种养模式主要分布在红河州元阳县、红河县、绿春县和金平县。

2021年，红河州完成稻渔综合种养面积23.89万亩，稻田鱼产量7 386吨。其中，红河州南部四县共完成稻渔综合种养面积21.2万亩（元阳县7万亩、红河县7万亩、金平县2.2万亩、绿春县5万亩），其示范面积4.51万亩、辐射带动面积16.69万亩。示范区稻渔综合种养每亩产值5 027元，其中亩产稻谷411千克，每千克7元，亩产值2 877元；亩产稻田鱼43千克，每千克50元，亩产值2 150元。非示范区稻渔综合种养（辐射带动区）每亩产值2 850元，其中亩产稻谷350千克，每千克4元，亩产值1 400元；亩产稻田鱼29千克，每千克50元，亩产值1 450元。

3. 西双版纳"塘田式"稻渔综合种养模式。 "塘田式"稻渔综合种养模式属"稻渔连作"范畴，是利用冬闲田开展稻渔综合种养的一种模式。该模式主要特点是在一季稻收割完成后，加高、加固塘埂，采取稻与渔连作方式，利用空闲稻田放水养鱼并在田埂种菜的模式。

地处热带北部边缘的西双版纳、普洱等地，自然条件优越，稻田集中连片，盛产优质米，自古有"滇南粮仓"之称，是国家级粮食生产基地，但由于地广人稀，稻田一年种植一次稻谷，收割后就蓄水供翌年栽插稻秧使用，形成了大量的冬水田，适宜开展规模化稻渔综合种养。勐海县勐遮镇和勐混镇的当地群众，从实际出发，利用连片的冬闲稻田开展"塘田式"稻渔综合种养，并利用田埂种植蔬菜，一年四季轮作，形成稻、渔、菜为一体的"塘田式"稻渔综合种养模式。

西双版纳"塘田式"稻渔综合种养，因保水性能好，合理地规避了干旱、水灾等隐患，稻田的土壤肥力和结构得到改善，在减施化肥的同时，大大提高了农业的综合生产能力。做到增水、增粮、增鱼、增收和节地、节肥、节工（免耕、免薅秧）、节支的"四增四节"效益，实现"一地两用，一水两用，一季多收"的效果。2021年，开展稻渔综合种养的稻田，按当地下限值计算，每亩可为农民增收 900 元以上，每亩减少投入 200 元（机耕 50 元，农药 50 元，化肥 50 元，薅秧 50 元）。勐海县 3 万亩稻渔综合种养稻田可增收 2 700 万元，节支 600 万元，经济效益大幅度增加，农民增收显著。

4. 德宏"土著鱼"稻渔综合种养模式。 德宏"土著鱼"稻渔综合种养模式属"稻渔共作"范畴，是利用稻田养殖土著鱼的一种稻渔综合种养模式，稻田养殖的"挑手鱼"肉厚质细，营养丰富，蛋白质含量较高，深受当地傣族民众青睐。养殖过程中在稻田开挖的鱼沟、鱼凼中放置竹筒，用于"挑手鱼"的栖息和逃避敌害。由于是对应特定消费群体专门养殖的当地土著鱼类，针对性较强，市场较为稳定，该稻渔综合种养模式经济效益突出。

水稻产量不减产的情况下，2021 年德宏州稻鳅、稻虾、稻蟹养殖面积约 2 000 亩。其中，稻虾养殖 1 500 亩左右，稻蟹养殖 100 亩左右，稻鳅养殖 200 亩。稻虾亩产虾 55～75千克，稻虾亩产值 7 500 元左右；稻蟹亩产蟹 50 千克左右，稻蟹亩产值 7 000～8 000 元；稻鳅亩产稻田鳅 60 千克左右，稻田鳅亩产值 3 500 元。其中，梁河县的稻田"挑手鱼"养殖，平均亩产 30 千克，每亩产值 1 200 元。

云南省水产技术推广总站

王云峰　杨其琴

陕西省稻渔综合种养
产业发展报告

一、基本情况

陕西省现有稻田 160 万亩，其中宜渔稻田 60 万余亩，稻渔综合种养产业潜力巨大。近年来，在国家政策鼓励和稻渔综合种养技术获得突破性发展的影响下，陕西省稻渔综合种养产业得到迅猛发展，逐步形成了"陕北无定河流域滩涂型、汉中盆地型、安康山区型"三大稻渔综合种养产业带。通过熟化集成和优化创新，形成可复制、易推广、效益好的稻蟹、稻鱼、稻虾等多种共作模式，开发出满足陕西省自然条件、经济价值高、产业化发展前景好的河蟹、小龙虾、泥鳅等稻渔综合种养新品种。扶持培育稻渔综合种养经营主体 300 余家，创建榆林百川生态农业公司、旬阳绿富地生态农业公司 2 个国家级稻渔综合种养示范区，1 个稻渔综合种养类国家级水产健康养殖示范场，13 个省级渔业家庭示范农场，1 个省级稻鳅综合种养扶贫示范点。创建"香草湾大米""香草湾河蟹""横山河蟹""康源甲鱼""陕汉泥鳅""五福鲜速食瀛湖鱼""汉中大鲵""安康富硒鱼"等多个具有影响力的区域稻渔品牌。举办了榆林市"横山稻蟹"捕捞节、安康市和汉中市"小龙虾"美食节等节庆活动，有力扩大了当地稻渔品牌影响力。通过实施稻蟹、稻虾等稻渔综合种养模式，带动陕西省各地复耕稻田面积 4 万余亩。截至 2021 年，全省推广稻渔综合种养面积 13 万余亩，水产品 800 万余千克，总产值近 30 亿元，经济、社会、生态效益显著。

二、技术模式发展情况

坚持"增质提效、绿色生态、政策引导、市场主导"总体原则，以市场为导向，因地制宜选择不同技术模式。按照"南虾北蟹"的总体布局，结合当地稻田生产技术条件，陕北地区重点开展稻蟹共作模式，推广面积 5 万亩，水产品产量 50 万千克以上。陕南地区以稻虾、稻鱼共作为主要模式，其中汉中市以稻虾共作模式为主，推广面积 5 万亩，水产品产量 450 万千克以上；安康市以稻鱼共作模式为主，推广面积 2.5 万亩，水产品产量 300 万千克以上。

根据各地稻渔综合种养产业发展实际情况，近年陕西省熟化应用稻蟹、稻虾、稻鱼等技术模式，集成优化稻田种苗繁养分离、种养分离、田间高标准工程改造、精准控水控肥、病虫草害生态绿色防控等稻渔综合种养关键配套技术，利用稻渔共生原理，生产有机绿色稻米、无公害水产品，打造优质稻渔品牌，大幅提升综合效益，促进稻渔综合产业高质量发展。

三、组织化、产业化发展情况

（一）加强政策引导，坚持市场主导产业发展

陕西省通过政策引导扶持，激励和调动各类主体发展稻渔综合种养的主动性、积极性和创造性。稻渔综合种养产业从土地规划到种养模式的选择，充分发挥市场在资源配置中的决定性作用，因地制宜选择种养模式、适度发展产业规模，形成"龙头企业＋农户""合作社＋农户""企业＋合作社＋农户"等多种较为成熟的生产经营模式。

（二）加强新型经营主体培育

坚持规模化推进、产业化发展、标准化生产发展思路，鼓励农户将承包经营土地采取转包、出租、互换、转让和入股等方式向稻渔综合种养新型经营主体流转。推进适度规模经营，培育壮大稻渔综合种养龙头企业、专业大户、家庭农场、农民合作社、农业企业等经营主体，积极发展产、加、销一体化的稻渔综合种养新主体，引导经营主体和小散户建立多种利益联结机制。

（三）加强稻渔品牌建设

坚持产业化发展思路，不断加强品牌建设，积极推动稻渔综合种养"三品一标"认证和品牌创建工作。目前，已发展榆林市"香草湾大米""香草湾河蟹""横山河蟹"、汉中市"康源甲鱼""陕汉泥鳅"、安康市"五福鲜速食瀛湖鱼"等多个具有影响力的区域稻渔品牌，榆林举办"横山稻蟹"捕捞节、安康市汉中市举办"小龙虾"美食节等节庆活动，积极宣传当地稻渔品牌，有效扩大了影响力。

（四）加强三产融合发展

以稻渔综合种养产业发展为基础，大力推进渔业加工、品牌营销、休闲旅游等三产融合发展，推动形成健康养殖、冷链物流、精深加工、餐饮节庆于一体的全产业链，提升产业附加效益，稳固群众增收基础。全省现有涉渔农家乐、休闲渔业、观赏园等 2 000 多家，渔业加工企业 12 家，逐渐形成"小产品大品牌、小产业大带动"的发展格局。

四、科研和技术推广情况

（一）健全协作机制

以全省水产技术推广体系为技术支撑，加强协调企业与高校、生产科研等单位的合作关系，逐步建立农科教、产学研紧密结合的协作机制，充分发挥院士工作站、西北农林科技大学等科研院校和水产产业技术创新与推广服务团队优势。积极推进科研成果试验、示范和推广，提高稻渔综合种养的标准化、科技化水平，促进稻渔综合种养的健康发展。聚

焦推进产业技术员培训工程，为产业发展和脱贫攻坚提供人才支撑和技术保障，培育掌握水稻种养、水产养殖、市场营销等技能的复合型人才，建立以高素质农民为主体的稻渔综合种养生力军。

（二）实施项目带动产业发展

2016—2018 年"沿黄地区河蟹养殖技术示范与推广项目"累计完成推广水面 25 745 亩，河蟹总产量 40.19 万千克，平均亩产 15.71 千克，总产值 5 036.5 万元。"现代稻渔生态种养技术项目"推广稻蟹、稻虾等稻渔综合种养面积 1.5 万亩，生产水产品 19.2 万千克，项目总产值 2 487 万元。通过项目实施，有力推动陕北地区稻蟹综合种养和陕南地区的稻虾、稻鱼综合种养产业发展。汉中市城固县龙头镇争取省委网信办 2021 年度数字乡村试点建设项目，建成了数字稻渔基地，利用物联网技术，部署数字种养管理云平台，对稻、虾、螃蟹、鱼、鸭的种养、生产数据联网采集，利用大数据进行统计分析，为稻渔生产提供科学决策，并通过农业大数据中心及时发布监测数据、灾害预警、宣传销售等信息，实现科学化、精细化、智能化管理。

（三）制定技术规范

参考《稻渔综合种养技术规范通则》，总结提炼《陕西省稻渔综合种养技术指南》《陕西省河蟹稻田生态养殖技术规范》《稻渔综合种养春季生产技术要点》《稻渔综合种养实用新技术》等一批适合本地区推广的操作规程和技术指南。

五、产业政策

（一）加大扶持力度

2019 年省农业农村厅将稻渔综合种养作为全省渔业高质量发展的主抓手，在汉中市召开全省稻渔综合种养产业培训暨现场观摩推进会，使用农业专项发展资金支持产业发展。省、市相关部门积极制定产业扶持政策和文件，省农业农村厅出台《关于加快推进水产养殖业绿色发展的实施意见》和《关于加快推进稻渔综合种养产业发展的实施意见》，安康市出台《生态渔业健康养殖指导意见》《生态渔业转型升级的意见》，汉中市印发《关于加快发展稻渔综合种养产业的实施意见》，榆林市编制了《渔业发展五年规划》等文件。同时，加大资金扶持力度，2019—2021 年省农业农村厅先后安排 5 000 余万元专项资金扶持稻渔产业发展；各市县引进或设立 2.4 亿元资金落实示范推广、种苗引进、设施建设等项目，带动产业发展。同时，加强配套措施出台，汉中市制定稻渔综合种养《信贷支持方案》《政策性保险方案（试行）》等政策，开展"稻渔险"试点工作，成为陕西省首个实施"稻渔险"的地市和开展水产品理赔的地市，填补了全省渔业保险的空白。

（二）规范产业发展

坚守粮食安全底线和永久基本农田红线，稳定粮食生产面积。为贯彻农业农村部《关于加快推进水产养殖业绿色发展的若干意见》和规范全省稻渔综合种养健康发展，陕西省制定印发了《关于开展稻田综合种养产业发展摸底调查及规范工作的通知》，要求各市以行业标准《稻渔综合种养技术规范 通则》为指导，严守稻渔综合种养田块鱼沟、鱼凼开挖面积不超过10%的红线，坚决防止"非农化""非粮化"现象。通过推广标准化、规范化稻渔综合种养模式，确保稳粮增收。强化宣传引导，大力宣传稻渔综合种养"不与人争粮，不与粮争地"的发展理念和在推动渔业转方式调结构、绿色发展中的积极作用。

六、主要做法和经验

（一）坚持规划引领，推动产业发展

稻渔综合种养是陕西省"十三五""十四五"渔业规划发展重点，省农业农村厅和各市围绕稻渔综合种养产业，先后出台《关于加快推进水产养殖业绿色发展的实施意见》《关于加快推进稻鱼综合种养产业发展的实施意见》等多个规划性文件，从产业发展规划、发展目标、主体培育以及资金保障等方面做了安排部署。

（二）因地制宜，优化技术集成

根据各地自然环境和养殖品种特点，因地制宜，优化集成稻渔综合种养关键配套技术。一是根据各市农业气候和稻渔综合种养特点，在榆林、安康、汉中等地选育出米质优、分蘖力强、抗倒伏、适宜稻渔茬口衔接的黄华占等水稻品种。二是根据各市自然条件和市场需求，选择经济价值高、产业化发展前景好、适合稻田环境的水产品种，榆林、延安主推辽蟹，汉中、安康主推小龙虾、淡水龙虾、长江蟹等名优品种。三是根据养殖品种生长特点和自然环境等因素，着重实施稻蟹、稻虾、稻鱼综合种养模式，其中榆林、延安主推稻蟹技术模式，汉中、安康主推稻虾、稻鱼等技术模式。四是优化稻渔综合种养技术模式，集成稻田种苗繁养分离、种养分离、田间高标准工程改造、精准控水控肥、病虫草害生态绿色防控等稻渔综合种养关键配套技术，实现农药、化肥使用量较正常稻田减少30%～50%，田间杂草减少40%，稻米、水产品品质显著提升。

（三）加强人员培训，强化技术服务

陕西省建立各类稻渔综合种养模式典型示范点，坚持人员培训以现场示范为主，课堂授课为辅，为各地市培养相关技术人员。坚持技术服务点面结合，生产关键时期组织技术人员上门下田，现场指导生产。近3年陕西省累计开展各类稻渔综合种养技术服务300人次以上，发放各类技术指南10余万份，开展稻渔综合种养技术培训、科技服务、交流观摩6 000人次以上。

（四）补齐短板，加强苗种繁育

随着陕西省稻渔综合种养产业迅速发展，苗种供应问题日益凸显。陕西省通过市场化方式引导生产企业和个人积极参与蟹、虾、鳅等苗种培育，效果显著。榆林百川生态农业公司发挥技术优势，创新苗种培育模式，攻破河蟹繁育技术难关，实现陕西省首次引进辽蟹大眼幼体并培育成功，蟹苗成活率由过去的 50% 上升到 80% 以上。

（五）示范引领，辐射带动

旬阳县绿福地生态农业公司作为国家级稻渔综合种养示范区，依托当地丰富的稻田资源，流转稻田 2 300 余亩，建立了"公司＋园区＋合作社＋订单＋农户"运作模式，带动在册贫困户 180 户，户均增收约 5 000 元，对当地经济发展尤其是精准扶贫作出了贡献；安康市五福鲜食品有限公司按照"合作共赢、集体受益、农民增收、企业增益"发展思路，与安康市稻渔综合种养单位实行订单生产，以销定产、以产促销，降低周边稻渔综合种养单位生产风险，形成产、销、加产业联结、要素联结和利益联结的稻渔生态综合种养产业化联合体，有效带动周边稻渔综合种养面积 10 000 余亩。

七、存在问题与发展建议

（一）存在的问题

一是财政资金支持不足。2019 年，陕西省才开始设立稻渔综合种养专项资金，每年投入 1 000 余万元，各地市相关专项资金较少甚至没有，且资金投入大多集中在大、中规模的种养单位，覆盖面有限，面对全省稻渔综合种养的发展势头表现为资金投入严重不足。二是规模化、组织产业化不够。目前，陕西省稻渔综合种养整体经营分散，小规模经营仍占绝大多数。组织化程度不高，大部分农户独立经营，没有参加相关合作社或协会。规模化和组织化的不足，制约了陕西省稻渔综合种养产业布局、标准化生产、产业融合的进一步发展。三是产业融合发展不足。陕西省稻渔综合种养产业主要集中在第一产业，二三产业发展不足，相关产业链不健全。四是苗种供应短板突出。陕西省水产苗种场多为鲤鱼、鲫鱼等传统养殖品种，蟹、虾、鳅等名特优苗种均需从辽宁、湖北、四川等外省购买，苗种成本高、质量良莠不齐。虽然在蟹苗培育和泥鳅苗种繁育上有所突破，但仍无法满足陕西省稻渔综合种养产业发展需求。

（二）发展建议

一是建议国家建立相关专项发展资金，积极扶持各省稻渔综合种养发展。结合实际情况，积极争取将稻渔综合种养纳入陕西省农业综合开发、高标准农田建设和农田水利建设补贴范围，加大相关资金投入，积极营造良好的发展氛围，引导社会资金投入。二是通过政策引导、市场主导的方式鼓励规模化经营，加大培育龙头企业和相关合作社等新型经营主体培育，做大产业规模，推进产业标准化生产，实现品牌化经营，形成区域性的优势产业。三是充分发挥水产技术推广体系的组织优势和大专院校的技术优势，引入市场经营企业，克服苗种培育生产短板，加快解决小龙虾等苗种繁育技术难题。联合农技部门技术攻关，筛选适合陕西省的水稻品种，推动陕西省稻渔综合种养产业健康持续发展。四是积极发展"种、养、加、销"一体的产业化经营方式，充分发挥稻渔综合种养"接二连三"的作用，鼓励渔米产品加工业、餐饮业、休闲旅游等产业发展，促进一二三产业加快融合，创造更大增值增效增收空间。

八、综合效益分析

(一) 总体情况

据调查显示，截至 2021 年，陕西省推广稻渔综合种养面积 13 万亩，总产值近 30 亿元，相比单一水稻种植，亩均增收 1 500 元以上。稻渔综合种养通过运用生态学和现代科学技术，将水产养殖与水稻种植有机结合，使农业资源和能源得到多环节、多层次的综合利用，相对单一水稻种植稻田，能减少化肥用量 30%～50%，农药用量减少 30%～60%。以亩均节约化肥 20 千克、农药 0.2 千克计算，共节约化肥 300 万千克、农药 3 万千克以上，大大减轻环境压力，生态效益显著。

项目实施有力调动了相关企业和个人种稻积极性，有效解决了部分地区出现的耕地"非农化"等问题。成功复耕复垦撂荒地 4 万余亩。通过延长稻渔综合种养产业链，推动三产融合发展，带动当地农业、旅游业等产业发展，成为陕西省解决"三农"问题，提高当地人民群众生活质量的重要抓手。仅在"十三五"扶贫攻坚期间，各类稻渔综合种养经营主体通过技术服务、订单生产、务工就业等方式带动 8 500 多贫困户发展渔业产业，社会效益十分显著。

(二) 不同模式综合效益分析

与水稻单作相比，稻渔综合种养水稻亩产量基本持平，但通过"一水两用"，充分挖掘稻田资源潜力，经济效益得到大幅提升。同时，利用稻渔共生等生态学原理，能减少化肥用量 30%～50%，农药用量 30%～60%，经济、生态、社会效益显著。

水稻单作效益：单一种植水稻亩产量以 500 千克稻米计算，每千克稻米 3 元，每亩收入 1 500 元，每亩支出 1 200～1 300 元（稻种、化肥、水电费、人工、农机等），平均亩产纯收益 200～300 元。

稻虾共作模式效益：经济效益好，养殖技术要求不高，适合大面积推广。亩均收入 4 700～5 500 元（稻米亩产量 500 千克，收入 1 500 元；商品虾亩产量 80～100 千克，收入 3 200～4 000 元）。每亩支出 3 000 元左右（土地流转费用、虾苗、有机肥料、农机、水电、防病药物、配合饲料、种植水草、田间工程、水稻种植等），亩均利润 1 700～2 500 元。具备生态稻米品牌的稻米每千克售价可达 6 元以上，亩均利润 3 500 元以上。

稻蟹共作模式效益：养殖技术要求高，要有一定的销售渠道，适合企业和大户养殖。亩均收入 3 200 元（稻米亩产量 500 千克，收入 2 000 元；商品蟹亩产量 10 千克或蟹种 40 千克，收入 1 200 元）。每亩支出 1 600～1 800 元（土地流转费用、蟹苗、有机肥料、农机、水电、防病药物、配合饲料、种植水草、田间工程、防逃设施、水稻种植等），亩均利润 1 400～1 500 元。具备生态稻米品牌的稻米每千克售价可达 6 元以上，亩均利润 2 400 元以上。

稻鱼共作模式效益：养殖技术要求不高，投入较低，市场需求量大，效益较好。亩均收入 3 000～3 500 元（稻米亩产量 500 千克，收入 1 500 元；商品鱼亩产量 150～200 千克，收入 1 500～2 000 元）。每亩支出 1 500～1 800 元（土地流转费用、鱼苗、有机肥料、农机、水电、防病药物、配合饲料、种植水草、田间工程、水稻种植等），亩均利润1 500～1 700元。具备生态稻米品牌的稻米每千克售价可达6元以上，亩均利润3 000元以上。

陕西省水产研究与技术推广总站

李海建　欧阳月

宁夏回族自治区稻渔综合种养
产业发展报告

一、基本情况

宁夏回族自治区自 2009 年开展稻渔综合种养，截至 2022 年底，累计推广面积 99.91 万亩。据 2021 年度稻渔综合种养专项调查，全区稻渔综合种养面积 66 030 亩，其中稻蟹面积 19 140 亩，稻鱼面积 44 250 亩，稻鸭面积 2 640 亩。全区稻渔综合种养总产量 2 772 吨，其中稻田蟹产量 316 吨，稻田鱼产量 2 332 吨，稻田鸭产量 124 吨。2022 年，受农业结构调整影响，全区稻渔综合种养面积下降到 31 785 亩。宁夏回族自治区稻渔综合种养主要集中分布在引黄灌区的兴庆区、西夏区、贺兰县、永宁县、灵武市、大武口区、平罗县、惠农区、利通区、沙坡头区、中宁县等 11 个县（市、区）。

二、技术模式发展情况

宁夏稻渔综合种养经过多年发展，种养模式由"窄沟浅槽"向"宽沟深槽"推进，由单一"稻田养蟹"模式向"稻蟹""稻鱼""稻鸭"等多种稻渔综合种养模式转变，创新出了"稻田镶嵌流水槽""陆基玻璃缸配套稻渔共作""陆基砼制高位池配套稻渔共作""养鱼池塘配套稻渔共作"4 种"设施养鱼＋稻渔共作"生态循环综合种养宁夏模式。

1. 稻蟹综合种养技术模式。 2021 年推广面积 19 140 亩，生产商品蟹 316 吨，主要集中在宁夏引黄灌区 9 个县（区）。技术要点体现在 3 个方面：

一是稻田田间工程。选择水源充足，水质清新无污染，稻田保水性好，防洪抗涝条件好的田块养蟹。田埂加高至 50～60 厘米，顶宽 50～60 厘米，底宽 80～100 厘米。在距田埂内侧 1 米左右处挖环沟，沟宽 500～600 厘米，深 150～180 厘米，底宽大于 100 厘米，坡度 1：1.2。稻田、环沟、蟹凼相互连通形成水系循环，构成稻渔共作系统，管径大于 400 毫米。田间工程应在泡田耙地前完成，耙地后再修整一次；蟹沟面积占稻田面积的 10％以下。在稻田插完秧后，蟹种放养之前设置防逃墙，防逃墙采用塑料薄膜下端埋入泥土中 15～25 厘米，出土部分高 50～60 厘米；注排水口要设防逃网。

二是日常管理。4 月中旬至 5 月初，选择规格整齐、活力强、肢体完整、无病且体色有光泽的蟹种在池塘中暂养，暂养密度 5 000～6 000 只/亩，以投喂动物性饲料或人工配合饲料为主。待稻田施完杀虫药并换水后，6 月上旬，采用地笼网等网具从暂养池起捕，规格 100~200 只/千克，亩放蟹种 200~500 只。扣蟹放养前用浓度 20~40 毫克/升的高锰酸钾溶液浸泡消毒 10 分钟。

投喂动物性饲料可选择鲜鱼、螺、畜禽加工下脚料等；植物性饲料可选择玉米、小麦、高粱、饼类、豆渣、麦麸、米糠、嫩草等，也可选择人工配合饲料。坚持"四定"投喂原则：定时，每天傍晚投喂 1 次；定位，固定位置，将饲料投放在距田埂 30 厘米的田面上或蟹沟内；定质，饲料应新鲜且无腐败变质，动物性饲料和植物性饲料搭配投喂；定量，日投饵率 3%~5%，每天注意检查河蟹吃食情况，根据河蟹的吃食情况及时调整投喂量。每天巡田，注意观察水质变化情况，保持稻田合理水位，前期水位 5~10 厘米，中期水位保持在 20 厘米，后期水位不低于 10 厘米。观察田埂是否漏水、防逃设施有无破损、有无病蟹死蟹及河蟹吃食情况，判断河蟹生长情况是否正常。

三是河蟹捕捞。9 月上旬开始捕捞，可采取地笼网捕捞、灯光诱捕、人工捕捉等方法，操作时要轻柔，保持河蟹附肢完整。

2. 稻鱼综合种养技术模式。2021 年推广面积 44 250 亩，生产商品鱼 2 332 吨，主要集中在宁夏引黄灌区 10 个县（区）。技术要点体现在 3 个方面：

一是稻田、养鱼环沟准备。稻田埂加高至 0.5 米，田埂顶部宽 0.5~0.6 米，底部宽 0.5~0.8 米，田埂加高加固，层层夯实。稻田四周开挖宽沟深槽，沟宽 3 米左右，深 1.2~1.5 米，占稻田总面积的 8% 左右，一般 30~50 亩为一个养殖单元。稻田、环沟、鱼凼相互连通形成水系循环，构成稻渔共作系统，进出水口对开，采用竹、木、尼龙网、铁丝网制作成拦鱼网，安装时呈弧形最好，凸面朝向田内，上沿略高于田埂，安装牢固。

二是水稻栽培和鱼种放养。养鱼稻田清理平整施足基肥后放水准备插秧，在宽沟深槽以外的水稻种植区人工插秧，插秧采用大垄双行栽培方式，不同水稻品种插秧密度略有不同，一般秧苗密度 1.8 万~2.4 万穴/亩。插秧结束后 5~7 天放鱼。稻田放养的主要品种有鲤鱼、草鱼等。亩放优质鲤鱼、草鱼等 100~150 尾，鲤鱼、草鱼规格 250 克/尾。9 月上旬，捕捞稻田深槽中的鱼类。

三是田间管理。水稻生长期，稻田水深应保持 5~10 厘米；随水稻生长，鱼体长大，可加深至 15 厘米；鲤鱼、草鱼、鲫鱼都是杂食性鱼类，适当投喂全价配合饲料和青饲料，生长速度会更快。平时要检查拦鱼栅、田埂有无漏洞，注意做好防洪、防逃。

3. 稻田镶嵌流水槽生态循环综合种养。2021 年示范面积 300 亩，稻田亩产水稻 600 千克左右，不减产，亩产商品蟹 15~25 千克。每条流水槽（水体 220 米³）生产商品鱼（草鱼、鲤鱼、鲫鱼、鲈鱼）在 20 000~26 000 斤，此种模式主要集中在宁夏引黄灌区的贺兰县、灵武市。技术模式主要体现在稻渔共作和流水槽高密度"圈养"2 个生产环节。

一是稻渔共作。稻田种养单元整平，制作防逃围栏和进排水口防逃网，埂边开挖上口宽 5 米、底宽 1 米、沟深 1.5 米的"宽沟深槽"环田沟，环田沟占比小于 10%。稻田进行水稻种植，同时放养河蟹（或鲤鱼、草鱼、虾类、鸭）等进行稻渔共作。水稻采用有机水稻生产方式，稻田亩均施有机底肥 50 千克和发酵腐熟粪肥 500 千克。水稻品种为宁夏优质品种，采用插秧机进行水稻插秧。5 月初向稻田中投放一定数量的河蟹或鲤鱼、草鱼等养殖品种，投喂对应全价配合饲料，日投饵率 3%~5%。河蟹每天傍晚投喂 1 次，鱼类每天投喂 1 次。9 月上旬河蟹、鱼类陆续捕捞上市销售。亩产有机水稻 500~550 千克，水稻不减产；河蟹亩产 20 千克、规格 100 克/只，或者鱼类亩产 50～100 千克。

二是流水槽高密度"圈养"鱼类。15～30 亩稻田的一角或对角配套流水槽，流水槽长 22 米、宽 5 米、高 2.2 米。多个流水槽形成一个组群，槽体材料为砼制、不锈钢框架结构等。流水槽系统包括养殖流水槽、养殖设备、生产管理配套设备三部分。流水槽分为前部推水区、中部养鱼区、后部集吸污区，养殖设备包括增氧推水设备、生产设备和吸排污设备，生产管理配套设备包括物联网、自启式发电机、停电报警统、生产管理房等。根据水温及时向流水槽中投放养殖品种，流水槽中放养品种以鲤鱼、草鱼、斑点叉尾鲴等为主，放养规格 100～500 克/尾。全程投喂浮性膨化饲料，每天投喂 3 次，日投饲率 2%～3%。流水槽中商品鱼捕大留小，分批上市销售。每条流水槽产量控制在 10 000 千克左右，不能突破 15 000 千克。

4. 陆基玻璃缸配套稻渔生态循环综合种养模式。2021 年示范面积 1 500 亩，稻田亩产水稻 600 千克左右不减产，亩产商品蟹 15～25 千克，每个陆基玻璃缸（水体 40 米³）生产商品鱼（鲫鱼、鲈鱼、草鱼、鲤鱼）在 3 000～3 800 斤，此种模式主要集中在宁夏引黄灌区的沙坡头区、贺兰县、灵武市。技术模式主要体现在稻渔共作和陆基玻璃缸高密度"圈养"2 个生产环节。

一是稻渔共作。稻田种养单元四周开挖"宽沟深槽"环田沟，环田沟占比小于 10%。制作防逃围栏，进排水口作防逃网。稻田进行水稻种植，同时放养河蟹（或鲤鱼、草鱼、虾类、鸭）等进行稻渔共作。水稻采用有机水稻生产方式，稻田亩均施有机底肥 50 千克和发酵腐熟粪肥 500 千克。水稻品种为宁夏优质品种，采用插秧机进行水稻插秧。5 月初向稻田中投放一定数量的河蟹或鲤鱼、草鱼等养殖品种，投喂对应全价配合饲料，日投饵率 3%～5%。河蟹每天傍晚投喂 1 次，鱼类每天投喂 1 次。9 月上旬河蟹、鱼类陆续捕捞上市销售。亩产有机水稻 500～550 千克，水稻不减产；河蟹亩产 20 千克、规格 100 克/只，或者鱼类亩产 50～100 千克。

二是陆基玻璃高密度"圈养"鱼类。"宽沟深槽"稻渔共作的稻田岸边，建设高密度集中圈养鱼类的玻璃缸设施，养鱼尾水进入稻田利用净化，净化后的尾水再进入养鱼缸循环使用。一个养鱼玻璃缸配套 20～30 亩稻田，玻璃缸建在稻田岸边，直径 5.1 米、深 2 米，底为锥形，排水与稻渔综合种养的稻田结合。玻璃缸配套进排水、增氧等生产管理设备，配备投喂设备、自启式发电机和停电报警系统等。根据鱼类生活习性和水温特点，适时进行鱼种投放，每个玻璃缸产量控制在 1 500～2 000 千克。稻田进行稻渔共作，水产品适时销售，水稻 9 月下旬收获。养殖尾水经过稻田净化后再进入养鱼缸循环利用。

三、组织化产业化发展情况

近年来，宁夏农业农村厅按照"稳粮增效、绿色生态、以渔促稻"的现代生态高效农业发展要求，明确稻渔综合种养发展任务，集成配套稻渔综合种养关键技术；各级水产技术推广部门加强与农技（机）部门、科研院所、种养殖企业协作，引导合作经济组织、龙头企业和家庭农场流转土地进行规模经营，将有机水稻生产、水产品养殖等现代农（机）、农艺、渔技结合起来，建立了产业技术支撑和服务体系，形成了政府引导、企业参与、市场运作的多元化产业发展机制，初步形成稻渔综合种养产业体系。创建 10 家国家级稻渔综合种养示范区，培育国家级水产健康养殖示范场、农业龙头企业、专业合作组织等新型经营主体 90 余家参与稻渔综合种养，创建"蟹田米""稻田蟹""稻田鱼""稻田鸭"等品牌 25 个，初步形成了养殖基地示范、龙头企业带动、合作组织参与、三产融合发展、品牌提质增效的经营管理体系。

四、科研和技术推广情况

针对稻渔综合种养"瓶颈"性的技术难题，联合全国水产技术推广总站、中国农业大学、浙江大学、上海海洋大学、宁夏大学、宁夏水产研究所等高校科技机构，成立技术团队开展科技攻关、模式创新、技术指导服务，采取"土地流转规模化发展、水稻水产优质品种种养、稻渔综合立体生态标准化生产、稻渔多种模式规范化管理、生产产品品牌化经营"5 大措施，遵循"春季扣蟹池塘集中暂养、夏季水稻河蟹生产管理、秋季商品蟹育肥上市"3 大生产管理阶段，集成"田间改造、水稻种植、茬口衔接、水产品养殖、种养施肥、水质调控、病虫草害综合防控、产品质量控制、产品收获加工销售"9 项关键配套技术，解决了"成活率低、规格小、效益低"3 大问题。

近年来，宁夏在稻渔综合种养示范推广方面加强技术指导和服务，总结完善技术规程，先后制定《稻田河蟹生态种养技术规范》宁夏地方标准，编制《宁夏稻田河蟹生态种养技术（商品蟹养殖）生产管理流程图》，编撰《稻田蟹（鱼）生态种养技术》培训教材。先后获得全国农牧渔业丰收奖一等奖和三等奖各一项、第四届范蠡科学技术奖技术推广类二等奖。2019 年，"流水槽养鱼＋稻渔共作"综合种养模式被确定为全国养殖尾水生态治理四大典型模式之一，2021 年荣获全国水产技术推广总站、中国水产学会"渔业新技术新产品新装备优秀科技成果第一名"。

五、产业政策

宁夏农业农村厅把稻渔综合种养工作作为实施农业结构战略调整的切入点和全区农业重点工作，先后制定产业发展政策，成立"两组一会"（产业指导组、技术服务组、产业协会），安排农业产业化资金、财政支农资金、重大技术推广项目资金，支持开展稻渔综合种养试验示范、技术攻关、推广发展。

宁夏渔业发展"十四五"规划中明确指出，按照"稳粮增效、以渔促稻"要求，严格执行稻渔综合种养国家标准，因地制宜、科学规范推进稻渔综合种养发展。支持种养大户通过土地流转等方式推进适度规模经营，重点推广宽沟深槽"设施养鱼＋稻田共作"技术，开展标准化生产，重点开展关键技术研发、示范和推广，推广应用标准化田间工程、机械化农机作业、信息化种养管理、生态化统防统治和减肥降药面源污染控制等实用技术，打造稻渔品牌，形成区域优势。达到水稻不减产、增收 1 000 元、效益提高 15％以上，实现"一水两用、一地多收"的目标。

六、主要做法

（一）加强组织领导，夯实推广基础

由宁夏水产技术推广站牵头，成立由区水产站站长为组长、有关市、县（区）水产技术推广服务中心负责人和养殖企业为成员的项目实施小组、技术指导小组和专家服务团队，加强技术服务，因地制宜、示范推广应用稻渔综合种养技术模式，为渔农民持续稳定增收提供服务。

（二）建立联合攻关机制，解决技术难题

按照"产学研"协同的原则，联合全国水产技术推广总站、上海海洋大学、宁夏大学、宁夏水产研究所等高校科研院所的专家，组成专家技术攻关小组，针对稻渔综合种养模式存在的"瓶颈"性技术难题进行科技攻关，指导企业开展关键技术试验示范、总结熟化、研发创新。

（三）创新推广机制，示范带动发展

宁夏水产技术推广站充分利用农业重大实用技术示范推广项目和财政支农渔业项目资金，在重点县（市、区），每年设立 6～7 个试验示范点，联合基层水产技术推广部门，针对稻渔综合种养过程中出现的技术难题，开展技术攻关、试验示范，总结生产经验，优化技术和模式，提高示范效果，以点带面，构建"政府支持引导、企业示范带动、养殖户积极参与"的推广机制，带动产业发展。

（四）培养技术人才，提高技术应用率

技术服务组深入生产一线，指导示范点标准化建设、规范化生产，推动稻渔综合种养高质量发展；组织技术人员、养殖户，通过现场观摩，解决养殖生产中的技术难点，提供产前、产中、产后全程技术服务。培育一批发展能力强、示范带动效果好的合作组织和龙头企业，培养一批高素质的渔技推广人员和企业人才，提升从业人员素质，提高技术应用到位率、转化率。

七、存在问题与发展建议

1. 存在的主要问题

一是产业发展规划缺乏。虽然农业部门对稻渔综合种养提出了政策支持，但对稻渔综合种养产业发展布局的整体规划还跟不上产业发展需求，与其他产业发展规划契合度不高、适用性不强。

二是基础建设水平较低。由于规模化、标准化的田间工程投资大，目前，受政策扶持力度和项目资金投入严重不足的限制，很大程度上制约产业快速发展。

三是规模化组织化程度不高。稻渔综合种养生产经营仍然以分散经营为主，面积

3 000亩以上且达到国家级稻渔综合种养示范区创建标准的基地仅占10%。市场博弈能力差，难以在生产和销售等方面形成合力，对稻田养殖区域化布局、标准化生产、产业化运营、社会化服务等均构成制约。

四是从业者专业素质不高。宁夏种植和养殖双技能人才缺乏，传统水稻种植从业者对水产养殖接触少，缺乏必要的水产养殖知识和技术；水产养殖者，缺乏水稻种植技术和管理能力，难以保证综合效益；经营生产人员普遍缺乏必要的质量安全管理技术和知识，水稻种植和水产养殖的产品安全控制能力不足。

2. 发展建议。在坚持"以粮为主，工程化发展；生态优先，标准化发展；提质增效，规模化发展；三产融合，产业化发展"基础上，提出以下5条建议：

一是制定发展规划，强化产业发展政策支持。贯彻落实《关于加快推进全区渔业绿色发展的实施意见》和《全区渔业产业结构优化调整工作推进方案》，按照生态文明建设、农业供给侧结构性改革及"藏粮于地、藏粮于技"的战略要求，在资源禀赋的基础上，制定宁夏稻渔综合种养产业发展规划；明确发展目标和区域布局，稻渔综合种养主产区的市、县政府要将稻渔综合种养产业发展纳入当地经济社会发展规划，因地制宜制定稻渔综合种养发展规划；将稻渔综合种养纳入农业综合开发、高标准农田建设和农田水利建设补贴范围，设立专项资金扶持稻田养殖基础设施建设、苗种补贴、农机购置补贴等，简化申请审批手续，为稻渔综合种养农户获得资金支持创造便利，切实推进全区稻渔综合种养产业快速健康发展。

二是完善经营体系，强化经营主体培育。培育壮大稻渔综合种养专业大户、家庭农场、农民合作社、农业企业等新型经营主体，鼓励农户将承包经营土地采取转包、出租、互换、转让、入股等方式向新型经营主体流转，推进适度规模经营，做大产业规模，推进产业标准化生产，实现品牌化经营，形成区域性的优势产业；大力支持经营主体、行业协会参与优质水产品、稻米品牌创建，打造一批具有宁夏特色、影响力较大的知名稻渔产品品牌。支持开展"三品一标"认证和商标注册，严格投入品使用，提升稻渔综合种养产品质量安全水平。大力发展稻渔产品电子商务，拓展产品营销网络。力争打造3~5个有影响力的稻蟹、稻鸭、稻鱼区域品牌，培育稻渔综合种养稻米、水产品区域著名商标、宁夏名牌产品、中国驰名商标，提升产业品牌价值，扩大稻渔综合种养优质稻米、水产品的影响力和市场占有率。

三是发挥科技优势，强化技术集成创新。发挥稻渔综合种养产业发展产学研推联盟作用，大力支持区内科研院所、推广部门开展稻渔综合种养新技术新模式技术研究、示范推广；鼓励专业技术人员领办创办稻渔企业、社会化服务组织，促进稻渔综合种养科技成果转化和科技服务下沉；开展稻渔综合种养经营户的系统培训，推进渔业科技进村入户，逐步建立一批懂技术、会生产、善经营的高素质农民队伍，大力培育稻渔综合种养科技领军企业、专业合作社和科技领军人才。加强稻渔综合种养各环节的农机农艺融合，大力推动物联网技术在稻渔综合种养领域的应用，提高稻渔综合种养的标准化、信息化水平；积极创新稻渔综合种养技术模式，打造稻渔综合种养"宁夏模式"3.0版。

四是加大工作宣传力度，强化示范引导。坚持典型引领、示范带动、规模推进。各级农业农村部门要建立示范联系制度，争取上下认可、多方支持；及时总结提炼可复制的典型案例和成功经验，加强舆论宣传，大力宣传各县市区涌现出来的好模式、好典型、好经验和好做法，广泛宣传稻渔综合种养在"稳粮、促渔、增效、提质、生态"方面的作用，让社会各界全面了解稻渔综合种养的良好发展前景和所发挥的重要的经济、生态、社会效益，营造政府引导、部门协作、上下联动的良好氛围，引导和激发各类市场主体的积极性，推进稻渔综合种养快速健康发展。

八、综合效益分析

（一）总体情况

1. 经济效益。 据多年对宁夏稻渔综合种养测产和产值分析表明，实施稻渔综合种养工程，水稻亩产稳定在 500～600 千克，每亩稻田生产商品蟹 10～20 千克，或鱼（鲤鱼、草鱼、鲫鱼、泥鳅）100～150 千克，或鸭 20 只。在种养效益上，从初期的亩均 500 元左右，增加到亩均 2 000 元以上。稻鱼综合种养每亩新增收入 1 318 元，稻蟹综合种养每亩新增收入 1 529 元；若按照绿色食品标准生产，每亩新增收入 2 000 元以上，增产增收从水稻向稻渔双丰收推进。发展"设施养鱼＋稻渔共作"新模式，亩生产水稻 500～600 千克且不减产，亩生产优质鱼类 500～1 500 千克，亩产值 7 885～26 033 元。平均亩综合产值 15 810 元，是常规稻渔综合种养 4 171 元的 3.8 倍，是单种水稻 1 503 元的 10.5 倍；平均亩利润 4 069 元，是常规稻渔综合种养 2 167 元的 1.9 倍，是单种水稻 282 元的 14.4 倍。投入产出比由 1：1.23 提升为 1：1.46。

2. 生态效益。 根据上海海洋大学、浙江大学等技术依托单位研究结果，稻渔综合种养肥料可减少 65.4%，农药可减少 48.6%，可节省人力 50%。同时，采用稻渔综合种养模式的稻田，其温室气体排放大大减少，甲烷排放降低 7.3%～27.2%，二氧化碳降低了 5.9%～12.5%。发展"设施养鱼＋稻渔共作"新模式，将养殖设施中富含鱼类排泄物和残余饵料的高浓度尾水，集中排放进入水稻田，进行沉淀、过滤、吸附、吸收、净化，实现养殖水体的原位修复，大幅减少污染物的排放对渔业水域环境的污染，解决池塘养殖水体富营养化和污染问题，做到了尾水零排放，减少了养殖水体的面源污染，实现了"一水两用、一田两用、一地双收、生态循环"。资源利用上做"加法"，一水两用、一地双收；投入上做"减法"，减少化肥、农药、用工、用水量；效益上做"乘法"，综合效益提升，千斤稻、千斤鱼、万元钱；尾水环保上做"除法"，氨氮、亚硝酸盐、总磷、总氮去除明显。做到了"四减少、四降低、四提高"：化肥减少 65.4%，农药减少 48.6%，人工减少 50%，用水减少 25%；水体循环后氨氮降低 72%，亚硝酸盐降低 70%，总磷降低 49%，总氮降低 40%；水资源利用率提高 1 倍，土地资源利用率提高 1 倍，亩产值提高 10 倍，亩利润提高 14 倍。

3. 社会效益。 稻渔综合种养具有稳定粮食生产的作用。根据水稻边际效应原理和测产结果分析，在沟坑占比低于 10% 的条件下，稻渔综合种养不仅不影响水稻生产，而且可以解决稻田撂荒闲置和"非粮化""非农化"等突出的农村问题，大大调动了农民种稻积极性，促进粮食稳产。

发展稻渔综合种养既是促进乡村振兴的有效手段，能够有效保障粮食安全、食品安全，还能促进农民增收、推进产业融合，并有利于改良土壤、培肥地力，体现了渔业的多功能性；也是美丽乡村建设的重要支撑，提高了稻田能量和物质利用效率，减少了农业面源污染、废水废物排放和病虫草害发生，显著改善农村的生态环境，促进农耕文化与渔文化的融合；还是渔业转方式调结构的重点方向，作为生态循环养殖模式，符合生态环境约束政策对渔业发展的更高要求；同时，也是发展休闲渔业的潜在资源，宁夏"稻渔空间"已在此方面作了很好的尝试。

（二）不同模式综合效益分析

1. 稻蟹（成蟹）综合种养模式。 每亩稻田综合支出 2 276 元；亩稻田综合收入 3 240元，其中种植水稻收入 1 770 元，商品蟹收入 1 470 元；亩利润 964 元。水稻单作模式亩支出 1 618 元、收入 1 711 元、利润 93 元。稻蟹生态综合种养比单一种植水稻，亩增加纯收入 871 元，其中水稻不减产，销售价格比单一种植水稻价格高 7%～30%，且水产品增加土地产出。同时，亩节约化肥施用成本 49 元、节约水费 20 元、节约农药费用 25 元。

2. 稻鱼综合种养模式。 每亩稻田综合支出 2 012 元；亩稻田综合收入 2 970 元，其中种植水稻收入 1 770 元，商品鱼收入 1 200 元；亩利润 958 元。水稻单作模式亩支出 1 551元、收入 1 652 元、利润 101 元。稻鱼生态综合种养模式比单一种植水稻，亩增加纯收入857 元，其中水稻不减产，销售价格比单一种植水稻价格高 7%～20%，且水产品增加土地产出。每亩节约化肥施用量 12 千克、节约化肥成本 43 元，亩节水 25%、节约水费 20元，亩节约农药费用 30 元。

3. 稻田镶嵌流水槽综合种养。 每亩稻田综合支出 11 538 元、收入 14 715 元、利润3 177元。水稻单作模式亩支出 1 579 元、收入 1 628 元、利润 49 元。稻田镶嵌流水槽综合种养比单一种植水稻，亩增加纯收入 3 128 元，其中水稻不减产，销售价格比单一种植水稻价格高 5%以上，且水产品增加土地产出。同时，亩节约化肥施用成本 29 元、节约水费 20 元、节约农药费用 50 元。

4. 陆基玻璃缸配套稻渔生态循环综合种养模式。 每亩稻田综合支出 4 528 元、收入5 670 元、利润 1 142 元。水稻单作模式亩支出 1 526 元、收入 1 610 元、利润 84 元。稻田＋陆基玻璃缸综合种养比单一种植水稻，亩增加纯收入 1 058 元，其中水稻不减产，销售价格比单一种植水稻价格高 5%以上，且水产品增加土地产出。

宁夏水产技术推广站

李斌　张朝阳　郭财增　刘巍

图书在版编目（CIP）数据

中国稻渔综合种养产业发展报告 / 全国水产技术推广总站编 . —北京：中国农业出版社，2023.11
ISBN 978-7-109-31476-4

Ⅰ.①中… Ⅱ.①全… Ⅲ.①稻田养鱼－产业发展－研究报告－中国 Ⅳ.①F326.4

中国国家版本馆 CIP 数据核字（2023）第 221252 号

中国农业出版社出版

地址：北京市朝阳区麦子店街 18 号楼
邮编：100125
责任编辑：肖 邦
版式设计：王 晨 责任校对：吴丽婷
印刷：北京印刷一厂
版次：2023 年 11 月第 1 版
印次：2023 年 11 月北京第 1 次印刷
发行：新华书店北京发行所
开本：787mm×1092mm 1/16
印张：12.75
字数：302 千字
定价：70.00 元
